诚信为本　操守为重
坚持准则　不做假账

——与学习会计的同学共勉

经典常谈 文艺论集

朱自清 著

——民盟中央宣传部 推荐

 "十二五"职业教育国家规划教材修订版

 高等职业教育在线开放课程新形态一体化规划教材

国家职业教育专业教学资源库配套教材

税费计算与申报

SHUIFEI JISUAN YU SHENBAO

（第三版）

主编　梁伟样

高等教育出版社·北京

内容简介

本书是国家职业教育会计专业教学资源库配套教材，也是"十二五"职业教育国家规划教材的修订版。本书根据高职院校培养高素质劳动者和技术技能型人才的任务目标，按照工作过程，以项目导向、任务驱动来设计体例及安排教学内容。全书包括7个学习情境，以企业具体纳税操作为主线，从应缴税费额的计算和纳税申报两个方面，对现行主要的13个税种、3种财政规费进行了全面的阐述，2016年5月1日起施行的营业税改征增值税全面推开的试点内容、2016年7月1日起全面推进资源税改革等最新财税法规已经体现在本书之中。为方便教学和自学，本书对配有教学资源的地方作了辅学资源标注，同时配套出版了《税费计算与申报实训》（第三版）和《税费计算与申报全真实训》（第三版）。

本书适合高职高专院校会计、财政、税务等财经类专业教学使用，也可作为成人高校、本科院校举办的二级职业学院财经类专业的教材和社会从业人员的业务学习用书。

与本书配套的数字课程可通过登录"智慧职教"（www.icve.com.cn）平台，进入"税费计算与申报"进行在线学习，也可通过扫描书中二维码观看部分教学视频，详见"郑重声明"页资源服务提示。

图书在版编目（CIP）数据

税费计算与申报 / 梁伟样主编. -- 3版. -- 北京：高等教育出版社，2016.8（2019.2重印）
ISBN 978-7-04-046028-5

Ⅰ. ①税⋯ Ⅱ. ①梁⋯ Ⅲ. ①税费-计算-高等职业教育-教材②纳税-税收管理-中国-高等职业教育-教材 Ⅳ. ①F810.423②F812.42

中国版本图书馆CIP数据核字(2016)第173346号

策划编辑　武君红　　责任编辑　康　蓉　　封面设计　张　志　　版式设计　童　丹
责任校对　陈旭颖　　责任印制　刘思涵

出版发行	高等教育出版社	网　址	http://www.hep.edu.cn
社　址	北京市西城区德外大街4号		http://www.hep.com.cn
邮政编码	100120	网上订购	http://www.hepmall.com.cn
印　刷	山东鸿君杰文化发展有限公司		http://www.hepmall.com
开　本	787 mm×1092 mm　1/16		http://www.hepmall.cn
印　张	20		
字　数	330千字	版　次	2011年7月第1版
插　页	1		2016年8月第3版
购书热线	010-58581118	印　次	2019年2月第9次印刷
咨询电话	400-810-0598	定　价	44.80元

本书如有缺页、倒页、脱页等质量问题，请到所购图书销售部门联系调换
版权所有　侵权必究
物　料　号　46028-A0

智慧职教助力智慧课堂

- ◎ 调用国家资源库精品资源，海量在线开放课程任您选择
- ◎ 建设整合自有资源，快捷构建教师专属在线开放课程
- ◎ 全程教学掌上互动，即时分析教学数据，倾力打造智慧课堂

职教云的使用方法　　　　云课堂的使用方法

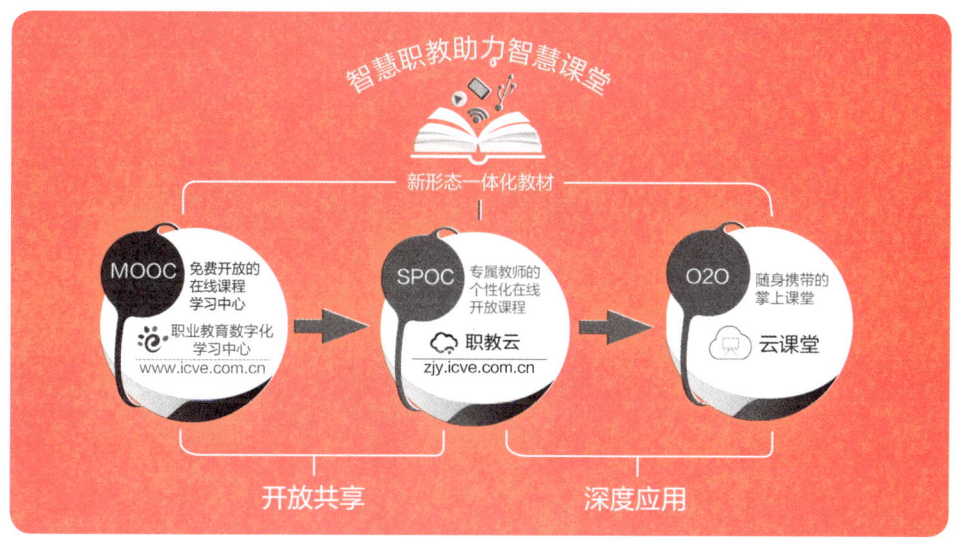

国家职业教育会计专业教学资源库配套教材共有4种数字资源标注形式，当教材中出现相应图标时，可在在线开放课程中获取相应类型的资源。此外，教材边白处还配有二维码资源，可随时使用移动终端扫描学习。

出版说明

教材是教学过程的重要载体，加强教材建设是深化职业教育教学改革的有效途径，推进人才培养模式改革的重要条件，也是推动中高职协调发展的基础性工程，对促进现代职业教育体系建设，切实提高职业教育人才培养质量具有十分重要的作用。

为了认真贯彻《教育部关于"十二五"职业教育教材建设的若干意见》（教职成〔2012〕9号），2012年12月，教育部职业教育与成人教育司启动了"十二五"职业教育国家规划教材（高等职业教育部分）的选题立项工作。作为全国最大的职业教育教材出版基地，我社按照"统筹规划，优化结构，锤炼精品，鼓励创新"的原则，完成了立项选题的论证遴选与申报工作。在教育部职业教育与成人教育司随后组织的选题评审中，由我社申报的1 338种选题被确定为"十二五"职业教育国家规划教材立项选题。现在，这批选题相继完成了编写工作，并由全国职业教育教材审定委员会审定通过后，陆续出版。

这批规划教材中，部分为修订版，其前身多为普通高等教育"十一五"国家级规划教材（高职高专）或普通高等教育"十五"国家级规划教材（高职高专），在高等职业教育教学改革进程中不断吐故纳新，在长期的教学实践中接受检验并修改完善，是"锤炼精品"的基础与传承创新的硕果；部分为新编教材，反映了近年来高职院校教学内容与课程体系改革的成果，并对接新的职业标准和新的产业需求，反映新知识、新技术、新工艺和新方法，具有鲜明的时代特色和职教特色。无论是修订版，还是新编版，我社都将发挥自身在数字化教学资源建设方面的优势，为规划教材开发配备数字化教学资源，实现教材的一体化服务。

这批规划教材立项之时，也是国家职业教育专业教学资源库建设项目及国家精品资源共享课建设项目深入开展之际，而专业、课程、教材之间的紧密联系，无疑为融通教改项目、整合优质资源、打造精品力作奠定了基础。我社作为国家专业教学资源库平台建设和资源运营机构及国家精品开放课程项目组织实施单位，将建设成果以系列教材的形式成功申报立项，并在审定通过后陆续推出。这两个系列的规划教材，具有作者队伍强大、教改基础深厚、示范效应显著、配套资源丰富、纸质教材与在线资源一体化设计的鲜明特点，将是职业教育信息化条件下，扩展教学手段和范围，推动教学方式方法变革的重要媒介与典型代表。

教学改革无止境，精品教材永追求。我社将在今后一到两年内，集中优势力量，全力以赴，出版好、推广好这批规划教材，力促优质教材进校园、精品资源进课堂，从而更好地服务于高等职业教育教学改革，更好地服务于现代职教体系建设，更好地服务于青年成才。

高等教育出版社
二〇一四年七月

编写委员会

顾　问：刘玉廷

主　任：赵丽生　钱乃余

副主任（按姓氏笔画排序）：马元兴　王生根　孔德兰　孙万军　张洪波

张流柱　胡中艾　高丽萍　高翠莲　曹　军　梁伟样　程淮中

委　员（按姓氏笔画排序）：

丁佟倩　于　强　于美玲　马　彬　马会起　王　荃　王庆国

王忠勇　王金申　王春如　王美玲　王海峰　方　敏　尹　东

叶慧丹　吕均刚　朱华建　朱庆仙　刘　波　刘成竹　刘宝艳

许　娟　孙作林　孙莲香　苏文清　李　飞　李　华　李　志

李　妍　李　坤　李　英　李　俊　李　娟　李　维　李　超

李　群　李玉俊　李代俊　杨　丹　杨　蕊　杨　毅　杨兰花

杨金莲　吴丛慧　吴晓莉　吴鑫奇　邱正山　何秀贤　何明友

何涛涛　沈艾林　沈清文　张　英　张　敏　张　琰　张卫平

张凤明	张远录	张莲苓	张桂春	陆小虎	陈 凤	陈 凌
陈 娟	陈 强	陈冬妮	陈红慧	陈素兰	林祖乐	季光伟
周 彦	周宇霞	周海彬	郑红梅	赵 燕	赵云芳	赵孝廉
胡玲敏	胡蔚玲	钟爱军	施金影	施海丽	姚军胜	顾爱春
徐耀庆	高慧芸	高瑾瑛	郭书维	郭素娟	唐淑文	涂 君
桑丽霞	黄 玑	黄 培	黄晓平	黄菊英	黄新荣	常 洁
崔玉娟	银样军	笪建军	康 山	章慧敏	梁毅炜	董京原
蒋 萍	蒋小芸	蒋丽华	蒋麟凤	韩延龄	焦 丽	童晓茜
曾海帆	路荣平	鲍建青	裴淑琴	管朝龙	廖艳琳	颜永廷
潘宏霞	薛春燕	戴桂荣				

总 序

高等职业教育专业教学资源库建设项目（项目编号：2010-08）是教育部、财政部为深化高职教育教学改革，加强专业与课程建设，推动优质教学资源共建共享，提高人才培养质量而启动的国家级高职教育建设项目。会计专业作为与国家经济发展联系紧密、布点量大的专业，于2010年6月被教育部确定为高等职业教育专业教学资源库年度立项及建设专业，由山西省财政税务专科学校、山东商业职业技术学院共同主持。

会计专业教学资源库建设工作开展于2008年。三年多来，按照教育部提出的"由国家示范高职建设院校牵头组建开发团队，吸引行业企业参与，整合社会资源，在集成全国相关专业优质课程建设成果的基础上，采用整体顶层设计、先进技术支撑、开放式管理、网络运行的方法进行建设"的建设方针，项目组聘请了时任财政部会计司司长的刘玉廷教授担任资源库建设总顾问，确定了山西省财政税务专科学校、山东商业职业技术学院、浙江金融职业学院、江苏财经职业技术学院、无锡商业职业技术学院、丽水职业技术学院、北京财贸职业技术学院、淄博职业学院、长沙民政职业技术学院、天津职业大学、江苏经贸职业技术学院等11所院校和用友软件、立信大华、山西焦煤、鲁商集团等20余家企业作为联合建设单位，同时以课程和项目为单位吸收全国40余所高职院校的180余名骨干教师共同承担了12门专业课程开发和6个子项目建设工作，形成了一支学校、企业、行业紧密结合的建设团队。三年多来，项目建设团队先后召开了多次全国性研讨会，以建设具有高等职业教育特色的标志性、共享型专业教学资源库为目标，紧跟我国职业教育改革的步伐，确定了"能力本位、工学结合、校企合作、持续发展"的高职教育理念，以会计职业岗位及岗位任务分析为逻辑起点开发了会计职业基础、出纳业务操作、企业财务会计、成本核算、税费计算与申报、企业财务管理、会计信息化、会计综合实训、审计实务、财务报表分析、行业会计比较、企业会计制度设计12门会计专业理实一体课程，以先进技术为支撑建设了各课程系列教学资源，开发了虚拟实训平台、能力测试与训练平台、在线课堂平台3个教学平台，构建了综合案例库、账证表库、政策法规库、行业特色资源库等4个子库，基本完成了项目建设任务，并在部分学校开始推广试用。同时，随着高等职业教育教学改革的深入，项目组将根据需要开发相关后续课程，以更好地服务于会计专业教学。

本套教材是"高等职业教育会计专业教学资源库"建设项目的重要成果之一，也是资源库课程开发成果和资源整合应用的实践和重要载体。三年多来，项目组多次召开教材编写会议，组织各课程负责人及参编人员认真学习高等职业教育与课程开发理论，深入进行会计职业岗位及岗位任务的调研与分析，以培养高素质的技能型会计人才为目标，打破会计专业传统教材框架束缚，根据高职会计教学的需求重新构架教材体系、设计教材体例，形成了以下几点鲜明特色。

第一，确定高职就业面向与就业岗位，构建基于会计职业岗位任务的课程体系与教材体系。项目组在对会计职业进行调研分析的基础上，将高职高专会计专业的就业岗位定位于中小企业、非营利组织及社会中介机构的出纳、会计核算、会计管理、财务管理和会计监督等岗位，并对这些岗位的典型工作任务进行归纳分析，开发了会计职业基础、出纳业务操作等12门基于职业岗位任务的理实一体专业课程。在此基础上，组织编写了与12门专业课程对应的12本主体教材及5本配套实训教材。教材内容按照专业顶层设计进行了明确划分，做到逻辑一致，内容相谐，既使各课程之间知识、技能按照会计工作总体过程关联化、顺序化，又避免了不同课程内容之间的重复，实现了顶层设计下会计职业能力培养的递进衔接。

第二，立足高职"教学做"一体化教学特色，设计三位一体的教材组成。按照高职教育"教学做"一体化的教学要求，从"教什么、怎么教"、"学什么，怎么学"、"做什么，怎么做"三个问题出发，每门课程均编写了"主体教材"、"教师手册"（放入资源平台）、"实训手册"。其中，主体教材以"学习者用书"为主要定位，立足"学什么、怎么学"进行编写，是课程教学内容的载体；教师手册以"教师用书"为主要定位，立足"教什么、怎么教"进行编写，既是教师进行教学组织实施的载体，也是学生参与课堂活动设计的载体；实训手册以"能力训练与测试"为主要定位，立足"做什么，怎么做"，通过职业判断能力训练、职业实践能力训练、职业拓展能力训练三部分训练全面提高学生的职业能力。

第三，有效整合教材内容与教学资源，打造立体化、自主学习式的新型教材。按照资源库建设的顶层设计要求，在教材编写的同时，各门课程开发了涵盖课程标准、教材、教学实施方案、电子课件、岗位介绍、操作演示、虚拟互动、典型案例、习题试题、票证账表、图片素材、法规政策、教学视频等在内的丰富的教学资源。这些教学资源的建设与教材编写同步而行，相携而成，是本套教材最大的特色。同时，为了引导学习者充分使用配套资源，打造真正的"自主学习型"教材，本套教材增加了辅学资源标注（视频 、动画 、文本 、图表 ），即在教材中通过图标形象地告诉读者本处教学内容所配备的资源类型、内容和用途，从而将教材内容和教学资源有机整合起来，使之浑然一体。如果说资源库数以千计的教学资源是一颗颗散落的明珠，那么本套教材就是将它们有序串接的珠链。我们有理由相信，这套嵌合着数以千计的优质资源的教材将会成为高职会计专业教学第一套真正意义的数字化、自主学习型创新教材。

第四，遵循工作过程系统化课程开发理论，采用学习情境式教学单元，体现高职教育职业化、实践化特色。作为资源库课程开发成果的载体，本套教材不再使用传统的章节式体例，而是采用职业含义更加丰富的"学习情境"搭建教学单元。与传统的章节式体例相比，学习情境式教学单元融合了岗位任务完成所需的"职业环境、岗位要求、典型任务、职业工具和职业资料"，立体化地描述了完成一项典型工作任务的工作过程和工作情境，再现了大量真实的会计职业的账、证、表，满足了高职教育职业性、实践性要求。

第五，主体教材装帧精美，采用四色、双色印刷，突出重点概念与技能、仿真再现会计资料。本套教材采用四色或双色印刷，并以不同的色块，突出重点概念与技能，通过视觉搭建知识技能结构，给人耳目一新的感觉。同时，彩色印刷还原了会计凭证、账簿、报表的本来面目，增强了教材的真实感、职业感。

千锤百炼出真知。本套教材的编写伴随着资源库建设的历程，历时三年，几经修改，既具积累之深厚，又具改革之创新，是全国40余所院校180余名教师的心血与智慧的结晶，也是资源库三年建设成果的集中体现。我们衷心地希望它的出版能够为中国高职会计专业教学改革探索出一条特色之路，一条成功之路，一条未来之路！

高等职业教育会计专业教学资源库项目组
二〇一一年四月

第三版前言

本书是国家职业教育会计专业教学资源库配套教材,也是"十二五"职业教育国家规划教材修订版。

2016年3月,经国务院批准,财政部、国家税务总局联合下发了全面推开营业税改征增值税的试点方案,从2016年5月1日起,在全国范围内全面推开营业税改征增值税试点,交通运输业、邮政业、电信业、现代服务业、建筑业、房地产业、金融业、生活服务业等全部营业税纳税人纳入试点范围,由缴纳营业税改为缴纳增值税,营业税退出了历史舞台;2016年7月1日起,我国全面推开资源税改革;等等。由于税法的变化,需要对《税费计算与申报》(第二版)进行全面更新、修订,以体现最新的法规变化。

按照财政部、国家税务总局《关于全面推开营业税改征增值税试点的通知》(财税〔2016〕36号)等文件的相关规定,把营业税改征增值税的试点内容全面体现在修订后的本教材之中,同时删除了营业税计算与申报的内容,并依据最新法规调整了其他章节内容。

本教材适合高职高专院校会计、财政、税务、投资理财等财经类专业使用,也可作为成人高校、本科院校举办的二级职业学院财经类专业的教材和社会从业人员的业务学习用书。

本次修订工作由梁伟样教授负责,在修订过程中得到了有关部门、企业和任课老师的大力支持,在此,一并表示诚挚的谢意。

由于编者水平有限,教材中难免存在谬误或不妥之处,恳请专家学者、使用本教材的老师、同学和读者批评指正。

编 者
二〇一六年八月

第一版前言

本书是高等职业教育专业教学资源库建设项目规划教材。本书按照工作过程，以项目导向、任务驱动来设计学习情境，安排教学内容。全书以培养学生职业能力为主线，按照理实一体的高职教育要求，分别就应缴税费额的计算和纳税申报两个方面，对现行主要的11个税种、3种财政规费进行了全面的阐述。重点在于让学生掌握纳税工作的基本操作流程和操作要领，能计算企业常见税费的应交金额，会办理各种税费的申报与缴纳工作。

本书的编写主要体现了以下几个特点。

1. 配套资源丰富。与本书配套同时出版的还有《税费计算与申报实训》，包括以图表形式反映的知识要点，职业判断能力、职业实践能力、职业拓展能力的训练与考核记录等内容。同时，本书还配发了大量的教学资源，具体如下：

序号	资源类型	说　明
1	教师手册	与主教材和实训手册相配套，主要包括学习情境设计思路、学习子情境与课时的划分、教学内容解析、教学实施方案、实训手册的答案和考核记录等内容
2	教学课件	与主教材相配套，按学习子情境设计
3	法规政策	按税种提供了截至2011年的相关税收法规电子文稿（见书中📁处资源）
4	岗位介绍	用视频形式介绍了报税岗位的职业环境
5	操作演示	用动画形式反映了增值税、消费税、营业税、企业所得税、个人所得税和地方税费的申报过程和发票领购、税务登记流程；用视频反映了增值税、营业税、个人所得税网上申报的实际操作过程和增值税专用发票领购、网上开票、网上认证实际操作方法；同时还提供了国家税务总局录制的纳税申报软件客户端操作演示视频
6	典型案例	与主教材相配套，每个情境都提供了3个以上的典型案例
7	习题试题	与主教材相配套，分单项选择题、多项选择题、判断题、业务题、实务操作题，按情境提供了近3 000题，分别能满足学生、教师、会计人员和社会学习者的需要
8	票证账表	与主教材相配套，按税种提供了各类纳税申报表及填表说明、各类税收征管表格和税收执法文书等
9	图片素材	提供了市（地）、县税务机关机构设置情况及办税大厅的图片；有关税务登记程序的图片
10	教学视频	增值税、消费税、企业所得税、个人所得税、地方税费的计算与申报都提供了反映不同教学方法、具有代表性的教学视频
11	专题材料	与主教材相配套，每个情境都提供了3个以上专题阅读材料，以便拓展知识或加深对所学内容的理解
12	税收宣传专题片	按税种提供了国家税务总局录制的税收宣传专题片

2. 注重实务。注意税收理论与实际工作的结合，并设计了部分案例，突出应纳税额的计算和纳税申报，书中大量列示了企业纳税申报的基本表单，与实际业务完全接轨，是现行法规下企业纳税的全真模拟和实战演练，实现高职高专以培养高技术应用型人才的根本任务和以就业为导向的办学宗旨。

3. 学做合一。每个子情境以案例展开并贯穿于整个情境之中，打破长期以来理论与实践二元分离的局面，以完成任务为核心，配备相应的实训手册和题库，便于在做中学、学中做，学做合一，实现理论与实践一体化教学。让学生在完成工作任务中学习知识、训练技能，获得实现职业能力目标所需的专业能力、社会能力和方法能力。

本书由丽水职业技术学院梁伟样牵头，山东商业职业技术学院李志、江苏财经职业技术学院张卫平、大连职业技术学院张敏、长沙民政职业技术学院银样军、四川财经职业学院李代俊、浙江经济职业技术学院王荃、浙江经贸职业技术学院邱正山、浙江商业职业技术学院陈冬妮参与编写，梁伟样教授负责全书及教学资源的修改、总纂与定稿。

本书及配套的教学资源在编写过程中参考了不少专著和教材，得到了有关专家学者、院校领导以及高等教育出版社的大力支持，在此一并表示感谢！

由于编者理论知识和实践能力有限，书中及配套的教学资源疏漏之处在所难免，敬请专家学者、使用本书的老师、同学和读者批评指正。

编　者

二〇一一年三月

目 录

学习情境 1　纳税工作流程认知 / 001

　　职业能力目标 / 001

　　工作任务与学习子情境 / 001

　　学习子情境一　涉税登记 / 002

　　学习子情境二　发票管理 / 012

　　学习子情境三　纳税申报 / 018

　　学习子情境四　税款缴纳 / 022

　　情境小结 / 028

　　情境思考 / 028

学习情境 2　增值税计算与申报 / 029

　　职业能力目标 / 029

　　工作任务与学习子情境 / 029

　　学习子情境一　增值税税款计算 / 030

　　学习子情境二　增值税纳税申报 / 064

　　学习子情境三　增值税出口退税的处理 / 076

　　情境小结 / 088

　　情境思考 / 089

学习情境 3　消费税计算与申报 / 091

　　职业能力目标 / 091

　　工作任务与学习子情境 / 091

　　学习子情境一　消费税税款计算 / 092

　　学习子情境二　消费税纳税申报 / 111

　　学习子情境三　消费税出口退税处理 / 115

　　情境小结 / 119

　　情境思考 / 120

学习情境4 关税计算与缴纳 / 121

职业能力目标 / 121

工作任务与学习子情境 / 121

学习子情境一 关税税款计算 / 122

学习子情境二 关税的缴纳 / 132

情境小结 / 138

情境思考 / 139

学习情境5 企业所得税计算与申报 / 141

职业能力目标 / 141

工作任务与学习子情境 / 141

学习子情境一 企业所得税税款计算 / 142

学习子情境二 企业所得税纳税申报 / 174

情境小结 / 192

情境思考 / 193

学习情境6 个人所得税计算与申报 / 195

职业能力目标 / 195

工作任务与学习子情境 / 195

学习子情境一 个人所得税税款计算 / 196

学习子情境二 个人所得税纳税申报 / 217

情境小结 / 225

情境思考 / 226

学习情境7 其他税费计算与申报 / 227

职业能力目标 / 227

工作任务与学习子情境 / 227

学习子情境一 城市维护建设税的计算与申报 / 228

学习子情境二 印花税的计算与申报 / 232

学习子情境三 车船税的计算与申报 / 243

学习子情境四 房产税的计算与申报 / 250

学习子情境五 契税的计算与申报 / 257

学习子情境六 城镇土地使用税的计算与申报 / 262

学习子情境七 土地增值税的计算与申报 / 268

学习子情境八　资源税的计算与申报 / 277
学习子情境九　财政规费的计算与申报 / 285
情境小结 / 290
情境思考 / 292

参考文献 / 293

学习情境 1 纳税工作流程认知

【职业能力目标】

专业能力
- 能依法进行各类涉税事务登记
- 会依法领购发票
- 会进行纳税申报
- 会进行税款缴纳

社会能力和方法能力
- 明确认识企业纳税工作基本流程
- 能根据学习情境设计的需要查阅相关资料
- 能根据企业的涉税事项情况与税务部门进行沟通，了解税务管理的最新要求
- 培养依法办理涉税事务、依法按时纳税的理念

【工作任务与学习子情境】

工作任务	学习子情境
学习税收基础知识	涉税登记
进行涉税事务登记	
了解发票领购的方法与流程	发票管理
了解纳税申报流程	纳税申报
学习缴纳税款的方法	税款缴纳

主席令〔2001〕49号

办税服务大厅职业认知

税收宣传专题片：国家与税收（上）、国家与税收（下）

办税大厅、税务机关机构设置

根据《中华人民共和国税收征收管理法》（以下简称《税收征管法》）规定，企业要成为合法纳税人，并依法享受各种税收服务和税收优惠待遇，前提条件是进行涉税事务登记，取得合法纳税人的身份。在完成涉税事务登记后，企业还应依法取得和使用发票，按时进行纳税申报并及时缴纳税款。企业在其基本情况发生变化时，应进行变更登记或停、复业登记。企业如因各种情况需要注销时，应到税务机关缴清税款、缴销发票，并进行税务注销登记。

学习子情境一　涉税登记

【情境引例】

陈光是某高职院校的2016届会计专业毕业生。2016年5月，他在人才交流会上看到一家企业在招聘报税岗位的会计人员，于是前去应聘，被当场录用。陈光非常兴奋，但同时也感到非常困惑。作为报税岗位的会计人员，企业创办时，在办理了工商登记，取得由工商行政部门核发加载法人和其他组织统一社会信用代码的营业执照，即"三证合一、一照一码"之后还需到税务机关办理哪些涉税事务登记？在企业后来的经营活动中，如果企业原先登记的有关信息发生变化，还需如何向税务机关办理变更？当企业发生解散、破产或撤销时，如何办理注销和清税手续？

【工作过程与岗位对照图】

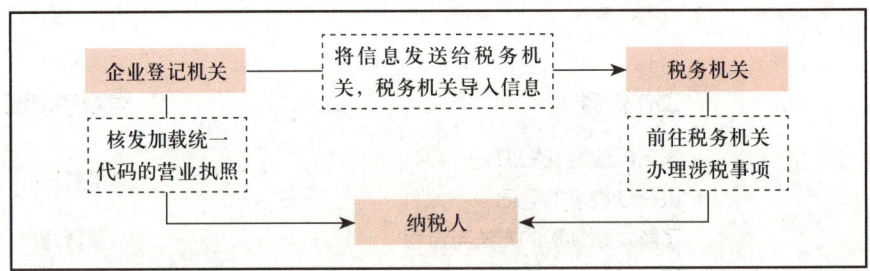

【知识准备】

一、税收基本知识

（一）什么是税收

税收又称"赋税""租税""捐税"等，是国家为了实现其职能，凭借政治权力，按照法律规定，强制地、无偿地参与社会剩余产品分配，以取得财政收入的一种规范形式。

税收是国家和私有财产制度并存这一特定历史条件下的产物。首先，税收是国家实现其职能的物质基础，国家为了行使其职能，必须拥有行政管理机构，而这些国家机构及其公职人员不直接从事物质生产却需要耗用一定的物质资料，为了满足这种需要，国家就要向社会成员征税。国家是征税的主体。其次，税收是国家凭借政治权力而不是财产权力进行的分配形式，只有社会上存在私有财产制度，而国家又需要将一部分不属于国家所有或不能直接支配使用的社会产品转变成国家所有的情况下，才有必要采取税收方式。

国家筹集财政收入的方式除税收外，还有发行公债和收取各种规费等，但税收自产生以来，一直是国家取得财政收入的主要形式。与其他财政收入形式相比，税收具有强制性、无偿性和固定性的特征，习惯上称为税收的"三性"。

1. 强制性

任何社会制度下的税收，都是国家凭借政治权力，通过税法进行的强制征收。在税法规定的范围内，任何单位和个人都必须依法纳税，否则就要受到法律的制裁。征税是为了满足社会公共需要，但对经济单位和个人而言，由于征税会减少自己的既得利益，必定会抵制征税。这样，国家就必须运用政治权力来进行实际的干涉和约束以保障征税权力，所以说税收具有强制性。

2. 无偿性

税收的无偿性是指国家征税不需要对具体纳税人付出任何报酬，也不再直接偿还给纳税人。但就国家与全体纳税人的利益关系而言，税收是有偿还性的，因为国家利用税收为社会提供了正常秩序、公共安全、公共设施等各种服务，纳税人整体则又享受了这种服务。从这个意义上说，税收对全体纳税人而言是有偿还性的，其具有"取之于民，用之于民"的性质。

3. 固定性

税收的固定性是指国家通过法律形式预先规定了纳税人、征税对象和征税标准等，征纳双方都必须遵守，不能随意变动。但是，税收的固定性也并非一成不变，随着社会经济的发展和政治条件的变化，税收的纳税人、征税对象和征收比例都会不断改变，但税收制度的改革和调整必须通过一定的法律程序，以法律法令的形式进行，因而在一定时间内保持相对稳定。

税收的"三性"相互联系，不可分离，是不同社会制度下税收所共有的，它是税收本质的具体体现，这使其与利润、规费等分配形式有明显的区别，因此税收的"三性"是区别税与非税的根本标志。

税收具有组织财政收入、调节经济、监督社会经济等作用。目前，税收已成为国家财政收入的主要支柱，世界各国税收占财政收入的比重平均为 75% 左右，2015 年我国公共财政收入为 152 217 亿元，其中税收收入为 124 892 亿元，成为我国财政收入的最主要来源。

（二）税制构成要素

税制构成要素是指税收实体法的组成要素，包括总则、纳税人、征税对象、税目、税率、纳税环节、纳税期限、纳税地点、税收减免、税收加征、违章处理、附则等项目。这里只对基本要素进行介绍。

1. 纳税人

纳税人是指税法规定直接负有纳税义务的单位和个人，也称纳税主体，它规定了税款的法律承担者。纳税人可以是自然人，也可以是法人。自然人和法人若有税法规定的应税财产、收入和特定行为，就对国家负有纳税义务。应注意纳税人与负税人、扣缴义务人的区别。

负税人是指税收负担的最终承担者。纳税人与负税人可能一致，也可能不一致。当某一税种的税负可以转嫁时，该税种的纳税人与负税人不一致，该税种为间接税。如果某一税种的纳税人和负税人一致，则说明该税种是不能转嫁的，该税种为直接税。

> 专题材料：取消农业税后农民依然是负税人

扣缴义务人是指按照税法规定负有扣缴税款义务的单位和个人。扣缴义务人不是纳税主体，而是纳税人和税务机关的中介，应按税务机关和税法的要求认真履行扣缴税款义务。扣缴义务人可分为代扣代缴义务人和代收代缴义务人。代扣代缴义务人是指有义务在向纳税人支付款项时扣除应纳税款并代为缴纳的单位或个人。代收代缴义务人则是指有义务在向纳税人收取款项时同时收取应纳税款并代为缴纳的单位或个人。

2. 征税对象

征税对象又称课税对象，是征税的目的物，即对什么东西征税，它是一种税区别于另一种税的主要标志。征税对象体现不同税种征税的基本界限，决定着不同税种名称的由来以及各税种在性质上的差别。比如，流转税的征税对象是商品流通过程中的流转额，所得税的征税对象则是所得额。

计税依据是征税对象的数量化，也是应纳税额计算的基础。从价计征的税收，以计税金额为计税依据；从量计征的税收，以征税对象的数量、容积、体积为计税依据；复合计征的税收，同时以计税金额和计税数量为计税依据。

3. 税目

税目是征税对象的具体化，反映各税种具体的征税项目，体现每个税种的征税广度。并非所有的税种都规定税目，对那些征税对象简单明确的税种，如增值税、房产税等，就不必另行规定税目。对大多数税种，由于征税对象比较复杂，而且对税种内部不同征税对象又需要采取不同的税率档次进行调节，这样就需要对税种的征税对象作进一步划分，作出具体的界限规定，这个规定的界限范围就是税目。比如，消费税按应税消费品种类划分为 15 个税目。

4. 税率

税率是应纳税额与计税依据之间的法定比例，是计算应纳税额的尺度，体现了征税的深度。每种税的税率高低，反映国家在一定时期的有关经济政策，直接关系国家财政收入的多少和纳税人税收负担的大小。因此税率是体现税收政策的中心环节，是构成税制的基本要素。

按照税率的表现形式，税率可以分为以绝对量形式表示的税率和以百分比形式表示的税率，我国目前主要有以下几种：

（1）比例税率。比例税率是指对同一征税对象，不论金额大小都按同一比例纳税，税额与征税对象之间的比例是固定的。比如，增值税的基本税率为 16%，企业所得税的基本税率为 25%。

比例税率的优点是：对同一征税对象的不同纳税人的税收负担相同，有利于其在大体相同的条件下开展竞争，而且计算方便，也便于税收稽征管理。主要缺点是：不分纳税人的环境、条件差异及收入等，都按同一税率征税，这与纳税人的实际负担能力不完全相符，具有一定的局限性。

（2）定额税率。定额税率是对单位征税对象规定固定的税额，是税率的一种特殊形式，一般适用于从量计征的税种。比如，消费税中黄酒的税率为 240 元 / 吨，印花税中权利许可证照的税率为 5 元 / 件。

定额税率的特点是税率与征税对象的价值量脱离了联系，不受征税对象价值量的影响。

（3）累进税率。累进税率是按征税对象的多少划分若干级距，并从低到高分别制定各等级税率，征税对象数额越大，税率则越高。这种税率形式既可适应纳税人的负担能力，又便于充分发挥调节纳税人收入水平的作用，较比例税率更符合税收的公平要求，一般适用于对所得和财产的征税。

按照累进依据和累进方式不同，累进税率可分为全额累进税率、超额累进税率和超率累进税率等类型。

① 全额累进税率是对征税对象的全部数额，均按与之相适应等级的累进税率计算纳税，当征税对象提高到一个新的级距时，对其全额都提高到一级新的与之相适应的税率计算纳税。其计算方法简单，但存在累进分界点上税负呈跳跃式递增，税负不尽合理的弊端。

② 超额累进税率是把征税对象按数额大小划分为若干等级，从低到高对每个等级分别规定相应的税率，一定数额的征税对象可以同时适用几个等级的税率，每超过一级，超过部分按提高一级的税率计税，分别计算各等级税额，各等级应纳税额之和，就是纳税人的应纳税额。其累进程度比较缓和，在计算上比较复杂。比如，目前我国个人所得税中"工资、薪金所得"的税率采用的就是3%~45%的七级超额累进税率。

③ 超率累进税率是以征税对象的某种比率为累进依据，按超率累进方式计算应纳税额的税率。它与超额累进税率在原理上相同，不过税率累进的依据不是绝对数，而是销售利润率、增值率等相对数。比如，目前我国土地增值税采用的四级超率累进税率就是以增值率作为税率累进依据的。

5. 纳税环节

纳税环节是指对处于不断运动中的纳税对象选定的应当缴纳税款的环节。每个税种都有其特定的纳税环节，有的纳税环节单一，有的需要在不同环节分别纳税。凡只在一个环节纳税的称为"一次课征制"，比如，我国的资源税只在开采环节征税；凡在两个环节征税的称为"两次课征制"；凡在两个以上环节征税的称为"多次课征制"，比如，我国的增值税在商品流通的每一个环节都要纳税。

6. 纳税期限

纳税期限是指纳税人在发生纳税义务后，应向税务机关申报纳税并解缴税款的起止时间。超过期限未交税的属于欠税，应依法加收滞纳金。各税种由于自身的特点不同，有着不同的纳税期限，一般分为按期纳税和按次纳税两种形式。比如，我国增值税规定的纳税期限分别为1日、3日、5日、10日、15日、1个月或者1个季度。以1个月或者1个季度为一个纳税期的，自期满之日起15日内申报纳税；以5日、10日或者15日为一个纳税期的，自期满之日起5日内预缴税款，于次月1日起15日内申报纳税并结清上月应纳税款。不能按照固定期限纳税的，可以按次纳税。

✏️ 专题材料：节假日能够影响纳税时间

7. 纳税地点

纳税地点是指按照税法规定向征税机关申报纳税的具体地点。它说明纳税人应向哪里的征税机关申报纳税以及哪里的征税机关有权进行税收管辖的问题。我国税法上规定的纳税地点主要是机构所在地、经济活动发生地、财产所在地、报关地等。

8. 税收减免

税收减免是减税和免税的合称，是对某些纳税人或征税对象的鼓励或照顾措施。减税是对应纳税额少征一部分税款，而免税则是对应纳税额全部免征税款。减免税体现了税收在原则性基础上的灵活性，是构成税收优惠的主要内容，具体可分为税基式减免、税率式减免和税额式减免三种形式。

（1）税基式减免。税基式减免是通过直接缩小计税依据的方式来实现的减税免税。其涉及的概念包括起征点、免征额、项目扣除以及跨期结转等。

① 起征点是计税依据达到税法规定数额开始征税的起点，对计税依据数额未达到起征点的不征税，达到起征点的按全部数额征税。

② 免征额是在计税依据总额中免予征税的数额，它是按照一定标准从计税依据总额中预先减除的数额。比如，个人所得税"工资、薪金所得"的免征额为 3 500 元。

③ 项目扣除则是指在计税依据中扣除一定项目的数额，以其余额作为依据计算税额。

④ 跨期结转是指将以前纳税年度的经营亏损从本纳税年度经营利润中扣除。

（2）税率式减免。税率式减免即通过直接降低税率的方式实现的减税免税。比如，《中华人民共和国企业所得税法》规定符合条件的小型微利企业适用的税率为 20%，国家需要重点扶持的高新技术企业适用的税率为 15%。

（3）税额式减免。税额式减免即通过直接减少应纳税额的方式实现的减税免税，包括全部免征、减半征收等。

9. 税收加征

税收加征形式包括地方附加、加成征收、加倍征收等。

（1）地方附加简称附加，是地方政府按照规定的比例随同正税一起征收的列入地方预算外收入的一种款项。税收附加是对税种的附加，以正税税额为依据，按规定的附加率计算附加额。

（2）加成是指按法定税率计算出应纳税额后，再以应纳税额为依据加征一定成数的税额。加征一成相当于应纳税额的10%，加征成数一般规定在 1 成至 10 成之间。

（3）加倍是指按法定税率计算出应纳税额后，再以应纳税额为依据加征一定倍数的税额。加征 10 成即为加征 1 倍。

无论是附加、加成还是加倍，都增加了纳税人的负担，但其目的不同，实行地方附加是为了给地方政府等筹一定的机动财力，用于发展地方建设事业。实行加成和加倍则是为了调节和限制某些纳税人获取过多的收入或者是对纳税人违章行为进行处罚措施。

10. 违章处理

违章处理是对纳税人发生违反税法行为采取的惩罚措施，它是税收马斌说税：
税收违法受何处罚

强制性的体现。纳税人必须依法及时、足额地缴纳税款，凡有拖欠税款、逾期不交、偷税漏税等违反税法的行为，都应受到制裁。违章处理的措施主要有加收滞纳金、处以罚款、税收保全措施、税收强制执行措施等。

（三）税收分类

1. 按征税对象分类

按征税对象分类是税收最基本和最主要的分类方法，可将税收分为流转税、所得税、财产税、行为税、特定目的税、资源税和烟叶税。

流转税指以商品或劳务的流转额为征税对象征收的一类税。这是我国现行税制中最大的一类税收，涉及商品的生产和流通各个环节，主要有增值税、消费税、关税。

所得税是指以所得额为征税对象征收的一类税。所得额是指全部收入减除为取得收入所耗费的各项成本费用后的余额。我国现行税制中属于所得税的主要有企业所得税、个人所得税。

财产税是指以纳税人所拥有或使用的财产为征税对象征收的一类税。主要有房产税、车船税、契税。

行为税是指以纳税人的某些特定行为为征税对象征收的一类税。主要有印花税。

特定目的税是为了达到特定目的而征收的一类税。主要有城市维护建设税、车辆购置税、耕地占用税。

资源税是对开发、利用和占有国有自然资源的单位和个人征收的一类税。主要有资源税、土地增值税、城镇土地使用税。

烟叶税是国家对收购烟叶的单位按照收购烟叶金额征收的一种税。

2. 按税收与价格的关系分类

按税收与价格的关系划分，税收可分为价内税和价外税。

价内税就是税款包含在应税商品价格（计税依据）内，商品价格由"成本＋利润＋税金"构成的一类税。比如，我国现行的消费税、关税等。

价外税是指税款不包含在应税商品价格（计税依据）之内，商品价格仅由成本和利润构成，价税分离的一类税。比如，我国现行的增值税就是一种典型的价外税。

3. 按计税依据分类

按计税依据不同，税收可分为从价税和从量税。

从价税是以征税对象的价值、价格与金额为标准，按一定比例征收的一类税。从价税实行比例税率和累进税率。比如，我国现行的增值税、企业所得税、个人所得税等税种都属于从价税。

从量税是以征税对象的一定数量单位（重量、件数、容积、面积、长度等）为标准，按固定税额计征的一类税。比如，我国现行的资源税、车船税、城镇土地使用税等都属于从量税。

4. 按税负能否转嫁分类

按税负能否转嫁，税收可以分为直接税和间接税。

直接税是指纳税人本身承担税负，不发生税负转嫁关系的一类税。直接税的纳税人即负税人。比如所得税、财产税等。

间接税是指纳税人本身不是负税人，可将税负转嫁给他人的一类税。间接税的纳税人与负税人不一致。比如增值税、消费税、关税等流转税。

5. 按税收管理与使用权限分类

按税收管理与使用权限的不同，税收可以分为中央税、地方税、中央地方共享税。

中央税是指管理权限归中央，税收收入归中央支配和使用的税种。

地方税是指管理权限归地方，税收收入归地方支配和使用的税种。

中央地方共享税则是指主要管理权限归中央，税收收入由中央政府和地方政府共同享有，按一定比例分成的税种。

我国现行各税种具体管理和使用权限的划分详见表1-1。

马斌说税：
概说纳税与征税

表1-1 我国现行税种管理和使用权限划分

序号	税种	中央税	地方税	共享税	备注
1	增值税	√		√	海关代征的增值税为中央固定收入；其他为共享收入，中央分享75%，地方分享25%；2016年5月1日，全面推开"营改增"后，试点期间，分享比例调整为各占50%
2	消费税	√			含海关代征的消费税
3	关税	√			
4	车辆购置税	√			2001年1月1日起开征
5	企业所得税	√		√	2002年起，铁路运输、邮电、各银行总行以及海洋石油天然气企业缴纳的所得税为中央固定收入；其他由中央与地方共享，中央分享60%，地方政府分享40%
6	个人所得税			√	从2002年起调整为共享税，中央分享60%，地方政府分享40%
7	房产税		√		
8	城镇土地使用税		√		
9	车船税		√		2007年1月1日由车船使用税改为车船税，从2012年1月1日起执行新的车船税法
10	印花税	√	√		从2016年1月1日起，证券交易印花税收入归中央政府，其他印花税收入归地方政府
11	城市维护建设税	√	√		铁路部门、各银行总行、各保险总公司等集中缴纳的城市维护建设税为中央固定收入，其他为地方收入

续表

序号	税种	中央税	地方税	共享税	备 注
12	土地增值税		√		
13	契税		√		
14	耕地占用税		√		
15	资源税	√	√		海洋石油企业缴纳的部分作为中央固定收入,其余归地方政府
16	烟叶税		√		2006年4月1日起开征
17	船舶吨税	√			仅对境外港口进入境内的船舶征税

二、涉税事务登记

为改革市场准入制度,简化手续,缩短时限。2015年6月23日,国务院办公厅发布了《国务院办公厅关于加快推进"三证合一"登记制度改革的意见》(国办发〔2015〕50号)。"三证合一"登记制度是指将企业登记时依次申请、分别由工商行政部门核发工商营业执照、质量技术监督部门核发组织机构代码证和税务部门核发税务登记证,改为一次申请、由工商行政管理部门核发一个营业执照的登记制度。为具体落实"三证合一"登记制度改革,同年9月10日,国家税务总局发布《国家税务总局关于落实"三证合一"登记制度改革的通知》(税总函〔2015〕482号),就税务部门落实"三证合一"登记制度改革做出了具体部署。在全面实施工商营业执照、组织机构代码证、税务登记证"三证合一"登记制度改革的基础上,再整合社会保险登记证和统计登记证,从2016年10月1日起,实现"五证合一、一照一码"的登记制度改革。

自2015年10月1日起,新设立企业和农民专业合作社领取由工商行政部门核发加载法人和其他组织统一社会信用代码(以下称"统一代码")的营业执照后,无须再次进行税务登记,不再领取税务登记证。企业办理涉税事宜时,在完成补充信息采集后,凭加载统一代码的营业执照可代替税务登记证使用。除以上情形外,其他税务登记按照原有法律制度执行外,改革前核发的原税务登记证件在2017年年底前过渡期内继续有效,2018年1月1日起,一律改为使用加载统一代码的营业执照,原发税务登记证件不再有效。

工商登记"一个窗口"统一受理申请后,申请材料和登记信息在部门间共享,各部门数据互换、档案互认。各级税务机关应加强与登记机关的沟通协调,确保登记信息采集准确、完整。各省税务机关在交换平台获取"五证合一"企业登记信息后,依据新设立企业和农民专业合作社住所按户分配至县(区)税务机关;县(区)税务机关确认分配有误的,将其退回至市(地)税务机关,由市(地)税务机关重新进行分配;省税务机关无法直接分配至县(区)税务机关的,将其分配至市(地)税务机关,由市(地)税务机关向县(区)税务机关进行分配。对于工商登记机关已经采集的信息,税务登记不再重复采集;其他必要涉税的基础信息,可在新设立企业和农民专业合作社办理有关涉税事宜时,及时采集,陆续补齐。发生变化的,由新设立企业和农民专业合作社直接向税务机关申报变更,税务机关及时更新税务系统中的企业信息。

已实行"五证合一、一照一码"登记模式的新设立企业和农民专业合作社办理注销登记,须先向税务主管机关申报清税,填写"清税申报表"。新设立企业和农民专业合作社可向国税、地税任何一方税务主管机关提出清税申报,税务机关受理后应将企业清税申报信息同时传递给另一方税务机关,国税、地税税务主管机关按照各自的职责分别进行清税,限时办理。清税完毕后,一方税务机关及时将本部门的清税结果信息反馈给受理税务机关,由受理税务机关根据国税、地税清税结果向纳税人统一出具"清税证明",并将信息共享到交换平台。

税务机关应当分类处理纳税人清税申报,扩大即时办结范围。根据企业经营规模、税款征收方式、纳税信用等级指标进行风险分析,对风险低的当场办结清税手续;对于存在疑点情况的,企业也可以提供税务中介服务机构出具的鉴证报告。税务机关在核查、检查过程中,发现涉嫌偷、逃、骗、抗税或虚开发票的,或者需要进行纳税调整等情形的,办理时限自然中止。在清税后,经举报等线索发现少报、少缴税款的,税务机关将相关信息传至登记机关,纳入"黑名单"管理。

过渡期间未换发"五证合一、一照一码"营业执照的企业申请注销,税务机关按原规定办理。

三、增值税一般纳税人资格登记

增值税纳税人分为一般纳税人和小规模纳税人(小规模纳税人在后续章节有详细解释)两类。一般纳税人资格实行登记制,登记事项由增值税纳税人向其主管税务机关办理,一般应具备以下条件:

(1)会计核算健全,能够准确提供税务资料。

(2)预计年应征增值税销售额达到规定标准:从2018年5月1日起不再按企业类型划分,统一调整为500万元以上。

一般纳税人总、分支机构不在同一县(市)的,应分别向其机构所在地主管税务机关申请办理一般纳税人登记手续。

小规模纳税人如果会计核算健全，能够提供准确税务资料的，则可以向主管税务机关申请一般纳税人登记。

学习子情境二　发票管理

【情境引例】

陈光于2016年7月1日到单位报到，会计主管刚好要去税务部门领购发票，便叫了陈光一起去，让他学习领购发票的具体工作流程，并告诉陈光，以后公司报税岗位的工作由他来完成。当陈光接过这个任务后，他应该如何来适应这个岗位？应如何领购发票、保管发票、开具发票？

【工作过程与岗位对照图】

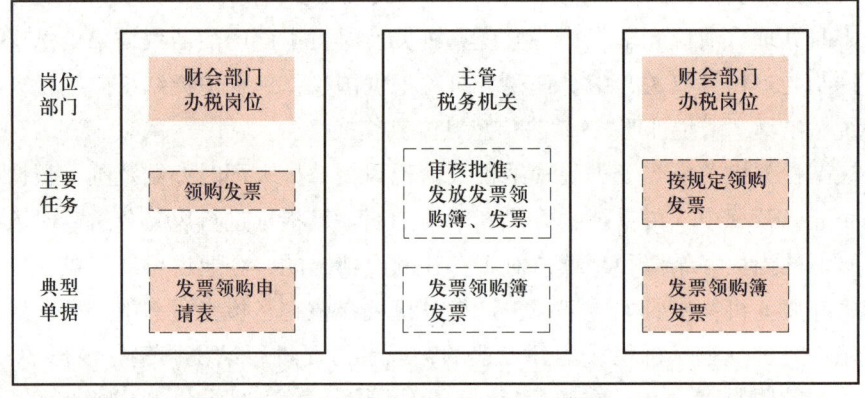

【知识准备】

一、发票的概念

国务院令〔2010〕第587号

发票是在购销商品、提供或者接受服务以及从事其他经营活动中，开具、取得的用以记录经济业务活动并具有税源监控功能的收付款（商事）凭证。发票不仅是财务收支的法定凭证和会计核算的原始凭证，而且是税收征收管理的重要依据。

国家税务总局令第25号

为对发票的领购、开具与使用进行管理，我国制定了《中华人民共和国发票管理办法》（以下简称《发票管理办法》）和《中华人民共和国发票管理办法实施细则》（以下简称《发票管理实施细则》）。

二、发票的种类

按领购使用范围不同，发票分为普通发票和增值税专用发票。普通发票作为购销双方的收付款凭证，其基本联次为三联，即作为销售方留存备查的存根联（第一联），作为购货方付款凭证的发票联（第二联），作为销货方收款凭证的记账联（第三联）。增值税专用发票的联次则为记账联、抵扣联和发票联。

国税发〔2009〕142号

国税发〔2006〕156号

三、发票的基本内容

发票的基本内容包括：发票的名称、字轨号码、发票联次及用途、客户名称、商品名称及经营项目、计量单位、数量、单价、金额、开票人、开票日期、开票单位（个人）名称（章）等。此外，增值税专用发票还应包括购销双方的经营地址、电话、纳税人识别号、开户银行及账号、税率、税额等内容。

四、发票的管理

根据《发票管理办法》和《发票管理实施细则》的规定，国家税务总局统一负责全国发票管理工作。发票的具体管理工作由国家税务局和地方税务局按各自的职责执行。所以，税务机关是发票的主管机关，负责发票印制、领购、开具、取得、保管、缴销的管理和监督。单位、个人在购销商品、提供或者接受服务以及从事其他经营活动中，均应当按照规定开具、使用、取得发票。

税务机关对发票印制实行统一管理的原则，《税收征管法》规定：增值税专用发票由国务院税务主管部门（即国家税务总局）指定的企业印制，其他发票按照国务院税务主管部门的规定，分别由省、自治区、直辖市国家税务局或地方税务局指定的企业印制，未经上述规定的税务机关指定，任何单位不得印制发票。

发票必须套印全国统一发票监制章，其式样由国家税务总局规定，除增值税专用发票以外的普通发票监制章由省、自治区、直辖市税务机关负责制作，禁止伪造发票监制章。发票监制章必须套印在票据名称的正中，由税务机关派专人进场监督发票监制章的套印过程。发票式样由税务机关确定，并实行不定期换版制度。

某粥铺未进行开业登记，借用发票受处罚案

【职业判断与业务操作】

一、领购发票

（一）判断发票领购的对象

（1）依法办理涉税登记的单位和个人，在领取"税务登记证"或加载统一代码的营业执照（以下简称"税务证件"）后可以申请领购发票，属于法定的发票领购对象。

（2）依法不需要办理涉税登记的单位，发生临时经营业务需要使用发票的纳税人，可以凭单位介绍信和其他有效证件，到税务机关代开发票。

（3）临时到本省、自治区、直辖市以外从事经营活动的单位和个人，凭所在地税务机关开具的"外出经营税收管理证明"，在办理纳税担保的前提下，可向经营地税务机关申请领购经营地的发票。

（二）确定领购发票的方式

根据用票单位和个人的具体情况，区别不同对象有以下几种购票方式。

1. 批量供应

批量供应指税务机关根据用票单位和个人一定时期经营业务量的大小和发票使用量多少，合理核定发票领购量，并据以发放的一种方式。批量供应方式一般适用于经营规模较大、财务制度健全、发票管理严格、发票使用量较大的单位。

2. 验旧购新

验旧购新指用票单位和个人在购买新发票时，必须将已填用的发票存根联送交税务机关，税务机关负责对其发票的填开情况进行审核，经审核无误后，允许其领购新的发票，并将交来的已填开的发票存根联退还给用票单位和个人保管。这一方式一般适用于对经营规模和用票量都较小、建立了财务制度和发票管理制度的单位和经营活动比较稳定的个体工商户。

3. 交旧购新

交旧购新方式的管理内容基本等同于验旧购新的发票领购方式，所不同的是，验旧购新方式对已查验的存根联可以由用票单位和个人自行保管，而交旧购新方式一般由税务机关归档保管。这一方式一般适用于一些会计核算制度不健全，经营流动性较大，较易发生短期经营行为，纳税意识不强的用票单位和个人。

（三）了解领购发票的程序

首次申请领购发票的单位和个人应当向税务机关提出购票申请，填写"发票领购证申请审批表"并提供经办人身份证明、税务证件或其他有关证明以及发票专用章的印模，经主管税务机关审核后，发给"发票购领证"。领购发票的单位和个人凭"发票购领证"核准的种类、数量以及购票方式,向主管税务机关领购发票。

这里,经办人身份证明是指经办人的居民身份证、护照、工作证以及其他能证明经办人身份的证件。发票专用章是指没有财务专用章或者不便使用财务印章的单位和个体工商业户,按税务机关的统一规定刻制的,在领购或开具发票时加盖有其名称、税务证件、发票专用章字样的印章。发票专用章的式样和使用办法由省级税务机关确定。

发票领购簿的内容包括用票单位和个人的名称、所属行业、经济类型、购票方式、核准数量、起止号码、违章记录、领购人签字(盖章)、核发税务机关(章)等内容。

发票领购流程

在首次领购发票后,纳税人需领购发票时,需持发票购领证、经办人身份证明及已用发票存根联,到税务机关缴销、领购发票,并交纳发票工本费。

▲ 提示

> 纳税人到外省(自治区、直辖市)从事临时经营活动的,可以向临时经营活动所在地税务机关申请领购发票,在申请领购发票时,需提供保证人或者根据所领购发票的票面限额及数量缴纳不超过 10 000 元的保证金,并限期缴销发票。

二、开具发票

纳税义务人在对外销售商品、提供服务以及发生其他经营活动收取款项时,必须向付款方开具发票。在特殊情况下,由付款方向收款方开具发票(收款单位和扣缴义务人支付给个人款项时开具的发票),未发生经营业务一律不准开具发票。

(一)普通发票的开具要求

开具普通发票应遵守以下要求:① 发票开具应该按规定的时限、顺序、逐栏、全联、全部栏次一次性如实开具,并加盖单位财务印章或发票专用章。② 发票限于领购单位在本省(自治区、直辖市)内开具;未经批准不得跨越规定的使用区域携带、邮寄或者运输空白发票。③ 任何单位和个人都不得转借、转让、代开发票;未经税务机关批准,不得拆本使用发票;不得自行扩大专用发票使用范围。④ 开具发票后,如果发生销货退回需要开红字发票,必须收回原发票并注明"作废"字样,或者取得对方有效证明;发生折让的,在收回原发票并注明"作废"字样后重新开具发票。

（二）增值税专用发票的开具要求

增值税专用发票是一般纳税人通过增值税防伪税控系统开具的。防伪税控系统是指经国务院同意推行的，使用专用设备和通用设备，运用数字密码和电子存储技术管理专用发票的计算机管理系统。其中专用设备包括金税卡、IC 卡、读卡器等，通用设备包括计算机、打印机、扫描器具等。

增值税专用发票应按照增值税纳税义务的发生时间开具，不得提前或滞后，并与实际交易相符。开具时应项目齐全，字迹清楚，不得压线、错格，发票联和抵扣联加盖财务专用章或者发票专用章。对不符合上列要求的专用发票，购买方有权拒收。对已开具增值税专用发票的销售货物、加工修理修配劳务、服务、无形资产或者不动产，销售方要及时足额计入当期销售额计税。凡开具了增值税专用发票，其销售额未按规定计入销售账户核算的，一律按偷税论处。

一般纳税人发生应税行为，应当向索取增值税专用发票的购买方开具增值税专用发票，并在增值税专用发票上注明销售额和销项税额。属于下列情形之一的，不得开具增值税专用发票：① 向消费者个人销售货物、加工修理修配劳务、服务、无形资产或者不动产的；② 适用免征增值税规定的应税行为。

增值税小规模纳税人发生应税行为，购买方索取增值税专用发票的，可以向主管税务机关申请代开。

三、保管发票

发票保管的首要任务是保障发票的安全、发票数量的完整无缺和发票质量的完好状态。发票不论对于开具方，还是对于接受方都是经济活动中的重要凭证，直接影响企业的财务活动，也直接影响税务机关的稽查监督。所以，开具发票的单位和个人应当按照税务机关的规定存放和保管发票，不得擅自损毁。使用发票的单位和个人应当妥善保存发票，不得丢失。如遇发票遗失、被盗，或者遇水、火等灾害后造成损毁等情况，应书面报告主管税务机关，填制"发票挂失/损毁报告表"，并提供相关的资料，包括刊登遗失声明的报纸、杂志的报头或者刊头；刊登遗失声明的版面原件和复印件；遗失、被盗发票后，公安机关或其他有关部门出具的立案处理证明、说明；税务机关要求提供的其他材料等。

丢失发票者需在报刊和电视等传播媒介上公告声明作废。挂失声明中应写明挂失发票纳税人名称、纳税人识别号、发票种类、发票号码等相关情况并声明作废。挂失声明应在地市级（含地市级）以上发行的非娱乐性报纸、杂志，或者税务机关根据有关规定要求的媒体上发布。增值税专用发票的挂失声明在《中国税务报》登载。

对已开具的发票存根和发票登记簿要妥善保管，保存期为 5 年，保存期满需要经税务机关查验后销毁。

纳税人、扣缴义务人必须按有关规定保管会计档案，自 2016 年 1 月 1 日起，会计凭证、账簿保管 30 年，月度、季度财务会计报告和纳税申报表保管 10 年，年度财务会计报告永久保管，不得伪造、变造或者擅自销毁。

四、注（缴）销发票

发票的注（缴）销主要有两种情况，一种是因粗心大意等原因开出错票，发现后所开发票应全联作废并保存，不得任意撕毁、丢弃。另外一种情况则是用票单位和个人按照规定向税务机关上缴已使用或者未使用的发票，包括以下两种。

（一）变更、注销时发票的缴销

纳税人因办理了纳税人名称、地址、电话、开户行、账号变更需废止原有发票时，应向主管税务机关领取并填写好"发票缴销登记表"，并持"发票购领证"、经办人员身份证明及未使用的发票向主管税务机关办理发票缴销手续。

（二）残损发票、改（换）版发票及次版发票的缴销

纳税人的发票发生霉变、鼠咬、水浸、火烧等残损问题，或被通知发票将进行改版、换版，或发现有次版发票等问题时，必须按有关规定到主管税务机关领取并填报"发票缴销登记表"，连同"发票购领证"及应缴销的改版、换版和次版发票一并交主管税务机关。

五、使用企业具名发票

有固定生产经营场所、财务和发票管理制度健全、生产经营规模和发票年使用量较大的单位，可以根据需要和业务特点，申请印制带有本单位名称的发票。这种发票称企业具名发票，又称企业衔头发票。

纳税人申请使用企业具名发票时，应先设计票样，并在用票前 1 个月向主管地税机关提出印制申请。具体程序为：

纳税人到主管地税机关办税服务厅领取并如实填写"企业衔头（具名）发票印制申请审批表"，并提供以下证件和资料：

（1）工商营业执照副本（按规定不需要办理工商营业执照的除外）。

（2）税务证件副本。

（3）普通发票领购簿。

（4）经办人身份证明（居民身份证、护照）。
（5）财务印章或发票专用章印模。
（6）主管地税机关要求报送的其他资料、证件。

管理部门审核同意后，制发"准予税务行政许可决定书"通知纳税人。对不符合印制具名企业发票条件的，制发"不予税务行政许可决定书"通知纳税人。向发票定点承印企业下达"普通发票印制通知书"；纳税人凭"税务行政许可受理通知书"和"准予税务行政许可决定书"到主管税务机关办税服务厅"发票管理窗口"领购发票。

学习子情境三　纳税申报

【情境引例】

陈光在办税岗位上兢兢业业地工作着，月底，根据会计资料计算出企业应缴纳的相关税额后，陈光在进行纳税申报时需要准备哪些资料？应该选择哪种纳税申报方式？纳税申报有没有截止时间？超过时限的话，他还能申报吗？

【工作过程与岗位对照图】

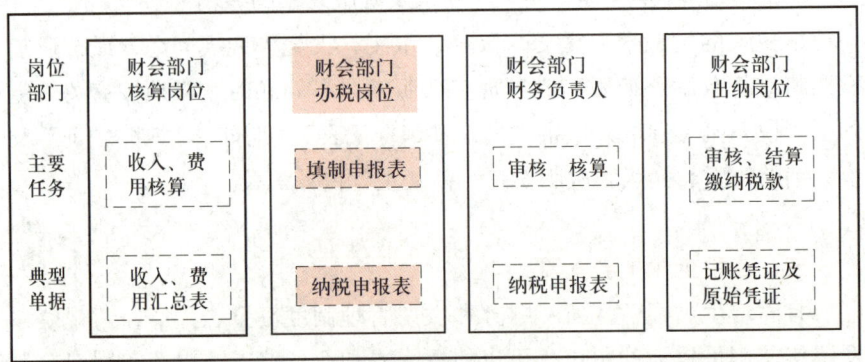

【知识准备】

纳税申报是指纳税人发生纳税义务后，在税法规定的期限内向主管税务机关提交书面报告的一种法定手续，也是税务机关办理征税业务、核实应纳税款、开具完税凭证的主要依据。《税收征管法》规定，纳税人必须依照法律、法规确定的申报期限如实办理纳税申报，报送纳税申报表、财务会计报表以及税务机关要求报送的其他与纳税申报相关的资料。

一切负有纳税义务的单位和个人以及负有扣缴义务的单位和个人，

都是办理纳税申报的对象。具体包括：

（1）依法负有纳税义务的单位和个人。

（2）按规定享有减免税的纳税人。

（3）依法负有扣缴义务的单位和个人。

【职业判断与业务操作】

一、确定纳税申报的内容

纳税人、扣缴义务人在法律、行政法规或者税务机关依照法律、行政法规的规定确定的申报期限内，向税务机关进行纳税申报时，主要通过填制和上交纳税申报表及相关的财务资料来完成。

（一）纳税申报表及代扣代缴、代收代缴报告表

我国各种税种都有相应的纳税申报表，实行税源控制的税种还有扣缴义务人填报的代扣代缴税款报告表、代收代缴税款报告表。不同税种的计税依据、计税方法不同，纳税申报表的格式也不同，但申报的主要内容基本相同，一般包括：纳税人名称、税种、税目、应纳税项目、适用税率或者单位税额、计税依据、应纳税额、税款所属期限等。扣缴义务人向税务机关报送的代扣代缴、代收代缴报告表一般包括：纳税人名称、代扣代收税款所属期限、应代扣代收税款项目、适用税率、计税依据、应代扣代收税款以及税务机关规定的其他应当申报的项目。

（二）纳税申报的其他资料

为了全面反映纳税人一定时期内的生产、经营活动，纳税人在进行纳税申报时，除了报送纳税申报表外，还要报送财务会计报表及其他相关资料。

（1）纳税申报表。

（2）财务、会计报表及其说明材料。

（3）与纳税有关的合同、协议书及凭证。

（4）税控装置的电子报税资料。

（5）外出经营活动税收管理证明和异地完税凭证。

（6）境内或者境外公证机构出具的有关证明文件。

（7）税务机关规定应当报送的其他有关证件、资料。

二、选择纳税申报的方式

纳税人在申报期限内，无论有无应税收入和所得都必须持纳税申报表、财务会计报表及其他纳税资料，到税务机关直接办理纳税申报。扣缴

义务人在扣缴税款期限内，无论有无代扣代收税款，都必须持代扣代缴、代收代缴报告表以及其他有关资料，到税务机关直接办理扣缴税款申报。

（一）自行申报

自行申报，也称"直接申报"，是指纳税人、扣缴义务人持纳税申报表等相关资料，在纳税申报期内直接到当地主管税务机关设立的纳税服务大厅进行申报纳税。无论是在过去手工操作方式下还是在当前计算机征管方式下，直接申报方式一直是我国最主要的纳税申报方式。

（二）邮寄申报

邮寄申报是指经税务机关批准的纳税人、扣缴义务人使用统一规定的纳税申报特快专递专用信封，通过邮政部门办理交寄手续，并向邮政部门索取收据作为申报凭证的方式。邮寄申报以寄出的邮戳日期为实际申报日期。邮寄申报适用于到税务机关上门办理纳税申报有困难的纳税人或者扣缴义务人。

（三）数据电文方式

数据电文方式是指以税务机关确定的电话语音、电子数据交换和网络传输等电子方式进行纳税申报。这种方式运用了新的电子信息技术，代表着纳税申报方式的发展方向，使用范围逐渐扩大。纳税人、扣缴义务人采取数据电文方式办理纳税申报的，其申报日期以税务机关计算机网络系统收到该数据电文的时间为准，与数据电文相对应的纸质申报资料的报送期限由税务机关确定。

（四）其他方式

实行定期定额缴纳税款的纳税人，可以实行简易申报、简并征期等方式申报纳税。

简易申报是指纳税人按照税务机关核定的税额按期缴纳税款，以税务机关开具的完税凭证代替纳税申报。即实行定期定额缴纳税款的纳税人，在法律、行政法规规定的期限或者在税务机关按照法律、行政法规的规定确定的期限内缴纳税款的，即视同申报，未按期纳税，也构成未进行纳税申报。

简并征期是指纳税人经过税务机关批准，可以采取将纳税期合并为按季、半年、年的方式缴纳税款。具体期限由省、自治区、直辖市税务机关根据具体情况确定。简并征期相当于延长了纳税期限，本身并不属于一种独立的纳税申报方式。

三、熟悉纳税申报的期限

纳税申报期限，是法律、行政法规规定的或者税务机关依照法律、行政法规的规定确定的纳税人、扣缴义务人向税务机关申报应纳或应解缴税款的期限。

纳税申报期限是根据各个税种的特点确定的，各个税种的纳税期限因其征收对象、计税环节的不同而不尽相同，同一税种，也可能因为纳税人的经营情况不同、财务会计核算不同、应纳税额大小不等，而申报期限不同。纳税人的具体纳税期限，由主管税务机关按各税种的有关规定确定；不能按照固定期限纳税的，可以按次纳税。

纳税申报期限内遇有法定休假日的，申报期限依法须向后顺延。纳税人、扣缴义务人办理纳税申报期限的最后一日是法定休假日的，以休假日期满的次日为最后一日；在期限内有连续3日以上法定休假日的，按休假日天数顺延。

四、了解延期申报和零申报

延期申报是指纳税人、扣缴义务人不能按照税法规定的期限办理纳税申报或扣缴税款申报，经申请由税务机关批准可适当推延时间进行纳税申报。造成延期申报的原因有主观原因和客观原因。凡纳税人或扣缴义务人完全出于主观原因或有意拖缴税款而不按期办理纳税申报的，税务机关可视违法行为的轻重，给予处罚。纳税人、扣缴义务人延期申报，主要有两方面特殊情况：一是因不可抗力的作用，需要办理延期申报。不可抗力是指不可避免和无法抵御的自然灾害。二是因财务会计处理上的特殊情况，导致不能办理纳税申报而需要延期申报。出现这种情况一般是由于账务未处理完，不能计算应纳税款。

纳税人、扣缴义务人按期办理纳税申报或者报送代扣代缴、代收代缴税款报告表确有困难，需要延期申报的，应当在规定的纳税申报期限内提出书面申请，报请税务机关批准，并在核准期内办理纳税申报。主管税务机关视其具体情况批准延长期限。

根据审批同意意见，将制发"核准延期申报通知书"；当场或在规定时间内发给"核准延期申报通知书"，并告知纳税人按上期实际缴纳税款或按税务机关核定的税额预缴税款。未核准的，在"延期申报申请审批表"签署意见后连同有关资料退回给纳税人，并告知其按规定要求申报缴纳。纳税人则应按税务机关的要求进行申报纳税。

零申报是纳税人在规定的纳税申报期内，按照计税依据计算申报的应纳税额为零（企业所得税的纳税人在申报期内应纳税所得额为负数或零）而向税务机关办理的申报行为。纳税人和扣缴义务人在有效期间内，没有取得应税收入或所得，没有应缴税款发生，或者已办理加载统一代码的营业执照，但未开始经营或者开业期间没有经营收入的纳税人，除已办理停业审批手续的以外，必须按规定的纳税申报期限进行零申报。纳税人进行零申报，应在申报期内向主管税务机关正常报送纳税申报表及有关资料，并在纳税申报表上注明"零"或"无收入"字样。

学习子情境四　税款缴纳

【情境引例】

陈光完成了纳税申报，现需要缴纳税款，如何根据企业实际来选择税款的缴纳方式？如何办理税款缴纳？当企业发生减、免、退税情况时，如何办理税款的减免和退还？

【工作过程与岗位对照图】

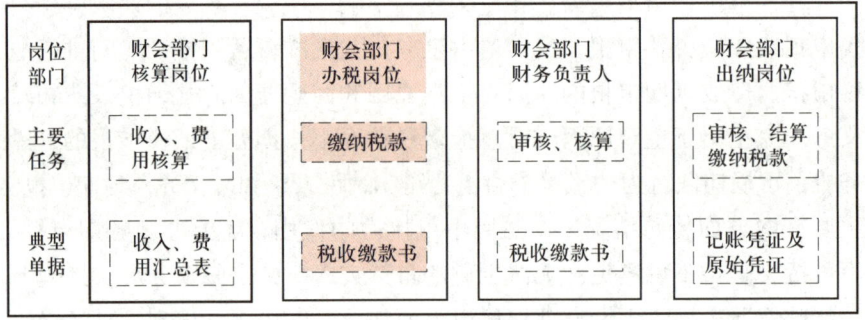

【知识准备】

缴纳税款是纳税人依法将应纳税款缴入国库的过程。

"滞纳金"是纳税人因未按时履行纳税义务而占用国家税款所缴纳的补偿金。

税款扣缴是指按照税法规定负有扣缴税款法定义务的单位和个人，依法代税务机关将纳税人应纳的税款从应向其支付的款项中扣除，并定期向税务机关解缴所扣税款。它是税收法规赋予扣缴义务人的法定义务。

【职业判断与业务操作】

一、了解税款征收方式

税款征收方式是指税务机关根据各税种的不同特点和纳税人的具体情况而确定的计算、征收税款的形式。

（一）查账征收

查账征收是税务机关按照纳税人提供的账表所反映的经营情况，依照适用的税率计算缴纳税款的方法。即先由纳税人在规定的纳税期限内，用纳税申报表的形式向税务机关办理纳税申报，经税务机关审查核实后，填写缴款书，并由纳税人到当地开户银行（国库）缴纳税款。这种征收方式适用于账簿、凭证和财务会计核算比较健全的纳税人。

（二）查定征收

查定征收是由税务机关依据纳税人的生产设备、生产能力、从业人员数量和正常情况下的生产销售情况，对其生产的应税产品实行查定产量、销售量或销售额，依率计征的一种征收方法。它适用于生产不固定、账册不健全的纳税人。

（三）查验征收

查验征收是税务机关对某些零星、分散的高税率货物，在纳税人申报缴税时，由税务机关派人到现场实地查验，并贴上查验标记或盖上查验戳记，据以计算征收税款的一种征收方法。

（四）定期定额征收

定期定额征收是税务机关对一些营业额和所得额难以准确计算的纳税，采取由纳税人自报自议，由税务机关核定一定时期的营业额和所得税附征率，实行多税种合并征收的一种征收方式。纳税人在核定期内营业额达到或超过核定定额20%~30%时，应及时向税务机关申报调整定额。它一般适用于小型的个体工商户。

二、选择税款缴纳方式

（一）纳税人直接向国库经收处缴纳

纳税人在申报前，先向税务机关领取税票，自行填写，然后到国库经收处缴纳税款，以国库经收处的回执联和纳税申报等资料，向税务机关申报纳税。这种方式适用于纳税人在设有国库经收处的银行和其他金融机构开设账户，并且向税务机关申报的纳税人。

（二）税务机关自收税款并办理入库手续

这种方式是由税务机关直接收取税款并办理入库手续的缴纳方式，适用于由税务机关代开发票的纳税人缴纳的税款；临时发生纳税义务，需向税务机关直接缴纳的税款；税务机关采取强制执行措施，以拍卖所得或变卖所得缴纳的税款。

（三）代扣代缴

代扣代缴，是指按照税法规定负有扣缴税款义务的单位和个人，负责对纳税人应纳的税款进行代为扣缴的一种方式。即由支付人在向纳税人支付款项时，从所支付款项中依法直接扣收税款并代为缴纳。其目的是对零星分散、不易控管的税源进行源泉控制。如单位在支付个人工资薪金时，需依法代扣其应纳的个人所得税。

（四）代收代缴

代收代缴是指按照税法规定负有收缴税款义务的单位和个人，负责对纳税人应纳的税款进行代收代缴的一种方式。即由与纳税人有经济业务往来的单位和个人在向纳税人收取款项时依法收取税款并代为缴纳。其目的在于对税收网络覆盖不到或者难以控管的领域进行源泉控制。如受托加工应缴消费品的消费品，由受托方代收代缴消费税。

（五）委托代征

委托代征是指受托的有关单位按照税务机关核发的代征证书的要求，以税务机关的名义向纳税人征收一些零散税款的方式。目前，各地对零散、不易控管的税源，大多是委托街道办事处、居委会、乡政府、村委会及交通管理部门等代征税款。

（六）其他方式

随着科学技术的发展，新的纳税方式不断出现，如利用网络、用IC卡纳税等，适用于采用电子方式办理税款缴纳的纳税人。

三、熟悉税款的退还

按照依法治税的原则，税款征收要依法进行，纳税人不能少缴，也不能多缴税款，但是实际上，由于征纳双方的各种原因，会产生纳税人多缴税款的现象。为保护纳税人的合法权益，《税收征管法》规定，纳税人超过应纳税额缴纳的税款，税务机关发现后应立即退还；纳税人在3年内发现的，不仅可以要求税务机关退还多缴税款，还可以要求退还多缴税款的同期银行利息。

（一）多缴税款退回的范围

多缴税款而退税，适用的情形主要包括三种：一是技术性差错和结算性的退税，包括因纳税人填写申报表错误、计算错误、适用税种、税目、税率错误等失误造成的和由于税务机关工作疏忽，多征、误征税款的退还；二是政策性的先征后退；三是纳税人与税务机关在纳税额度方面有争议。这种情况下，应先依法纳税，再进行税收复议或税收诉讼，如确实存在多征的，可予以退税。

（二）退税的具体程序

税务机关发现纳税人多缴纳税款的，应当自发现之日起10日内办理退库；纳税人发现多缴税款的，税务机关应当自接到纳税人退还申请之日起30日内查实并办理退库手续。纳税人申请退税，应向主管税务机关提出退税申请，并提供以下资料：

（1）"退税申请审批表"。

（2）完税凭证等已缴税款证明原件、复印件。

（3）申报表原件、复印件。

（4）纳税人书面申请或其他说明材料。

（5）政策性退税的还需提供税务机关批准其享受有关税收优惠政策的批文的原件、复印件或批准申请人购买国产设备抵扣税款批复的原件、复印件。

四、认识税款的追征

追征税款是指在实际的税款征缴过程中，由于征纳双方的疏忽、计算错误等原因造成的纳税人、扣缴义务人未缴或者少缴税款，税务机关依法对未征少征的税款要求补缴，对未缴少缴的税款进行追征的制度。追征税款的前提条件是纳税人、扣缴义务人未缴或少缴了应纳税款。

（一）追征税款的范围

（1）税务机关适用税收法律、行政法规不当或者执法行为违法造成的未缴或少缴税款。

（2）纳税人、扣缴义务人非主观故意的计算错误以及明显笔误造成的未缴、少缴税款。

（3）偷税、骗税和抗税。

（二）追征税款的时限

（1）因税务机关的责任，致使纳税人、扣缴义务人未缴或者少缴税款的，税务机关在3年内应要求纳税人、扣缴义务人补缴税款。

（2）因纳税人、扣缴义务人计算错误等失误，未缴或者少缴税款的，税务机关在3年内应追征税款、滞纳金；有特殊情况的，追征期可以延长到5年。"特殊情况"是指纳税人或者扣缴义务人因计算错误等失误，未缴或者少缴、未扣或者少扣、未收或者少收税款，累计数额在10万元以上的。

（3）对偷税、抗税、骗税的，税务机关可以无限期追征其未缴或者少缴的税款、滞纳金或者所骗取的税款。

（三）追征税款的方式

税款追征的方式有两种：

1. 税款的补缴

它是指未缴或者少缴税款是因税务机关的责任造成的,税务机关应当要求纳税人、扣缴义务人补缴税款,但是不能加收滞纳金。

2. 税款的追征

它是指未缴或者少缴税款是因纳税人、扣缴义务人的原因造成的,税务机关对未缴或者少缴的税款应当追征,同时还应征收相应的滞纳金。

纳税人、扣缴义务人未缴或者少缴税款的,其补缴和追缴税款的期限,应当自纳税人、扣缴义务人应缴未缴或少缴税款之日起计算。

> 专题材料:追征税款必须依法进行

（四）滞纳金

纳税人如果不按照纳税期限缴纳税款,就相当于无偿地占用了国家财政资金,侵犯了国家利益,因此需要进行补偿。所以税务机关在追缴税款的同时,还应加收滞纳金。因此,"滞纳金"是纳税人因未按时履行纳税义务而占用国家税款所缴纳的补偿金,它不是税务机关实施的行政处罚。

纳税人或扣缴义务人未按照规定期限解缴税款的,税务机关除了责令限期缴纳以外,从滞纳之日起,按日加收 0.5‰的滞纳金。加收滞纳金的起止时间,是从法律、行政法规规定或者税务机关依照法律、行政法规的规定确定的税款缴纳期限届满次日算起,至解缴税款之日止。但是,因税务机关的责任,致使纳税人未缴或少缴税款的,不得加收滞纳金。

五、认识税款扣缴的义务

为方便征纳双方的税款征收与缴纳工作,降低税收征纳成本,我国税收法规中规定有税款扣缴义务人。税法规定的扣缴义务人必须依法履行代扣、代收税款义务。如果不履行义务,就要承担相应的法律责任,即除按《税收征管法》及其实施细则的规定给予处罚外,应当责成扣缴义务人限期将应扣未扣、应收未收的税款补扣或补收。

（一）扣缴义务人的主要义务

1. 依法办理扣缴登记

扣缴义务人应当自扣缴义务发生之日起 30 日内,向当地主管税务机关申请办理扣缴税款登记,并向税务机关领取扣缴税款登记证,作为扣缴税款的合法、有效证件。对扣缴义务人自身已办理了税务证件的,可不再另行发给扣缴税款登记证。

2. 设置代扣、代收账簿

扣缴义务人应当自税收法律、行政法规规定的扣缴义务发生之日起 10 日内,按照所代扣、代收的税种,分别设置代扣代缴、代收代缴税款账簿（能够通过计算机正确、完整地计算代扣代缴、代收代缴税款情况的,其计算机输出的完整的书面会计记录,可视同会计账簿）。

3. 依法全面代扣、代收税款

代扣代缴是指负有扣缴义务的单位和个人在支付款项时，代税务机关从支付给负有纳税义务的单位和个人的收入中扣留并向税务机关解缴的行为；代收代缴是指负有扣缴义务的单位和个人在收取款项时，代税务机关向负有纳税义务的单位和个人收取并向税务机关缴纳的行为。

4. 按时申报和解缴税款

扣缴义务人必须按照法律、行政法规规定或税务机关依法确定的申报期限、申报内容如实报送代扣代缴、代收代缴税款报告表以及税务机关根据实际需要报送的其他有关资料。扣缴义务人对已代扣、代收的税款（扣缴义务人书面承诺代纳税人支付税款的，也应当认定扣缴义务人已扣、已收税款），必须按照法律、行政法规规定或税务机关依法确定的期限解缴税款。

（二）未履行义务的处理

《税收征管法》规定，扣缴义务人应扣未扣、应收而不收税款的，由税务机关向纳税人追缴税款，对扣缴义务人处应扣未扣、应收未收税款50% 以上 3 倍以下的罚款。

六、了解延期纳税

从税收基本原则上来说，纳税人发生纳税义务后，均应按规定的期限缴纳税款。但是考虑到纳税人在实际履行纳税义务的过程中可能会遇到某种特殊困难，致使其不能按期纳税的情况，为了保护纳税人的合法权益，《税收征管法》赋予了纳税人延期缴纳税款的权利。

（一）认识可申请延期缴纳税款的条件

纳税人有下列情形之一的，可申请延期纳税。

（1）因不可抗力，如自然灾害、意外事故、国家政策调整等导致纳税人发生较大损失，正常生产经营活动受到较大影响的。

（2）当期货币资金在扣除应付职工工资、社会保险费后，不足以缴纳税款的。所谓"当期货币资金"，是指纳税人申请延期缴纳税款之日的资金余额，其中不含国家法律和行政法规明确规定企业不可动用的资金；"应付职工工资"是指当期计提数。

（二）认识申请延期缴纳税款的程序

1. 纳税人在规定期限内提出书面申请

纳税人需要延期缴纳税款的，应当在缴纳税款期限届满前提出申请，并报送下列材料：

（1）申请延期缴纳税款报告及审批表。

（2）当期货币资金余额情况及所有银行存款账户的对账单、资产负债表。

（3）应付职工工资和社会保险费等税务机关要求提供的其他资料。

2. 税务机关审批

税务机关应当自收到申请延期缴纳税款报告之日起 20 日内做出批准或者不予批准的决定；批准延期内免予加收滞纳金。不予批准的，从缴纳税款期限届满之次日起加收滞纳金。

税款的延期缴纳，必须经省、自治区、直辖市国家税务局、地方税务局批准，方为有效，但最长不得超过 3 个月，同一笔税款不得滚动审批。

【情境小结】

纳税工作基本流程：

涉税事务登记 → 设置账簿与领购发票 → 计算与核算税款 → 填制纳税申报表 → 缴纳税款

【情境思考】

1. "税收"和"税法"是有关纳税的两个最基本的概念，你认为二者的关系是什么？

2. 有人说，纳税人是负有纳税义务的单位和个人，负税人是税款的最终负担者，纳税人缴纳了税款就负担了税款，纳税人和负税人是一致的，你的看法怎样？

3. 当一个新税种颁布时，你特别需要理解它，那么需要把握的最关键的几点是什么？

4. 企业应如何依法领购和使用发票？企业在什么情况下要缴销发票？

5. 一家中国公司到美国投资，取得了 100 万美元的所得，应由中国政府还是美国政府对这项跨国所得征税？

6. 如果有人问这样的问题：政府征税不就是为了收钱吗？用一个税种把所有税款收上来不就行了，搞那么复杂的税制干什么？你如何应答？

✎ 纳税工作流程认知教师手册

✎ 纳税工作流程认知法规

✎ 纳税工作流程认知课件

✎ 纳税工作流程认知题库

学习情境 2　增值税计算与申报

【职业能力目标】

专业能力

- 能判断一般纳税人和小规模纳税人适用何种税率
- 能计算一般纳税人和小规模纳税人应纳增值税税额
- 能计算进口货物应纳增值税税额
- 会计算出口货物退（免）税税额
- 会根据业务资料分别填制适用于增值税一般纳税人和小规模纳税人的增值税纳税申报表及相关附表，会办理税款缴纳工作

社会能力和方法能力

- 能根据学习情境设计的需要查阅有关资料
- 能根据企业自身情况与税务部门沟通，积极争取税务部门的支持，获得税收优惠
- 能向企业员工宣传增值税法规政策，共同进行税收筹划
- 培养敬业精神、团队合作能力和良好的职业道德修养

【工作任务与学习子情境】

工作任务	学习子情境
计算销售额和组成计税价格	增值税税款计算
计算当期销项税额	
计算当期进项税额	
一般纳税人应纳税额的计算	
小规模纳税人应纳税额的计算	
进口货物应纳税额的计算	
一般纳税人的纳税申报	增值税纳税申报
小规模纳税人的纳税申报	
出口货物退税额的计算	增值税出口退税的处理
出口货物退（免）税的管理	

国务院令
〔2008〕538号

财税
〔2016〕36号

马斌说税：
流转税综述

1954年法国首次确立并开征增值税。由于征税范围广泛，计税合理，能显著增加财政收入，增值税很快在世界各国流行。目前已有120多个国家和地区开征增值税。我国于1979年开始选择部分城市对农业机具、机械等行业进行增值税的试点。到1983年，在全国的国营和集体工业企业中试行。1984年改革税制，把增值税从原来的工商税中分离出来，独立设置税种，并逐步扩大征收范围。1993年12月13日国务院颁布《中华人民共和国增值税暂行条例》，构建起生产型增值税体系。2008年11月10日，国务院公布修订后的《中华人民共和国增值税暂行条例》，我国增值税由生产型转为消费型。2013年8月1日起在全国范围内对交通运输业和部分现代服务业实行营业税改征增值税的试点工作。2014年1月1日起将试点内容扩大到铁路运输和邮政业。2014年6月1日起又将电信业列入试点范围。2016年5月1日起，全面推开营业税改征增值税（以下简称"营改增"）试点工作，营业税退出了历史舞台。

税收收入是我国财政收入最主要的来源，而增值税是我国第一大税。2013年，全年完成税收收入110 497亿元，其中，国内增值税（不含进口环节增值税，下同）完成28 803亿元，占税收收入的26.07%；2014年，全年完成税收收入119 158亿元，其中，国内增值税完成30 850亿元，占税收收入的25.89%；2015年，全年完成税收收入124 892亿元，其中，国内增值税完成31 109亿元，占税收收入的24.91%。

学习子情境一 增值税税款计算

【情境引例】

黄河有限责任公司是增值税一般纳税人，除农产品外，公司的原材料和产品均适用16%的增值税税率。2018年6月，公司发生相关业务如下：

（1）1日，购入原材料一批，取得的增值税专用发票上注明的价款200万元，增值税额32万元，款项已支付，材料尚未收到。

（2）2日，购进免税农产品作为原材料，共支付买价70万元，材料已验收入库。

（3）6日，1日购进的原材料运到并验收入库，向运输公司支付运费及税金13.2万元，取得增值税专用发票，注明运费12万元，增值税1.2万元。

（4）10日，收到联营单位捐赠的原材料，取得的增值税专用发票上注明价款100万元，增值税额16万元。

（5）12日，销售A产品，开具的增值税专用发票上注明价款1 000

万元，增值税额 160 万元，款项已转账收讫。

（6）13 日，向运输公司支付 12 日所售 A 产品的运杂费，取得增值税专用发票，注明运费 15 万元，增值税 1.5 万元；支付装卸费取得增值税专用发票，注明装卸费 2 万元，增值税 0.12 万元。

（7）15 日，没收出借包装物押金 2 万元。

（8）20 日，将自产的 B 产品用于免税项目，未开具发票，该产品的市场售价 80 万元（不含税），生产成本 65 万元。

（9）21 日，将新试制产品作为福利发放给职工，未开具发票，该产品无市场同类产品，其生产成本为 150 万元，成本利润率为 10%。

（10）25 日，购进一台生产设备，取得的增值税专用发票上注明的价款为 600 万元。

（11）26 日，将外购的账面成本为 20 万元的原材料用于简易计税项目。

（12）期末 A 材料盘亏 10 万元，经查系管理不善造成材料被盗。

▲ 提示

当月购货取得的专用发票已认证通过，当月销货的专用发票均通过防伪税控系统开具。上月尚有未抵扣增值税进项税额 35 万元。

问题：请计算该公司 2018 年 6 月的应纳增值税额。

【工作过程与岗位对照图】

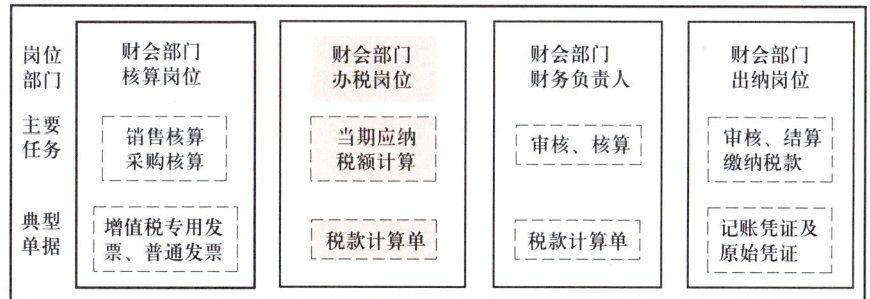

【知识准备】

一、基本概念

（一）增值税

增值税是对在我国境内销售货物、提供加工修理修配劳务和销售服务、无形资产、不动产，以及进口货物的单位和个人，就其取得的增值

财政部、国家税务总局令〔2008〕50号

财税〔2016〕36号

额为征税对象征收的一种税。2016年5月1日起，全面推开营业税改征增值税试点工作后，其征税范围除了销售货物、提供加工、修理修配劳务和进口货物外，还包括提供交通运输服务、邮政服务、电信服务、建筑服务、金融服务、现代服务、生活服务（以下简称应税服务）和销售无形资产、不动产的行为。

从计税原理而言，增值税是对商品生产和流通各环节的新增价值或商品附加值进行征税，故谓之"增值税"。然而，在税收征管实际中，由于新增价值或商品附加值在商品流转过程中是一个难以准确计算的数据，因此，实行增值税的国家或地区一般都采用间接计算办法，即：从事货物、无形资产、不动产销售以及提供应税劳务、服务的纳税人，要根据货物、无形资产、不动产、劳务或应税服务的销售额，按照规定的税率计算税款，然后从中扣除外购商品、无形资产、不动产或劳务、服务的已纳税款，其余额即为纳税人应缴纳的增值税税款。这种计算办法同样体现了对新增价值征税的原则。

专题材料：增值税的起源

（二）增值税的类型

增值税一般可分为三类，即生产型增值税、收入型增值税和消费型增值税。

1. 生产型增值税

生产型增值税，指对购进固定资产所含的税款，不允许作任何扣除，其折旧作为增值额的一部分。其税基，即计算应纳税额的基数，相当于国民生产总值，故称为生产型增值税。

2. 收入型增值税

收入型增值税，指对购进固定资产所含的税款，只允许扣除当期应计入产品成本的折旧部分。其税基相当于国民收入，故称为收入型增值税。

3. 消费型增值税

消费型增值税，指对当期购进用于生产应税产品的固定资产所含的税款，允许从当期增值额中一次全部扣除。这等于只对消费品价值征税，相当于国民经济整体中的消费资料，故称为消费型增值税。

三种类型的增值税中，收入型增值税相对最符合按增值额征税的原理，但是其计算过于复杂，征管难度大，所以在实际中没有哪个国家采用它。而消费型增值税则不同，由于它既能够避免重复征税，计算又简便，所以是世界上开征增值税的国家普遍选择的类型。对于生产型增值税，由于扣除范围中不包括固定资产，所以它在一定程度上仍有重复征税的弊端。我国在1994年税制改革时采用生产型增值税，2009年1月1日我国增值税已全部转型为消费型增值税。

（三）增值税的特点

1. 不重复征税

增值税实行税款抵扣制度，在计算企业应纳税额时，要扣除商品在以前生产环节已负担的税款，也就是只对属于本企业创造的尚未征过税的那部分销售额征税，这就避免了重复征税。

2. 环环征税、税基广泛

从商品的生产开始，一直延伸到商品的批发和零售等经济活动的各个环节，在每一个生产流通环节都要征收增值税，使增值税能够拥有较其他间接税更广泛的纳税人。

3. 税负公平

根据增值税的计税原理，流转额中的非增值因素在计税时被扣除。因此，对同一商品而言，无论流转环节的多少，只要增值额相同，税负就相等，体现了公平税负，有利于平等竞争。

4. 价外计征

增值税实行价税分离，在计税时作为计税依据的销售额中不包含增值税税额，这样有利于形成均衡的生产价格，并有利于税负转嫁的实现。这是增值税与传统的以全部流转额为计税依据的税种的一个重要区别。

二、增值税的纳税义务人

凡是在我国境内销售货物、提供加工修理修配劳务和销售服务、无形资产、不动产，以及进口货物的单位和个人，都是增值税的纳税义务人。

单位是指企业、行政单位、事业单位、军事单位、社会团体及其他单位；个人是指个体工商户和其他个人。

单位以承包、承租、挂靠方式经营的，承包人、承租人、挂靠人（以下统称承包人）以发包人、出租人、被挂靠人（以下统称发包人）名义对外经营并由发包人承担相关法律责任的，以该发包人为纳税人。否则，以承包人为纳税人。

在我国境外的单位或者个人在境内发生应税行为，在境内未设有经营机构的，购买方为增值税扣缴义务人。

为了严格增值税的征收管理和对某些经营规模小的纳税人简化计税办法，将纳税人按其经营规模大小及会计核算健全与否划分为小规模纳税人和一般纳税人。对小规模纳税人实行按销售额和征收率简易计税和征收管理办法；对一般纳税人实行凭票扣税的计税方法（也称为一般计税）。

（一）小规模纳税人

小规模纳税人是指年应税销售额在规定标准以下，并且会计核算不健全，不能按规定报送有关税务资料的增值税纳税人。

小规模纳税人年应征增值税销售的标准从2018年5月1日起不再按企业类型划分，统一调整为500万元及以下。

年应税销售额超过规定标准的其他个人不属于一般纳税人，年应税销售额超过规定标准但不经常发生应税行为的单位和个体工商户可选择按小规模纳税人纳税。

小规模纳税人不能领购和使用增值税专用发票的，按简易计税办法计算缴纳增值税。发生应税行为，购买方索取增值税专用发票的，可以向主管税务机关申请代开。

年应税销售额未超过规定标准的纳税人，会计核算健全，能够提供准确税务资料的，可以向主管税务机关办理一般纳税人资格登记，成为一般纳税人。

> ▲ 提示
>
> 所谓年应税销售额，是指纳税人在连续不超过12个月或四个季度的经营期内累计应征增值税销售额，包括纳税申报销售额、稽查查补销售额、纳税评估调整销售额。销售服务、无形资产或者不动产有扣除项目的纳税人，其应税行为年应税销售额按未扣除之前的销售额计算。纳税人偶然发生的销售无形资产、转让不动产的销售额，不计入应税行为年应税销售额。如果该销售额为含税的，应按照适用税率或征收率换算为不含税的销售额。

（二）一般纳税人

应税行为的年应征增值税销售额超过财政部和国家税务总局规定标准的纳税人为一般纳税人。

下列纳税人不办理一般纳税人登记：

① 按照政策规定，选择按照小规模纳税人纳税的（包括非企业性单位，不经常发生应税行为的单位和个体工商户）。

② 年应税销售税超过规定标准的其他个人。

除国家税务总局另有规定外，一经登记为一般纳税人后，不得转为小规模纳税人。

三、增值税的征税范围

（一）征税范围的一般规定

增值税征税的一般范围，包括在我国境内的销售货物、提供应税劳务和销售服务、无形资产、不动产及进口货物。

1. 在境内销售货物

销售货物，是指有偿转让货物的所有权，能从购买方取得货币、货物或其他经济利益。货物是指有形动产，包括电力、热力、气体在内，不包括无形资产和不动产。境内销售货物是指销售货物的起运地或者所在地在境内。

2. 在境内提供加工、修理修配劳务

加工是指受托加工货物，即委托方提供原料及主要材料，受托方按照委托方的要求制造货物并收取加工费的业务。修理修配是指受托对损伤和丧失功能的货物进行修复，使其恢复原状和功能的业务。提供加工、修理修配是有偿提供。单位或个体工商户聘用的员工为本单位或雇主提供加工、修理修配劳务的，不包括在内。境内提供应税劳务是指提供的应税劳务发生在境内。

3. 在境内销售服务、无形资产或不动产

销售服务、无形资产或者不动产，是指有偿提供服务，有偿转让无形资产或者不动产，但属于下列非经营活动的情形除外：① 行政单位收取的同时满足相关条件的政府性基金或者行政事业性收费；② 单位或者个体工商户聘用的员工为本单位或者雇主提供取得工资的服务；③ 单位或者个体工商户为聘用的员工提供服务；④ 财政部和国家税务总局规定的其他情形。

"在境内销售服务、无形资产或不动产"是指：① 服务（租赁不动产除外）或者无形资产（自然资源使用权除外）的销售方或者购买方在境内；② 所销售或者租赁的不动产在境内；③ 所销售自然资源使用权的自然资源在境内。

下列情形不属于在境内销售服务或者无形资产：① 境外单位或者个人向境内单位或者个人销售完全在境外发生的服务；② 境外单位或者个人向境内单位或者个人销售完全在境外使用的无形资产；③ 境外单位或者个人向境内单位或者个人出租完全在境外使用的有形动产。

1）销售服务

销售服务，是指提供交通运输服务、邮政服务、电信服务、建筑服务、金融服务、现代服务、生活服务。

（1）交通运输业。是指利用运输工具将货物或者旅客送达目的地，使其空间位置得到转移的业务活动。包括陆路运输服务、水路运输服务、航空运输服务和管道运输服务。

① 陆路运输服务，是指通过陆路（地上或者地下）运送货物或者旅客的运输业务活动，包括铁路运输、公路运输、缆车运输、索道运输、

地铁运输、城市轻轨运输等。出租车公司向使用本公司自有出租车的出租车司机收取的管理费用，按陆路运输服务缴纳增值税。

② 水路运输服务，是指通过江、河、湖、川等天然、人工水道或者海洋航道运送货物或者旅客的运输业务活动。水路运输的程租、期租业务，属于水路运输服务。

③ 航空运输服务，是指通过空中航线运送货物或者旅客的运输业务活动。航空运输的湿租业务，属于航空运输服务。航天运输服务按照航空运输服务缴纳增值税。

④ 管道运输服务，是指通过管道设施输送气体、液体、固体物质的运输业务活动。

无运输工具承运业务，按照交通运输服务缴纳增值税。无运输工具承运业务是指经营者以承运人身份与托运人签订运输服务合同，收取运费并承担承运人责任，然后委托实际承运人完成运输服务的经营活动。

（2）邮政服务。是指中国邮政集团公司及其所属邮政企业提供邮件寄递、邮政汇兑和机要通信等邮政基本服务的业务活动。包括邮政普遍服务、邮政特殊服务和其他邮政服务。

① 邮政普遍服务，是指函件、包裹等邮件寄递，以及邮票发行、报刊发行和邮政汇兑等业务活动。

② 邮政特殊服务，是指义务兵平常信函、机要通信、盲人读物和革命烈士遗物的寄递等业务活动。

③ 其他邮政服务，是指邮册等邮品销售、邮政代理等业务活动。

（3）电信服务。是指利用有线、无线的电磁系统或者光电系统等各种通信网络资源，提供语音通话服务，传送、发射、接收或者应用图像、短信等电子数据和信息的业务活动。包括基础电信服务和增值电信服务。

① 基础电信服务，是指利用固网、移动网、卫星、互联网，提供语音通话服务的业务活动，以及出租或者出售带宽、波长等网络元素的业务活动。

② 增值电信服务，是指利用固网、移动网、卫星、互联网、有线电视网络，提供短信和彩信服务、电子数据和信息的传输及应用服务、互联网接入服务等业务活动。卫星电视信号落地转接服务，按照增值电信服务计算缴纳增值税。

（4）建筑服务。是指各类建筑物、构筑物及其附属设施的建造、修缮、装饰，线路、管道、设备、设施等的安装以及其他工程作业的业务活动。包括工程服务、安装服务、修缮服务、装饰服务和其他建筑服务。

① 工程服务。是指新建、改建各种建筑物、构筑物的工程作业，包

括与建筑物相连的各种设备或者支柱、操作平台的安装或者装设工程作业，以及各种窑炉和金属结构工程作业。

② 安装服务。是指生产设备、动力设备、起重设备、运输设备、传动设备、医疗实验设备以及其他各种设备、设施的装配、安置工程作业，包括与被安装设备相连的工作台、梯子、栏杆的装设工程作业，以及被安装设备的绝缘、防腐、保温、油漆等工程作业。

③ 修缮服务。是指对建筑物、构筑物进行修补、加固、养护、改善，使之恢复原来的使用价值或者延长其使用期限的工程作业。

④ 装饰服务。是指对建筑物、构筑物进行修饰装修，使之美观或者具有特定用途的工程作业。

⑤ 其他建筑服务。是指上列工程作业之外的各种工程作业服务。

（5）金融服务。是指经营金融保险的业务活动。包括贷款服务、直接收费金融服务、保险服务和金融商品转让。

① 贷款服务。是指将资金贷与他人使用而取得利息收入的业务活动。各种占用、拆借资金取得的收入，以及融资性售后回租、押汇、罚息、票据贴现、转贷等业务取得的利息及利息性质的收入和以货币资金投资收取的固定利润或者保底利润，按照贷款服务缴纳增值税。

② 直接收费金融服务。是指为货币资金融通及其他金融业务提供相关服务并且收取费用的业务活动。

③ 保险服务。是指投保人根据合同约定，向保险人支付保险费，保险人对于合同约定的可能发生的事故因其发生所造成的财产损失承担赔偿保险金责任，或者当被保险人死亡、伤残、疾病或者达到合同约定的年龄、期限等条件时承担给付保险金责任的商业保险行为。包括人身保险服务和财产保险服务。

④ 金融商品转让。是指转让外汇、有价证券、非货物期货和其他金融商品所有权的业务活动。金融商品转让不得开具增值税专用发票。

（6）现代服务。是指围绕制造业、文化产业、现代物流产业等提供技术性、知识性服务的业务活动。包括研发和技术服务、信息技术服务、文化创意服务、物流辅助服务、租赁服务、鉴证咨询服务、广播影视服务、商务辅助服务和其他现代服务。

① 研发和技术服务，包括研发服务、技术转让服务、技术咨询服务、合同能源管理服务、工程勘察勘探服务。

② 信息技术服务，是指利用计算机、通信网络等技术对信息进行生产、收集、处理、加工、存储、运输、检索和利用，并提供信息服务的业务活动。包括软件服务、电路设计及测试服务、信息系统服务和业务

流程管理服务。

③ 文化创意服务，包括设计服务、知识产权服务、广告服务和会议展览服务。

④ 物流辅助服务，包括航空服务、港口码头服务、货运客运场站服务、打捞救助服务、仓储服务、装卸搬运服务和收派服务。

⑤ 租赁服务，包括融资租赁服务和经营租赁服务。

⑥ 鉴证咨询服务，包括认证服务、鉴证服务和咨询服务。翻译服务和市场调查服务按照"咨询服务"缴纳增值税。

⑦ 广播影视服务，包括广播影视节目（作品）的制作服务、发行服务和播映（含放映，下同）服务。

⑧ 商务辅助服务。包括企业管理服务、经纪代理服务、人力资源服务、安全保护服务。

⑨ 其他现代服务。是指除研发和技术服务、信息技术服务、文化创意服务、物流辅助服务、租赁服务、鉴证咨询服务、广播影视服务和商务辅助服务以外的现代服务。

（7）生活服务。是指为满足城乡居民日常生活需求提供的各类服务活动。包括文化体育服务、教育医疗服务、旅游娱乐服务、餐饮住宿服务、居民日常服务和其他生活服务。

① 文化体育服务。包括文化服务和体育服务。文化服务是指为满足社会公众文化生活需求提供的各种服务。体育服务是指组织举办体育比赛、体育表演、体育活动，以及提供体育训练、体育指导、体育管理的业务活动。

② 教育医疗服务。包括教育服务和医疗服务。教育服务是指提供学历教育服务、非学历教育服务、教育辅助服务的业务活动。医疗服务是指提供医学检查、诊断、治疗、康复、预防、保健、接生、计划生育、防疫等方面的服务，以及与这些服务有关的提供药品、医用材料器具、救护车、病房住宿和伙食的业务。

③ 旅游娱乐服务。包括旅游服务和娱乐服务。旅游服务是指根据旅游者的要求，组织安排交通、游览、住宿、餐饮、购物、文娱、商务等服务的业务活动。娱乐服务是指为娱乐活动同时提供场所和服务的业务。

④ 餐饮住宿服务。包括餐饮服务和住宿服务。餐饮服务是指通过同时提供饮食和饮食场所的方式为消费者提供饮食消费服务的业务活动。住宿服务是指提供住宿场所及配套服务等的活动。

⑤ 居民日常服务。是指主要为满足居民个人及其家庭日常生活需求提供的服务，包括市容市政管理、家政、婚庆、养老、殡葬、照料和护

理、救助救济、美容美发、按摩、桑拿、氧吧、足疗、沐浴、洗染、摄影扩印等服务。

⑥其他生活服务。是指除文化体育服务、教育医疗服务、旅游娱乐服务、餐饮住宿服务和居民日常服务之外的生活服务。

2）销售无形资产

销售无形资产是指转让无形资产所有权或者使用权的业务活动。无形资产包括技术、商标、著作权、商誉、自然资源使用权和其他权益性无形资产。

3）销售不动产

销售不动产是指转让不动产所有权的业务活动。不动产，是指不能移动或者移动后会引起性质、形状改变的财产，包括建筑物、构筑物等。

4. 进口货物

进口货物是指将货物从我国境外移送至我国境内的行为。税法规定，凡报关进口的应税货物，无论进口后是自用还是销售，均应在进口环节征收增值税（享受免税政策的货物除外）。

（二）属于征税范围的特殊行为

1. 视同销售货物行为

单位或者个体工商户的下列行为，视同销售货物、服务、无形资产或不动产行为：

（1）将货物交付其他单位或者个人代销；

（2）销售代销货物；

（3）设有两个以上机构并实行统一核算的纳税人，将货物从一个机构移送至其他机构用于销售，但相关机构设在同一县（市）的除外；

（4）将自产或委托加工的货物用于免税项目、简易计税项目；

（5）将自产、委托加工的货物用于集体福利或者个人消费；

（6）将自产、委托加工或者购进的货物作为投资，提供给其他单位或者个体工商户；

（7）将自产、委托加工或者购进的货物分配给股东或者投资者；

（8）将自产、委托加工或者购进的货物无偿赠送其他单位或者个人；

（9）向其他单位或者个人无偿提供服务，转让无形资产或者不动产，但以公益活动为目的或者以社会公众为对象的除外。

▲ 提示

视同销售行为中，所涉及的外购货物进项税额，凡符合规定的，允许作为当期进项税额抵扣。其中，购进货物用于（4）、（5）项的，进项税不得抵扣，已经抵扣的，应作为进项税额转出处理。

2. 混合销售行为

一项销售行为如果既涉及货物又涉及服务，为混合销售。从事货物的生产、批发或者零售的单位和个体工商户的混合销售行为，按照销售货物缴纳增值税；其他单位和个体工商户的混合销售行为，按照销售服务缴纳增值税。

上述从事货物的生产、批发或者零售的单位和个体工商户，包括以从事货物的生产、批发或者零售为主，并兼营销售服务的单位和个体工商户在内。

3. 兼营行为

纳税人销售货物、加工修理修配劳务、服务、无形资产或者不动产，适用不同税率或者征收率的，应当分别核算适用不同税率或者征收率的销售额，未分别核算销售额的，按照以下方法适用税率或者征收率：

① 兼有不同税率的销售货物、加工修理修配劳务、服务、无形资产或者不动产，从高适用税率。

② 兼有不同征收率的销售货物、加工修理修配劳务、服务、无形资产或者不动产，从高适用征收率。

③ 兼有不同税率和征收率的销售货物、加工修理修配劳务、服务、无形资产或者不动产，从高适用税率。

纳税人兼营免税、减税项目的，应当分别核算免税、减税项目的销售额；未分别核算的，不得免税、减税。

四、增值税的税率和征收率

为了适应市场经济发展的要求，增值税税率的设计遵循了中性和简便的原则。现行增值税使用了税率和按简易办法计税的征收率。

（一）税率

1. 销售货物、进口货物或者提供修理修配劳务的税率

（1）基本税率。从2018年5月1日起，一般纳税人销售货物或者进口货物，除低税率适用范围和销售个别旧货适用征收率外，税率为16%。

一般纳税人提供加工、修理修配劳务，税率为16%。

（2）低税率。

一般纳税人销售或者进口下列货物，按低税率计征增值税，从2018年5月1日起，低税率为10%。

① 粮食、食用植物油；

② 自来水、暖气、冷气、热水、煤气、石油液化气、天然气、沼

气、居民煤炭制品；

③图书、报纸、杂志；

④饲料、化肥、农药、农机、农膜；

⑤农产品、音像制品、电子出版物、二甲醚；

⑥国务院规定的其他货物。

> ▲ 提示
>
> 淀粉不属于农产品的范围，应按照16%征收增值税；工业用盐的增值税税率为16%，食用盐采用10%的低税率。

（3）零税率。

纳税人出口货物，税率为零，但国务院另有规定的除外。

> ▲ 提示
>
> 不适用零税率的货物：原油、柴油、援外货物、天然牛黄、麝香、铜及铜基合金、白银、糖和新闻纸等。

2. 销售服务、无形资产或者不动产的税率

（1）提供交通运输、邮政、基础电信、建筑、不动产租赁服务，销售不动产，转让土地使用权，税率为10%。

（2）提供有形动产租赁服务，税率为16%。

（3）除了以上两种情形外，纳税人发生其他销售服务、无形资产应税行为，税率为6%。

（4）境内单位和个人发生财政部和国家税务总局规定范围内的跨境应税行为，税率为零。

财税〔2018〕32号

（二）征收率

1. 小规模纳税人

（1）销售货物、加工修理修配劳务、服务、无形资产的征收率为3%。

（2）销售自己使用过的固定资产，减按2%征收率征收增值税。

财税〔2014〕57号

（3）销售旧货，按3%征收率减按2%征收增值税。

（4）销售不动产（不含个体工商户销售购买的住房和其他个人销售不动产），按照5%的征收率征收增值税。

财税〔2016〕36号

（5）房地产开发企业中的小规模纳税人，销售自行开发的房地产项目，按5%的征收率征收增值税。

（6）出租不动产（不含个人出租住房），按5%的征收率征收增值税。

2. 一般纳税人

（1）3%征收率（销售自产货物）。从2014年7月1日起，一般纳税人销售自产的下列货物，可选择按简易办法依3%征收率征收增值税：

① 县级及县级以下小型水力发电单位生产的电力。小型水力发电单位，是指各类投资主体建设的装机容量为5万千瓦以下（含5万千瓦）的小型水力发电单位。

② 建筑用和生产建筑材料所用的砂、土、石料。

③ 以自己采掘的砂、土、石料或其他矿物连续生产的砖、瓦、石灰（不含黏土实心砖、瓦）。

④ 用微生物、微生物代谢产物、动物毒素、人或动物的血液或组织制成的生物制品。

⑤ 自来水。

⑥ 商品混凝土（仅限于以水泥为原料生产的水泥混凝土）。

（2）3%征收率。从2014年7月1日起，一般纳税人销售下列货物，暂按简易办法依3%征收率征收增值税：

① 寄售商店代销寄售物品。

② 典当业销售死当物品。

③ 经国务院或其授权机关批准认定的免税商店零售免税货物。

国税函〔2009〕90号

（3）3%征收率减按2%征收。

① 一般纳税人销售旧货，按简易办法依3%征收率减按2%征收增值税，不得抵扣进项税额。

② 一般纳税人销售自己使用过的固定资产，区分不同情况征收增值税：一般纳税人销售自己使用过的2009年1月1日或纳入营改增试点之日以后购进或自制的固定资产，按照适用税率征收增值税；销售自己使用过的2008年12月31日或纳入营改增试点之日以前购进或自制的固定资产，依3%征收率减按2%征收增值税，而且不得开具增值税专用发票，或者依照3%征收率缴纳增值税，可开具增值税专用发票。

（4）3%征收率（销售服务）。2016年5月1日起，一般纳税人发生下列特定应税服务，可以选择简易计税方法按3%计税，但一经选择，36个月内不得变更：

① 公共交通运输服务。包括轮客渡、公交客运、地铁、城市轻轨、出租车、长途客运、班车。

② 经认定的动漫企业为开发动漫产品提供的动漫脚本编撰、形象设计、背景设计、动画设计、分镜、动画制作、摄制、描线、上色、画面合成、配音、配乐、音效合成、剪辑、字幕制作、压缩转码服务，以及在境内转让动漫版权。

③ 电影放映服务、仓储服务、装卸搬运服务、收派服务和文化体育服务。

④ 以纳入营改增试点之日前取得的有形动产为标的物提供的经营租赁服务。

⑤ 在纳入营改增试点之日前签订的尚未执行完毕的有形动产租赁合同。

⑥ 以清包工方式提供的建筑服务。清包工方式，是指施工方不采购建筑工程所需的材料或只采购辅助材料，并收取人工费、管理费或者其他费用的建筑服务。

⑦ 为甲供工程提供的建筑服务。甲供工程，是指全部或部分设备、材料、动力由工程发包方自行采购的建筑工程。

⑧ 为建筑工程老项目提供的建筑服务。建筑工程老项目是指合同注明的开工日期在2016年4月30日前的建筑工程项目。

（5）5%征收率（销售或出租不动产）。2016年5月1日起，一般纳税人发生下列特定应税行为，可以选择简易计税方法计税，但一经选择，36个月内不得变更。纳税人在不动产所在地按5%预缴税款后，向机构所在地主管税务机关进行纳税申报：

① 销售其2016年4月30日前取得或者自建的不动产。

② 房地产开发企业销售自行开发的房地产老项目。

③ 出租其2016年4月30日前取得的不动产。公路经营企业中的一般纳税人收取试点前开工的高速公路的车辆通行费，可依照5%的征收率减按3%征收。

3. 其他个人

① 其他个人销售其取得（不含自建）的不动产（不含其购买的住房），按照5%的征收率征税。

② 其他个人出租其取得的不动产（不含住房），按照5%的征收率征税。

③ 个人出租住房，依照5%的征收率减按1.5%征收。

五、增值税的优惠政策

（一）法定免税项目

根据《增值税暂行条例》的规定，下列项目免征增值税：

（1）农业生产者销售的自产农产品。

（2）避孕药品和用具。

（3）古旧图书。

（4）直接用于科学研究、科学试验和教学的进口仪器、设备。

（5）外国政府、国际组织无偿援助的进口物资和设备。

（6）由残疾人的组织直接进口供残疾人专用的物品。

（7）销售个人（不包括个体工商户）自己使用过的物品。

除前款规定外，增值税的免税、减税项目由国务院规定。任何地区、部门均不得规定免税、减税项目。

纳税人兼营免税、减税项目的，应当分别核算免税、减税项目的销售额；未分别核算销售额的，不得免税、减税。

（二）其他减免税的有关规定

（1）对销售下列自产货物实行免征增值税政策：① 再生水；② 以废旧轮胎为全部生产原料生产的胶粉；③ 翻新轮胎；④ 生产原料中掺兑废渣比例不低于30%的特定建材商品。

（2）对污水处理劳务免征增值税。

（3）对销售下列自产货物实行增值税即征即退的政策：① 以工业废气为原料生产的高纯度二氧化碳产品；② 以垃圾为原料生产的电力或者热力，垃圾用量占发电燃料的比重不低于80%；③ 以煤炭开采过程中伴生的舍弃物油母页岩为原料生产的页岩油；④ 以废旧沥青混凝土为原料生产的再生沥青混凝土，废旧沥青混凝土用量占生产原料的比重不低于30%；⑤ 采用旋窑法工艺生产并且生产原料中掺兑废渣比例不低于30%的水泥（包括水泥燃料）。

（4）销售下列自产货物实行增值税即征即退50%的政策：① 以退役军用发射药为原料生产的涂料硝化棉粉，退役军用发射药在生产原料中的比重不低于90%；② 对燃煤发电厂及各类工业企业产生的烟气、高硫天然气进行脱硫生产的副产品；③ 以废弃酒糟和酿酒底锅水为原料生产的蒸汽、活性炭、白炭黑、乳酸、乳酸钙、沼气。废弃酒糟和酿酒底锅水在生产原料中所占的比重不低于80%；④ 以煤矸石、煤泥、石煤、油母页岩为燃料生产的电力和热力，煤矸石、煤泥、石煤、油母页岩用量占发电燃料的比重不低于60%；⑤ 利用风力生产的电力；⑥ 部分新型墙体材料产品。

（5）对销售自产的综合利用生物柴油实行增值税先征后退政策。综合利用生物柴油，是指以废弃的动物油和植物油为原料生产的柴油。废弃的动物油和植物油用量占生产原料的比重不低于70%。

（6）增值税一般纳税人销售其自行开发生产的软件产品（含将进口软件产品进行本地化改造后对外销售）按16%税率征收增值税后，对其增值税实际税负超过3%的部分实行即征即退政策。本地化改造是指对进口软件产品进行重新设计、改造、转换等，单纯对进口软件产品进行汉字化处理不包括在内。

（7）对农民专业合作社销售本社成员生产的农业产品，视同农业生产者销售自产农业产品，免征增值税；对农民专业合作社向本社成员销售的农膜、种子、种苗、化肥、农药、农机免征增值税。

▲ 提示

① 即征即退：指税务机关将应征的增值税征收入库后，即时退还；先征后退，指按税法规定缴纳的税款，由税务机关征收入库后，再由税务机关按规定的程序给予部分或全部退税；先征后退与即征即退差不多，两者相比，先征后退有比较严格的退税程序和管理规定，所以在退税时间上有所差异。

② 纳税人销售货物、劳务或者应税服务适用免税规定的，可以放弃免税，依照条例的规定缴纳增值税。放弃免税后，36个月内不得再申请免税。

（三）营业税改征增值税试点过渡优惠政策

1. 免征增值税项目

（1）托儿所、幼儿园提供的保育和教育服务。

（2）养老机构提供的养老服务。

（3）残疾人福利机构提供的育养服务。

（4）婚姻介绍服务。

（5）殡葬服务。

（6）残疾人员本人为社会提供的医疗服务。

（7）医疗机构提供的医疗服务。

（8）从事学历教育的学校提供的教育服务。

（9）学生勤工俭学提供的服务。

（10）农业机耕、排灌、病虫害防治、植物保护、农牧保险以及相关技术培训业务，家禽、牲畜、水生动物的配种和疾病防治。

（11）纪念馆、博物馆、文化馆、文物保护单位管理机构、美术馆、展览馆、书画院、图书馆在自己的场所提供文化体育服务取得的第一道门票收入。

（12）寺院、宫观、清真寺和教堂举办文化、宗教活动的门票收入。

（13）行政单位之外的其他单位收取的符合相关规定条件的政府性基金和行政事业性收费。

（14）个人转让著作权。

（15）个人销售自建自用住房。

（16）2018年12月31日前，公共租赁住房经营管理单位出租公共租赁住房。

（17）台湾航运公司、航空公司从事海峡两岸海上直航、空中直航业务在大陆取得的运输收入。

（18）纳税人提供的直接或者间接国际货物运输代理服务。

（19）以下利息收入：① 2016年12月31日前，金融机构农户小额贷款以及合法合规经营的小额贷款公司的贷款；② 国家助学贷款；③ 国债、地方政府债；④ 人民银行对金融机构的贷款；⑤ 住房公积金管理中心用住房公积金在指定的委托银行发放的个人住房贷款；⑥ 外汇管理部门在从事国家外汇储备经营过程中，委托金融机构发放的外汇贷款；⑦ 统借统还业务中，企业集团或企业集团中的核心企业以及集团所属财务公司按不高于支付给金融机构的借款利率水平或者支付的债券票面利率水平，向企业集团或者集团内下属单位收取的利息。

（20）被撤销金融机构以货物、不动产、无形资产、有价证券、票据等财产清偿债务。

（21）保险公司开办的一年期以上人身保险产品取得的保费收入。

（22）下列金融商品转让收入：① 合格境外投资者（QFII）委托境内公司在我国从事证券买卖业务；② 香港市场投资者（包括单位和个人）通过沪港通买卖上海证券交易所上市A股；③ 对香港市场投资者（包括单位和个人）通过基金互认买卖内地基金份额；④ 证券投资基金（封闭式证券投资基金、开放式证券投资基金）管理人运用基金买卖股票、债券；⑤ 个人从事金融商品转让业务。

（23）金融同业往来利息收入。

（24）符合规定条件的担保机构从事中小企业信用担保或者再担保业务取得的收入（不含信用评级、咨询、培训等收入）3年内免征增值税。

（25）国家商品储备管理单位及其直属企业承担商品储备任务，从中央或者地方财政取得的利息补贴收入和价差补贴收入。

（26）纳税人提供技术转让、技术开发和与之相关的技术咨询、技术服务。

（27）同时符合下列条件的合同能源管理服务：① 节能服务公司实施合同能源管理项目相关技术，应当符合国家质量监督检验检疫总局和国家标准化管理委员会发布的《合同能源管理技术通则》（GB/T 24915—2010）规定的技术要求；② 节能服务公司与用能企业签订节能效益分享型合同，其合同格式和内容符合《中华人民共和国合同法》和《合同能源管理技术通则》（GB/T 24915—2010）等规定。

（28）2017年12月31日前，科普单位的门票收入，以及县级及以上党政部门和科协开展科普活动的门票收入。

（29）政府举办的从事学历教育的高等、中等和初等学校（不含下属单位），举办进修班、培训班取得的全部归该学校所有的收入。

（30）政府举办的职业学校设立的主要为在校学生提供实习场所、并由学校出资自办、由学校负责经营管理、经营收入归学校所有的企业，从事"现代服务"（不含融资租赁服务、广告服务和其他现代服务）"生活服务"（不含文化体育服务、其他生活服务和桑拿、氧吧）业务活动取得的收入。

（31）家政服务企业由员工制家政服务员提供家政服务取得的收入。

（32）福利彩票、体育彩票的发行收入。

（33）军队空余房产租赁收入。

（34）为了配合国家住房制度改革，企业、行政事业单位按房改成本价、标准价出售住房取得的收入。

（35）将土地使用权转让给农业生产者用于农业生产。

（36）涉及家庭财产分割的个人无偿转让不动产、土地使用权。

（37）土地所有者出让土地使用权和土地使用者将土地使用权归还给土地所有者。

（38）县级以上地方人民政府或自然资源行政主管部门出让、转让或收回自然资源使用权（不含土地使用权）。

（39）为安置随军家属就业而新开办的企业（随军家属必须占企业总人数的60%（含）以上，并有军（含）以上政治和后勤机关出具的证明）和从事个体经营的随军家属（必须有师以上政治机关出具的可以表明其身份的证明）自办理税务登记事项之日起，其提供的应税服务3年内免征增值税。

（40）从事个体经营的军队转业干部和为安置自主择业的军队转业干部就业而新开办的企业（军队转业干部占企业总人数的60%（含）以上），自办理税务登记事项之日起，其提供的应税服务3年内免征增值税。自主择业的军队转业干部必须持有师以上部队颁发的转业证件。

2. 不征收增值税项目

（1）根据国家指令无偿提供的铁路运输服务、航空运输服务，属于公益事业的服务。

（2）存款利息。

（3）被保险人获得的保险赔付。

（4）房地产主管部门或者其指定机构、公积金管理中心、开发企业以及物业管理单位代收的住宅专项维修资金。

（5）在资产重组过程中，通过合并、分立、出售、置换等方式，将全部或者部分实物资产以及与其相关联的债权、负债和劳动力一并转让给其他单位和个人，其中涉及不动产、土地使用权转让行为。

3. 即征即退增值税项目

（1）一般纳税人提供管道运输服务，对其增值税实际税负超过3%的部分实行增值税即征即退政策。

（2）经人民银行、银监会或者商务部批准从事融资租赁业务的试点纳税人中的一般纳税人，提供有形动产融资租赁服务和有形动产融资性售后回租服务，对其增值税实际税负超过3%的部分实行增值税即征即退政策。

增值税实际税负，是指纳税人当期提供应税服务实际缴纳的增值税额占纳税人当期提供应税服务取得的全部价款和价外费用的比例。

4. 扣减增值税项目

失业人员、退役士兵就业。① 持"就业失业登记证"（注明"自主创业税收政策"或附着"高校毕业生自主创业证"）人员或退役士兵从事个体经营的，在3年内以每户每年8 000元为限额依次扣减其当年实际应缴纳的增值税、城市维护建设税、教育费附加和个人所得税。限额标准最高可上浮20%，各省、自治区、直辖市人民政府可根据本地区实际情况，在此幅度内确定限额标准，并报财政部和国家税务总局备案。试点纳税人年度应缴纳税款小于上述扣减限额的，以其实际缴纳的税款为限；大于上述扣减限额的，应当以上述扣减限额为限。② 商贸企业、服务型企业、劳动就业服务企业中的加工型企业和街道社区具有加工性质的小型企业实体，在新增加的岗位中，当年新招用持"就业失业登记证"人员或退役士兵，与其签订1年以上期限劳动合同并依法缴纳社会保险费的，在3年内按照实际招用人数予以定额依次扣减增值税、城市维护建设税、教育费附加和企业所得税优惠。定额标准为每人每年4 000元，最高可上浮30%（招用自主就业退役士兵的最高可上浮50%）。由试点地区省级人民政府根据本地区实际情况在此幅度内确定具体定额标准，并报财政部和国家税务总局备案。上述优惠政策的执行期限到2019年12月31日。

5. 其他减免项目

（1）金融企业发放贷款后，自结息日起90天内发生的应收未收利息按现行规定缴纳增值税，自结息日起90天后发生的应收未收利息暂不缴纳增值税，待实际收到利息时按规定缴纳增值税。

（2）个人将购买不足2年的住房对外销售的，按照5%的征收率全额缴纳增值税。个人将购买2年及以上的住房对外销售的，免征增值税（北京市、上海市、广州市、深圳市除外）；北京市、上海市、广州市、深圳市个人购买2年及以上非普通住房对外销售的，以销售收入减去购买房屋的价款后的差额按照5%的征收率缴纳增值税，购买2年及以上普通住房对外销售的，免征增值税。

纳税人发生应税行为同时适用免税和零税率规定的，纳税人可以选择适用免税或者零税率。

（四）起征点

对销售额未达到规定起征点的个人（包括小规模纳税人的个体工商户和其他个人），可以免缴增值税。2011年11月1日起，增值税的起征点为：

（1）按期纳税的，为月销售额5 000~20 000元（含本数）。

（2）按次纳税的，为每次（日）销售额300~500元（含本数）。

起征点的调整由财政部和国家税务总局规定。省、自治区、直辖市财政厅（局）和国家税务总局应当在规定的幅度内，根据实际情况确定本地区适用的起征点，并报财政部和国家税务总局备案。

对增值税小规模纳税人中月销售额未达到2万元的企业或非企业性单位，免征增值税。2020年12月31日前，对月销售额2万元（含本数）至3万元的增值税小规模纳税人，免征增值税。

【职业判断与业务操作】

增值税的本质是对增值额征收的一种税，但增值额在实际中是很难准确计算的。我国目前对一般纳税人采用的计税方法是国际上通行的进项抵扣法，即先按当期销售额和适用税率计算出销项税额（这是对销售全额的征税），然后对当期购进项目已经缴纳的税款（所含税款）进行抵扣，从而间接计算出对当期增值额部分的应纳税额。对小规模纳税人则实行简易征收方法，按照当期销售额乘以征收率即可计算出当期应纳增值税额。

一、一般纳税人应纳税额的计算

增值税一般纳税人实行进项抵扣法，应纳税额为销项税额抵扣进项税额后的余额。其计算公式为：

当期应纳税额 = 当期销项税额 − 当期进项税额

（一）销项税额的计算

销项税额是纳税人发生应税行为，按照销售额和增值税税率计算，并向购买方收取的增值税税额，其计算公式为：

$$销项税额 = 销售额 \times 适用税率$$

1. 一般销售方式下销售额的计算

销售额是指纳税人发生应税行为取得的全部价款和价外费用，但是不包括收取的销项税额，体现增值税为价外税性质。

价外费用是指价外收取的各种性质的收费，包括价外向购买方收取的手续费、补贴、基金、集资费、返还利润、奖励费、违约金、滞纳金、延期付款利息、赔偿金、代收款项、代垫款项、包装费、包装物租金、储备费、优质费、运输装卸费以及其他各种性质的价外收费。无论其会计制度规定如何核算，均应并入销售额计算应纳税额。但下列项目不包括在内：

① 向购买方收取的销项税额；

② 受托加工应征消费税的消费品所代收代缴的消费税；

③ 符合国家税收法律、法规规定条件代为收取的政府性基金或者行政事业性收费；

④ 以委托方名义开具发票代委托方收取的款项。

纳税人按照人民币以外的货币结算销售额的，应当折合成人民币计算，折合率可以选择销售额发生的当天或者当月1日的人民币汇率中间价。纳税人应当在事先确定采用何种折合率，确定后12个月内不得变更。

由于增值税是价外税，所以计税依据中的"销售额"必须是不包括收取的销项税额的销售额。对于纳税人销售货物、劳务、应税服务、无形资产或不动产，采用销售额和销项税额合并定价方法的，应按下列公式将含税销售额换算为不含税销售额：

$$不含税销售额 = \frac{含税销售额}{1 + 税率或征收率}$$

应注意的是：凡是价外费用与逾期包装物押金，应视为含税收入，在计税时换算成不含税收入再并入销售额。

▲ 提示

销售价款中是否含税的判断可以遵循以下原则：

① 普通发票中注明的价款一定是含税价格，例如，商场向消费者销售的"零售价格"。

② 增值税专用发票中记载的"价格"一定是不含税价格。

③ 增值税纳税人销售货物同时收取的价外收入或逾期包装物押金收入等一般为含税收入。

某电子设备生产厂（一般纳税人），本月向某商场批发货物一批，开具增值税专用发票注明价款为 200 万元，向消费者零售货物，开具的普通发票注明的价款为 50 万元。

问题：该电子设备生产厂本月的计税销售额是多少？

分析：增值税专用发票注明的价款是不含税销售额，不需换算；普通发票注明的价款是含税销售额，需要换算。

向商场销售的计税销售额 = 200（万元）

向消费者零售的计税销售额 = 50 ÷（1 + 16%）= 43.10（万元）

合计计税销售额 = 200 + 43.10 = 243.10（万元）

2. 特殊销售货物方式下销售额的计算

在销售活动中，为了达到促销的目的，企业实务中有多种销售方式。不同销售方式下，销售者取得的销售额会有所不同。税法对以下几种不同的销售方式下销售额的确定分别作了规定。

（1）采取折扣方式销售。折扣销售是指销货方在销售货物或应税劳务时，因购货方购货数量较大等原因而给予购货方的价格优惠（如：购买 10 件，销售价格折扣 10%；购买 20 件，折扣 20% 等），即会计上所说的商业折扣。纳税人采取折扣方式销售货物、服务、无形资产或者不动产的，如果将价款和折扣额在同一张发票上的"金额"栏分别注明的，可按价款减除折扣额后的金额作为销售额计算增值税；如果没有在同一张发票上的"金额"栏分别注明的，纳税人不得按价款减除折扣额后的金额作为销售额，应按价款作为销售额计算缴纳增值税。

折扣销售仅限于货物、服务、无形资产或者不动产价格的折扣，如果销售方将自产、委托加工和购买的货物用于实物折扣的（如买 10 个送 1 个），则该实物款额不能从原销售额中减除，且该实物应按"视同销售货物"中的"无偿赠送"计算征收增值税。

折扣销售不同于销售折扣。销售折扣是指销货方在销售货物或应税劳务后，为了鼓励购货方及早偿还货款而协议许诺给予购货方的一种折扣优待（如：10 天内付款，货款折扣 2%；20 天内付款，折扣 1%；30 天内全价付款），即会计上所说的现金折扣。销售折扣发生在销货之后，是一种融资性质的理财费用，因此，销售折扣不得从销售额中减除。销售折扣又不同于销售折让。销售折让是指货物销售后，由于其品种、质量等原因购货方未予退货，但销货方需给予购货方的一种价格折让。销售折让与销售折扣相比较，虽然都是在货物销售后发生的，但因为销售折让是由于货物的品种和质量引起销售额的减少，因此，对销售折让可以按折让后的货款作为销售额。

【做中学】

白酒行业稽查案例分析

国税函〔2010〕56号

三种折扣方式的税务比较

【做中学】 某商场系增值税一般纳税人，为促销某品牌套装洗发水，对团购客户一次性购买100套以上者，折扣10%；购300套以上者，折扣15%。对零售客户实行"买一赠一"，买一套洗发水送一瓶护手霜，所送护手霜的正常零售价格为3元/瓶。该套装洗发水的正常零售价格为50元/套。该商场本月向团购客户售出一笔，系某单位购入用以向职工发放福利，共150套，商场开具普通发票，销售额与折扣额均在该发票上注明；向零售客户售出580套，开具普通发票。

问题：请计算该商场本月销售该品牌套装洗发水的计税销售额。

分析：对团购客户因购货数量较大等原因而给予的价格优惠属于商业折扣，且销售额和折扣额在同一张发票上分别注明，可按折扣后的余额作为销售额计算增值税。针对零售客户的"买一赠一"应视同销售货物，征收增值税。题目中均为零售价，属于含税销售额，需换算。

向团购客户销售的计税销售额 = 150×50÷（1+16%）×90% ≈ 5 818.97（元）

> **商场打折销售的纳税筹划案例**

向零售客户销售的计税销售额 = 580×（50+3）÷（1+16%）≈ 26 500（元）

合计计税销售额 = 5 818.97+26 500 = 32 318.97（元）

（2）采取以旧换新方式销售。==以旧换新是指纳税人在销售自己的货物时，有偿收回旧货物的行为。==采取以旧换新方式销售货物的，应按新货物的同期销售价格确定销售额，不得扣减旧货物的收购价格。但对金银首饰以旧换新业务，可以按销售方实际收取的不含增值税的全部价款征收增值税。

【做中学】 某电器商场系增值税一般纳税人，采用以旧换新方式销售液晶电视，新机零售价3 500元/台，旧机折价350元/台，本月共售出这种电视机新机200台，回收旧电视机156台。

问题：请计算该商场本月该业务的计税销售额。

分析：采取以旧换新方式销售电视机，应按新电视机的同期销售价格确定销售额，不得扣减旧电视机的收购价格。

计税销售额 = 200×3 500÷（1+16%）= 603 448.28（元）

（3）采取还本销售方式销售。==还本销售是指纳税人在销售货物后，到一定期限由销售方一次或分次退还给购货方全部或部分价款。==还本销售实际上是一种融资方式，是以货物换取资金的使用价值、到期还本不付息的方法。采取还本销售方式销售货物，其销售额就是货物的销售价格，不得从销售额中减除还本支出。

（4）采取以物易物方式销售。==以物易物是一种较为特殊的购销活动，是指购销双方不是以货币结算，而是以同等价款的货物相互结算、实现货物购销的一种方式。==采取以物易物方式销售货物的，以物易物双方都应作购销处理，以各自发出的货物核算销售额并计算销项税额，以各自收到的货物按规定核算购货额并计算进项税额。应注意的是，在以物易物活动中，应分别开具合法的票据，如收到的货物不能取得相应的增值税专用发票或其他合法凭证，不能抵扣进项税额。

（5）包装物押金是否计入销售额。==纳税人为销售货物而出租出借包装物收取的押金，单独记账核算的，时间在 1 年以内，又未过期的，不并入销售额征税，但对因逾期未收回包装物不再退还的押金，应按所包装货物的适用税率计算销项税额。== "逾期"是指按合同约定实际逾期或以 1 年为期限，对收取 1 年以上的押金，无论是否退还均并入销售额征税。

对销售除啤酒、黄酒外的其他酒类产品而收取的包装物押金，无论是否返还以及会计上如何核算，均应并入当期销售额征税。

当然，在将包装物押金并入销售额征税时，需要先将该押金换算为不含税价，再并入销售额征税。另外，包装物押金不应混同于包装物租金，包装物租金在销货时作为价外费用并入销售额计算销项税额。

财税字〔1995〕第053号

【做中学】

某经贸公司系增值税一般纳税人，本月销售白酒一批给小规模纳税人，开具普通发票注明的价款为 50 000 元，同时收取包装物押金 3 000 元，约定 6 个月后返还包装物；销售啤酒一批给某商场，开具增值税专用发票注明的价款为 20 000 元，同时收取包装物押金 1 000 元，约定 3 个月后返还包装物。

问题：请计算该经贸公司本月的计税销售额。

分析：因销售白酒收取的包装物押金，收取时即应并入销售额征税；因销售啤酒收取的包装物押金，收取时不并入销售额征税，待逾期时征税。

销售白酒的销售额 =（50 000 + 3 000）÷（1 + 16%）≈ 45 689.66（元）

销售啤酒的销售额 = 20 000（元）

合计销售额 = 45 689.66 + 20 000 = 65 689.66（元）

（6）视同销售货物行为的销售额。对视同销售行为而无销售额的或纳税人提供应税行为而价格明显偏低或偏高且不具有合理商业目的的，税务机关有权按下列顺序确定其销售额：

① 按纳税人最近时期同类货物、劳务、服务、无形资产或者不动产的平均价格确定；

② 按其他纳税人最近时期同类货物、劳务、服务、无形资产或者不动产的平均价格确定；

③ 按组成计税价格确定。组成计税价格的公式为：

$$组成计税价格 = 成本 \times (1 + 成本利润率)$$

属于应征消费税的货物，其组成计税价格中应加上消费税税额。

成本利润率由国家税务总局确定。

【做中学】

某家电生产企业为增值税一般纳税人，本月向市职工活动中心赠送自产液晶电视10台，每台电视的成本价3 000元，市场销售价格5 000元（不含税）；赠送新研制的新型节能空调5台，每台成本价8 000元，市场上尚无同类产品销售。家电产品的成本利润率为10%。

问题：请计算该家电企业本月的计税销售额。

分析：赠送液晶电视应视同销售货物征收增值税，因有同类价所以按同类价计算销售额；赠送节能空调也应视同销售货物征收增值税，因没有同类价所以只能按组成计税价格计算销售额；

赠送液晶电视的销售额 = 10 × 5 000 = 50 000（元）

赠送新型节能空调的销售额 = 5 × 8 000 × (1 + 10%) = 44 000（元）

合计销售额 = 50 000 + 44 000 = 94 000（元）

📝 典型案例：
卖车送饰品，别把税款送没了

（7）特殊销售服务、无形资产或者不动产方式下的销售额。

① 贷款服务。以提供贷款服务取得的全部利息及利息性质的收入为销售额。

② 直接收费金融服务。以提供直接收费金融服务收取的手续费、佣金、酬金、管理费、服务费、经手费、开户费、过户费、结算费、转托管费等各类费用为销售额。

③ 金融商品转让。按照卖出价扣除买入价后的余额为销售额。转让金融商品出现的正负差，按盈亏相抵后的余额为销售额。若相抵后出现负差，则可结转下一纳税期与下期转让金融商品销售额相抵，但年末时仍出现负差的，不得转入下一个会计年度。金融商品转让，不得开具增值税专用发票。

④ 经纪代理服务。以取得的全部价款和价外费用，扣除向委托方收取并代为支付的政府性基金或者行政事业性收费后的余额为销售额。向委托方收取的政府性基金或者行政事业性收费，不得开具增值税专用发票。

⑤ 融资租赁和融资性售后回租业务。经批准提供融资租赁服务，以取得的全部价款和价外费用，扣除支付的借款利息、发行债券利息和车辆购置税后的余额为销售额；提供融资性售后回租服务，以取得的全部价款和价外费用（不含本金），扣除对外支付的借款利息、发行债券利息后的余额作为销售额。

⑥ 航空运输企业的销售额。不包括代收的机场建设费和代售其他航空运输企业客票而代收转付的价款。

⑦ 提供客运场站服务。以其取得的全部价款和价外费用，扣除支付

给承运方运费后的余额为销售额。

⑧ 提供旅游服务。可以选择以取得的全部价款和价外费用,扣除向旅游服务购买方收取并支付给其他单位或者个人的住宿费、餐饮费、交通费、签证费、门票费和支付给其他接团旅游企业的旅游费用后的余额为销售额。选择该办法计算销售额的试点纳税人,向旅游服务购买方收取并支付的上述费用,不得开具增值税专用发票,可以开具普通发票。

⑨ 提供建筑服务适用简易计税方法的。以取得的全部价款和价外费用扣除支付的分包款后的余额为销售额。

⑩ 房地产开发企业中的一般纳税人销售其开发的房地产项目(选择简易计税方法的房地产老项目除外),以取得的全部价款和价外费用,扣除受让土地时向政府部门支付的土地价款后的余额为销售额。

⑪ 销售其 2016 年 4 月 30 日前取得(不含自建)的不动产选择简易计税方法的,以取得的全部价款和价外费用减去该项不动产购置原价或者取得不动产时作价后的余额为销售额;自建的不动产,以取得的全部价款和价外费用为销售额。

上述④~⑪项规定从全部价款和价外费用中扣除的价款,应当取得符合法律、行政法规和国家税务总局规定的有效凭证,否则不得扣除。同时纳税人取得的凭证属于增值税扣税凭证的,其进项税额不得从销项税额中抵扣。

(二)进项税额的计算

一般纳税人购进货物、加工修理修配劳务、服务、无形资产或者不动产支付或者负担的增值税额,为进项税额。在开具增值税专用发票的情况下,进项税额与销项税额的对应关系是:销售方收取的销项税额,就是购买方支付的进项税额。

增值税的核心就是用纳税人收取的销项税额抵扣其所支付的进项税额,其余额为纳税人实际应缴纳的增值税额。但并不是所有的进项税额都可以抵扣。对此,税法明确规定了哪些进项税额可以抵扣,哪些不能抵扣。

1. 准予从销项税额中抵扣的进项税额

一般纳税人购进货物、加工修理修配劳务、服务、无形资产或者不动产所支付的进项税额,准予从销项税额中抵扣的有两种情形:

(1)以票抵扣。纳税人购进货物、加工修理修配劳务、服务、无形资产或者不动产取得下列法定扣税凭证,其进项税额允许抵扣:

① 从销售方取得的增值税专用发票(含税控机动车销售统一发票,下同)上注明的增值税额;

② 从海关取得的海关进口增值税专用缴款书上注明的增值税额；

③ 从境外单位或者个人购进服务、无形资产或者不动产，自税务机关或者扣缴义务人取得的解缴税款的完税凭证上注明的增值税额。

适用一般计税方法的试点纳税人，2016年5月1日后取得并在会计制度上按固定资产核算的不动产或者2016年5月1日后取得的不动产在建工程，其进项税额应自取得之日起分2年从销项税额中抵扣，第一年抵扣比例为60%，第二年抵扣比例为40%。

（2）计算抵扣。购进农产品，除取得增值税专用发票或者海关进口增值税专用缴款书外，按照农产品收购发票或者普通增值税发票上注明的农产品买价和10%的扣除率计算的进项税额（营业税改征增值税试点期间，纳税人购进用于生产销售成委托受托加工16%税年货物的农产品扣除率为12%）。其中，买价是指纳税人购进农产品在农产品收购发票或者增值税普通发票上注明的价款和按规定缴纳的烟叶税。计算公式为：

$$进项税额 = 买价 \times 扣除率$$

【做中学】 甲企业是增值税一般纳税人，2018年6月有关生产经营业务如下：

（1）从A公司购进生产用原材料，取得A公司开具的增值税专用发票，注明货款200万元、增值税32万元。合同约定运输由甲企业自己负责，甲企业支付运费取得增值税专用发票，注明运输费5万元、增值税0.5万元。

（2）从B公司购进维修设备用零部件，由于B公司为小规模纳税人，取得B公司开具的普通发票，注明价款11.7万元。

（3）从农业生产者手中购进免税农产品，收购凭证上注明收购货款是50万元。委托运输公司运输，取得增值税专用发票，注明运费2万元、增值税0.2万元。

问题：请计算该企业当月可以抵扣的进项税额。

分析：

（1）从A公司取得了增值税专用发票，可以凭票抵扣。

进项税额 = 32 + 0.5 = 32.5（万元）

（2）由于从B公司取得的是普通发票，所以不能抵扣进项税额。

（3）购进免税农产品，可以按收购凭证注明的收购价款计算抵扣12%（因为是用于生产销售16%税率的货物）；支付运输费取得增值税专用发票可以凭票抵扣。

进项税额 = 50 × 12% + 0.2 = 6.2（万元）

当月可以抵扣的进项税额 = 32.5 + 6.2 = 38.7（万元）

2. 不得从销项税额中抵扣的进项税额

下列项目的进项税额不得从销项税额中抵扣：

（1）用于适用简易计税方法计税项目、免征增值税项目、集体福利或者个人消费的购进货物、加工修理修配劳务、服务、无形资产和不动产。其中涉及的固定资产、无形资产、不动产，仅指专用于上述项目的固定资产、无形资产（不包括其他权益性无形资产）、不动产。

（2）非正常损失的购进货物及相关的加工修理修配劳务和交通运输业服务。非正常损失（下同），是指因管理不善造成被盗、丢失、霉烂变质，以及因违反法律法规造成货物或者不动产被依法没收、销毁、拆除的情形。

（3）非正常损失的在产品、产成品所耗用的购进货物（不包括固定资产）、加工修理修配劳务或者交通运输业服务。

（4）非正常损失的不动产，以及该不动产所耗用的购进货物、设计服务和建筑服务。

（5）非正常损失的不动产在建工程所耗用的购进货物、设计服务和建筑服务。纳税人新建、改建、扩建、修缮、装饰不动产，均属于不动产在建工程。

（6）购进的旅客运输服务、贷款服务、餐饮服务、居民日常服务和娱乐服务。

（7）纳税人接受贷款服务向贷款方支付的与该笔贷款直接相关的投融资顾问费、手续费、咨询费等费用。

（8）财政部和国家税务总局规定的其他情形。

上述固定资产是指使用期限超过12个月的机器、机械、运输工具以及其他与生产经营有关的设备、工具、器具等。和会计准则相比，不包括不动产及不动产在建工程。

纳税人取得的增值税扣税凭证不符合法律、行政法规或者国家税务总局有关规定的，其进项税额不得从销项税额中抵扣。

上述第（1）种情形规定不得抵扣且未抵扣进项税额的固定资产、无形资产、不动产，发生用途改变，用于允许抵扣进项税额的应税项目，可在用途改变的次月按照下列公式计算可以抵扣的进项税额：

可以抵扣的进项税额 = 固定资产、无形资产、不动产净值/（1 + 适用税率）× 适用税率

固定资产、无形资产或者不动产净值，是指纳税人根据财务会计制度计提折旧或摊销后的余额。

此外，一般计税方法的纳税人，兼营简易计税方法计税项目、免征增值税项目而无法划分不得抵扣的进项税额，按照下列公式计算不得抵扣的进项税额：

不得抵扣的进项税额＝当期无法划分的全部进项税额×（当期简易计税方法计税项目销售额＋免征增值税项目销售额）÷当期全部销售额

3. 扣减进项税额

（1）已抵扣进项税额的购进货物（不含固定资产）、劳务、服务，发生不得抵扣进项税额的情形（简易计税方法计税项目、免征增值税项目除外）时，应当将该进项税额从当期进项税额中扣减；无法确定该进项税额的，按照当期实际成本计算应扣减的进项税额。

（2）已抵扣进项税额的固定资产、无形资产或者不动产，发生不得抵扣进项税额的情形时，按照下列公式计算不得抵扣的进项税额：

不得抵扣的进项税额＝固定资产、无形资产或者不动产净值×适用税率

（3）因销售折让、中止或者退回而退还给购买方的增值税额，应当从当期的销项税额中扣减；因销售折让、中止或者退回而收回的增值税额，应当从当期的进项税额中扣减。

专题材料：不合理的专用发票也不能抵扣

【做中学】

某企业是增值税一般纳税人，2018年6月有关生产经营业务如下：

（1）1日，外购货物一批，取得增值税专用发票，注明增值税款24万元；下旬，因管理不善造成该批货物一部分发生霉烂变质，经核实造成1/4损失。

（2）13日，用于免税项目领用原材料一批，这批原材料的账面成本为30万元。

（3）20日，购入月饼一批，取得普通发票，价税合计支付5万元。

（4）22日，将20日购入的月饼发放给职工。

问题：请计算该企业当月可以抵扣的进项税额。

分析：

（1）外购货物取得专用发票，可以凭票抵扣；但因管理不善造成购进货物发生非正常损失的部分，其进项税额不能抵扣。

进项税额＝24－24×1/4＝18（万元）

（2）已做进项税额抵扣的购进货物事后改变用途，用于免税项目，应当将进项税额转出。

进项税额不必转出案例

进项税额转出＝30×16%＝4.8（万元）

（3）购入月饼用于职工福利，不论取得专用发票还是普通发票，都不能抵扣进项税额。

（4）将外购的货物用于集体福利，不能视同销售。

当月可以抵扣的进项税额＝18－4.8＝13.2（万元）

4. 增值税专用发票进项税额的抵扣

除国家税务总局另有规定的除外，用于抵扣增值税进项税额的专

用发票应经税务机关认证相符。纳税人应在增值税专用发票开具之日起 180 日内到税务机关认证，经过认证的增值税专用发票，应在认证通过的当月按规定核算当期进项税额并申报抵扣，否则不予抵扣进项税额。税务机关认证后，应向纳税人提供一份"增值税专用发票抵扣联认证清单"，以备企业作为纳税申报附列资料。自 2018 年 4 月 1 日起，纳税信用 A 级、B 级、M 级、C 级纳税人对取得的增值税专用发票可以不再进行认证，通过增值税发票税控开票软件登录本省增值税发票查询平台，查询、选择用于申报抵扣或者出口退税的增值税发票信息（以下简称"选择抵扣"）。

（三）应纳税额的计算

增值税销项税额与进项税额确定后就可以得出实际应纳的增值税额，增值税一般纳税人应纳税额的计算方法如下：

应纳税额 = 当期销项税额 − 当期进项税额

上式计算结果若为正数，则为当期应纳增值税；计算结果如果为负数，则形成留抵税额，待下期抵扣，下期应纳税额的计算公式变为：

应纳税额 = 当期销项税额 − 当期进项税额 − 上期留抵税额

【做中学】

某运输企业为一般纳税人，2018 年 6 月取得交通运输收入 110 万元（含税），当月外购汽油 10 万元，购入运输车辆 20 万元（不含税金额，取得增值税专用发票），发生的联运支出 50 万元（不含税金额，取得增值税专用发票）。

问题：请计算该纳税人 2018 年 6 月份应纳增值税额。

分析：

销项税额 = 110 ÷（1 + 10%）× 10% = 10（万元）

可抵扣的进项税额 = 10 × 16% + 20 × 16% + 50 × 10%

= 1.6 + 3.2 + 5.0 = 9.8（万元）

2015 年 10 月应纳税额 = 10 − 9.8 = 0.2（万元）

（四）建筑服务及不动产预缴税额的计算

（1）一般纳税人跨县（市）提供建筑服务，适用一般计税方法计税的，应以取得的全部价款和价外费用为销售额计算应纳税额。纳税人应以取得的全部价款和价外费用扣除支付的分包款后的余额，按照 2% 的预征率在建筑服务发生地预缴税款后，向机构所在地主管税务机关进行纳税申报。

（2）一般纳税人销售其 2016 年 5 月 1 日后取得（不含自建）的不动产，应适用一般计税方法，以取得的全部价款和价外费用为销售额计算应纳税额。纳税人应以取得的全部价款和价外费用减去该项不动产购置原价或者取得不动产时的作价后的余额，按照 5% 的预征率在不动产所在地预缴税款后，向机构所在地主管税务机关进行纳税申报。

（3）一般纳税人销售其 2016 年 5 月 1 日后自建的不动产，应适用一般计税方法，以取得的全部价款和价外费用为销售额计算应纳税额。纳税人应以取得的全部价款和价外费用，按照 5% 的预征率在不动产所在地预缴税款后，向机构所在地主管税务机关进行纳税申报。

（4）房地产开发企业采取预收款方式销售所开发的房地产项目，在收到预收款时按照 3% 的预征率预缴增值税。

（5）一般纳税人出租其 2016 年 5 月 1 日后取得的、与机构所在地不在同一县（市）的不动产，应按照 3% 的预征率在不动产所在地预缴税款后，向机构所在地主管税务机关进行纳税申报。

（6）一般纳税人销售其 2016 年 4 月 30 日前取得的不动产（不含自建），选择一般计税方法计税的，以取得的全部价款和价外费用为销售额计算应纳税额。纳税人应以取得的全部价款和价外费用减去该项不动产购置原价或者取得不动产时的作价后的余额，按照 5% 的预征率在不动产所在地预缴税款后，向机构所在地主管税务机关进行纳税申报。

（7）房地产开发企业中的一般纳税人销售房地产项目，以及一般纳税人出租其 2016 年 4 月 30 日前取得的不动产，选择一般计税方法计税的，应以取得的全部价款和价外费用，按照 3% 的预征率在不动产所在地预缴税款后，向机构所在地主管税务机关进行纳税申报。

（8）一般纳税人销售其 2016 年 4 月 30 日前自建的不动产，选择一般计税方法计税的，应以取得的全部价款和价外费用为销售额计算应纳税额。纳税人应以取得的全部价款和价外费用，按照 5% 的预征率在不动产所在地预缴税款后，向机构所在地主管税务机关进行纳税申报。

【做中学】 某建筑企业（一般纳税人）机构所在地为 A 省，2018 年 6 月在 B 省提供建筑服务（非简易计税项目）取得建筑服务收入（含税）1 650 万元，支付分包款 550 万元。购入建筑材料可抵扣的进项税额为 70 万元。要求计算在 B 省的预缴增值税款和回 A 省机构所在地纳税申报应缴的增值税款。

在 B 省建筑服务发生地预缴的增值税额 =（1 650 - 550）÷（1 + 10%）× 2% = 20（万元）

回 A 省机构所在地纳税申报时应缴的税额 = 1 650 ÷（1 + 10%）× 10% - 20 - 70 - 550 ÷（1 + 10%）× 10% = 10（万元）

二、小规模纳税人应纳税额的计算

==小规模纳税人销售货物、加工修理修配劳务、服务、无形资产或者不动产，实行按照销售额和增值税征收率计算应纳税额的简易计税办法，不得抵扣进项税额。==小规模纳税人应纳税额的计算公式为：

应纳税额 = 销售额 × 征收率

按照税法规定，小规模纳税人销售货物只能开具普通销货发票，不能使用增值税专用发票，其购进货物不论是否取得增值税专用发票，都不能抵扣进项税额，但购进税控收款机除外。

上述公式中的销售额为不含税销售额，纳税人采用销售额和应纳税额合并定价方法的，应将含税销售额换算成不含税销售额，其计算公式为：销售额 = 含税销售额 ÷（1 + 征收率）。

纳税人提供适用简易计税方法计税的，因销售折让、中止或者退回而退还给购买方的销售额，应当从当期销售额中扣减。扣减当期销售额后仍有余额多缴的税款，可以从以后的应纳税额中扣减。

【做中学】

某商业企业为增值税小规模纳税人，2018年第三季度发生以下销售业务：

（1）销售给某小型超市一批肥皂，销售收入103 000元。

（2）将本季所购化妆品销售给消费者，销售收入20 600元。

（3）销售给某制造企业货物一批，取得销货款15 000元，由税务机关代开增值税专用发票。

（4）提供给个人消费者餐饮服务，取得销售收入72 100元。

则该商业企业第三季度的应纳税额为：

先将含税销售额换算为不含税销售额，即：

不含税销售额 = 103 000 ÷（1 + 3%）+ 20 600 ÷（1 + 3%）+ 72 100 ÷（1 + 3%）= 190 000（元）

本季应纳税额 =（190 000 + 15 000）× 3% = 6 150（元）

小规模纳税人销售或者出租不动产应纳税额计算的相关规定如下：

① 小规模纳税人销售其取得（不含自建）的不动产（不含个体工商户销售购买的住房和其他个人销售不动产），应以取得的全部价款和价外费用减去该项不动产购置原价或者取得不动产时作价后的余额为销售额，按照5%的征收率计算应纳税额。纳税人按照上述方法在不动产所在地预缴税款后，向机构所在地主管税务机关进行纳税申报。

② 小规模纳税人销售其自建的不动产，应以取得的全部价款和价外费用为销售额，按照5%的征收率计算应纳税额。纳税人按照上述方法在不动产所在地预缴税款后，向机构所在地主管税务机关进行纳税申报。

③ 房地产开发企业中的小规模纳税人，销售自行开发的房地产项目，按照5%的征收率计税。

④ 小规模纳税人出租其取得的不动产（不含个人出租住房），按照5%的征收率计算应纳税额。如果不动产与机构所在地不在同一县，纳税人按照上述方法在不动产所在地预缴税款后，向机构所在地主管税务机

关进行纳税申报。

⑤ 小规模纳税人跨县（市）提供建筑服务，应以取得的全部价款和价外费用扣除支付的分包款后的余额为销售额，按照3%的征收率计算应纳税额。纳税人应按照上述计税方法在建筑服务发生地预缴税款后，向机构所在地主管税务机关进行纳税申报。

三、进口货物应纳税额的计算

无论是一般纳税人还是小规模纳税人申报进口货物都应缴纳增值税，需按规定的组成计税价格和规定的税率计算增值税额。其计算公式为：

$$应纳税额 = 组成计税价格 \times 税率$$

组成计税价格有以下两种情况：

① 进口货物只征收增值税的，其组成计税价格为：

组成计税价格 = 关税完税价格 + 关税

= 关税完税价格 × (1 + 关税税率)

② 进口货物同时征收消费税的，其组成计税价格为：

组成计税价格 = 关税完税价格 + 关税 + 消费税

= 关税完税价格 × (1 + 关税税率) ÷ (1 − 消费税税率)

关于"关税完税价格"的确认问题，将在本教材学习情境4关税计算与缴纳中详细介绍。另外，根据税法规定纳税人进口货物，从海关取得的海关进口增值税专用缴款书上注明的增值税额可以在计算本月应纳增值税额时作为进项税额抵扣。

【做中学】某公司2018年6月10日从法国进口服装一批，到岸价格68 000美元，关税税率为30%，货款已用先前购入的外汇支付。当日美元兑人民币外汇牌价为1:6.55。

问题：请计算进口环节应当缴纳的增值税额。

组成计税价格 = 68 000 × 6.55 + 68 000 × 6.55 × 30% = 579 020（元）

应纳进口环节增值税 = 579 020 × 16% = 92 643.20（元）

四、扣缴义务人应扣缴税额的计算

境外单位或者个人在境内销售服务、无形资产或者不动产，在境内未设有经营机构的，扣缴义务人按照下列公式计算应扣缴税额：

$$应扣缴税额 = 购买方支付的价款 ÷ (1 + 税率) \times 税率$$

【做中学】境外公司为某纳税人提供咨询服务，合同价款106万元，且该境外公司没有在境内设立经营机构，应以服务购买方为增值税扣缴义务人。

问题：请计算购买方应当扣缴的税额。

购买方应扣缴增值税额 = 106 ÷ (1 + 6%) × 6% = 6(万元)

【典型任务举例】

根据本学习子情境引例计算黄河有限责任公司2018年6月的应纳增值税额。

【操作步骤】

第一步,计算当月销项税额。

(1) 12日,销售A产品收取的销售收入为不含税价,不需换算。

销项税额 = 1 600 000(元)

(2) 15日,没收的押金应并入销售额征税,而且押金应视为含税收入,需换算。

销项税额 = 20 000 ÷ (1 + 16%) × 16% ≈ 2 758.62(元)

(3) 20日,将自产的B产品用于免税项目,属于视同销售货物行为,其销售额的确定先看有无同类价,有则按同类价,无则按组成计税价格。本题有同类价。

销项税额 = 800 000 × 16% = 128 000(元)

(4) 21日,将自产的产品用于集体福利属于视同销售货物行为,其销售额的确定先看有无同类价,有则按同类价,无则按组成计税价格。本题无同类价,按组成计税价格计算。

销项税额 = 1 500 000 × (1 + 10%) × 16% = 264 000(元)

因此,当月销项税额 = 1 600 000 + 2 758.62 + 128 000 + 264 000
$$= 1\,994\,758.62(元)$$

第二步,计算当月进项税额。

(1) 1日,购入原材料取得了增值税专用发票,可以凭票抵扣。

进项税额 = 320 000(元)

(2) 2日,购进免税农产品,抵扣买价的12%,由于农产品免税,所以买价不需要换算,直接计算抵扣。

进项税额 = 700 000 × 12% = 84 000(元)

(3) 6日,支付的运费,取得了货物运输业增值税专用发票,可以凭票抵扣。

进项税额 = 120 000 × 10% = 12 000(元)

(4) 10日,取得了增值税专用发票,可以凭票抵扣。

进项税额 = 160 000(元)

(5) 13日,支付的运费和装卸费均取得了增值税专用发票(运输业税率为10%,装卸服务业税率为6%),可以凭票抵扣。

进项税额 = 15 000 + 1 200 = 16 200(元)

（6）25日，按现行规定，购进生产设备的进项税额可以抵扣。

进项税额 = 6 000 000 × 16% = 960 000（元）

（7）26日，将外购的原材料改变用途，用于简易计税项目，所领用原材料的进项税额不能抵扣。

进项税额转出 = 200 000 × 16% = 32 000（元）

（8）期末因管理不善造成的非正常损失的材料所对应的进项税额不能抵扣。

进项税额转出 = 100 000 × 16% = 16 000（元）

因此，当月进项税额 = 320 000 + 84 000 + 12 000 + 160 000 +
　　　　　　　　　　　16 200 + 960 000 − 32 000 − 16 000
　　　　　　　　　　= 1 504 200（元）

第三步，计算当月应纳税额。

当月应纳税额 = 当月销项税额 − 当月进项税额 − 月初留抵税额
　　　　　　= 1 994 758.62 − 1 504 200 − 350 000
　　　　　　= 140 558.62（元）

学习子情境二　增值税纳税申报

【工作过程与岗位对照图】

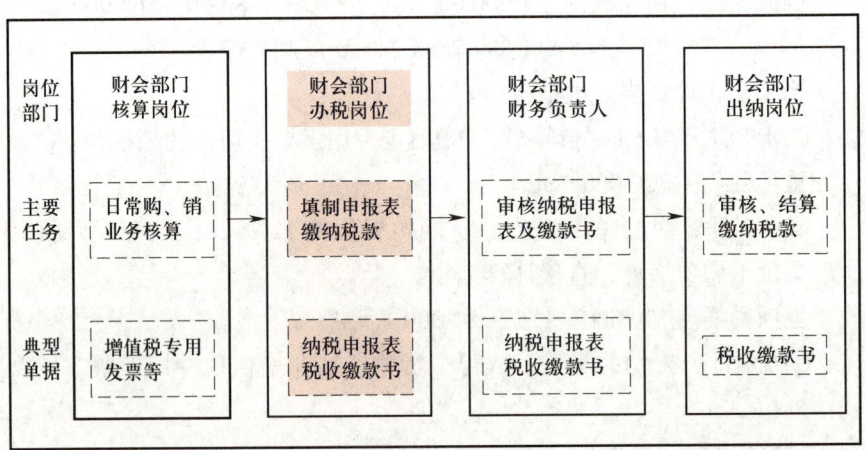

【知识准备】

一、增值税纳税义务发生时间

（一）一般规定

（1）纳税人发生应税行为，为收讫销售款项或者取得索取销售款项凭据的当天；先开具发票的，为开具发票的当天。

（2）纳税人进口货物，为报关进口的当天。

（3）增值税扣缴义务发生时间为纳税人增值税纳税义务发生的当天。

（二）具体规定

纳税人收讫销售款项或者取得索取销售款项凭据的当天，按销售结算方式的不同，具体为：

（1）采取直接收款方式销售货物，不论货物是否发出，均为收到销售款或者索取销售款凭据的当天。

（2）采取托收承付和委托银行收款方式销售货物，为发出货物并办妥托收手续的当天。

（3）采取赊销和分期收款方式销售货物，为书面合同约定的收款日期的当天，无书面合同的或者书面合同没有约定收款日期的，为货物发出的当天。

（4）采取预收货款方式销售货物，为货物发出的当天，但生产销售生产工期超过12个月的大型机械设备、船舶、飞机等货物，为收到预收款或者书面合同约定的收款日期的当天。

（5）纳税人提供建筑服务、租赁服务采取预收款方式的，其纳税义务发生时间为收到预收款的当天。

（6）委托其他纳税人代销货物，为收到代销单位的代销清单或者收到全部或者部分货款的当天，未收到代销清单及货款的，为发出代销货物满180天的当天。

（7）销售应税劳务，为提供劳务同时收讫销售款或者取得索取销售款的凭据的当天。

（8）纳税人从事金融产品转让的，为金融商品所有权转移的当天。

（9）纳税人发生视同销售行为，其纳税义务发生时间为货物移送、服务及无形资产转让完成的当天或不动产权属变更的当天。

二、纳税期限

增值税的纳税期限分别为1日、3日、5日、10日、15日、1个月或者1个季度。纳税人的具体纳税期限，由主管税务机关根据纳税人应纳税额的大小分别核定；不能按照固定期限纳税的，可以按次纳税。

纳税人以1个月或者1个季度为1个纳税期的，自期满之日起15日内申报纳税；以1日、3日、5日、10日或者15日为1个纳税期的，自期满之日起5日内预缴税款，于次月1日起15日内申报纳税并结清上月应纳税款。

以 1 个季度为纳税期限的规定适用于小规模纳税人、银行、财务公司、信托投资公司、信用社以及财政部和国家税务总局规定的其他纳税人。

扣缴义务人解缴税款的期限，依照上述规定执行。

纳税人进口货物，应当自海关填发进口增值税专用缴款书之日起 15 日内缴纳税款。

三、纳税地点

一般情况下，增值税实行"就地纳税"原则。按规定，增值税纳税地点为：

（1）固定业户应当向其机构所在地或居住地的主管税务机关申报纳税。总机构和分支机构不在同一县（市）的，应当分别向各自所在地的主管税务机关申报纳税；经国务院财政部和国家税务总局或者其授权的财政和税务机关批准，可以由总机构汇总向总机构所在地的主管税务机关申报纳税。跨县（市）提供建筑服务或销售取得的不动产，应按规定在建筑服务发生地或不动产所在地预缴税款后，向机构所在地税务机关进行纳税申报。

固定业户到外县（市）销售货物、劳务或者应税服务，应当向其机构所在地的主管税务机关申请开具外出经营活动税收管理证明，并向其机构所在地的主管税务机关申报纳税；未开具证明的，应当向销售地、劳务或者服务发生地的主管税务机关申报纳税；未向销售地、劳务或者服务发生地的主管税务机关申报纳税的，由其机构所在地的主管税务机关补征税款。

（2）非固定业户应当向应税行为发生地的主管税务机关申报纳税；未申报纳税的，由其机构所在地或者居住地的主管税务机关补征税款。

（3）其他个人提供建筑服务，销售或租赁不动产，转让自然资源使用权，应在建筑服务发生地、不动产所在地、自然资源所在地主管税务机关申报纳税。

（4）进口货物，应当向报关地海关申报纳税。

（5）扣缴义务人应当向其机构所在地或者居住地的主管税务机关申报缴纳其扣缴的税款。

【职业判断与业务操作】

一、一般纳税人的纳税申报

增值税一般纳税人一般按月纳税申报，申报期为次月 1 日起至 15 日（到期日遇法定节假日顺延）。 国家税务总局公告〔2013〕第32号

（一）提供纳税申报资料

（1）增值税纳税申报表及其 5 个附表和固定资产进项税额抵扣情况表、本期抵扣进项税额结构明细表、增值税减免税申报明细表。

（2）其他必报资料：① 备份数据软盘和 IC 卡；② 资产负债表和利润表；③ 海关完税凭证抵扣清单；④ 代开发票抵扣清单；⑤ 主管国税机关规定的其他必报资料。

（3）备查资料：① 已开具普通发票存根联；② 符合抵扣条件并且在本期申报抵扣的增值税专用发票抵扣联；③ 海关进口货物完税凭证、购进农产品普通发票存根联原件及复印件；④ 收购发票；⑤ 代扣代缴税款凭证存根联；⑥ 主管税务机关规定的其他备查资料。备查资料是否需要在当期报送，由各级国家税务局确定。

（二）填报增值税纳税申报表

一般纳税人填报增值税纳税申报表包括增值税纳税申报表（主表）和反映本期销售情况明细的附列资料（一），反映本期进项税额明细的附列资料（二），反映营改增纳税人服务、不动产和无形资产扣除明细的附列资料（三），反映税额抵减情况表附列资料（四），反映不动产分期抵扣计算表附列资料（五），以及增值税减免税申报明细表。

（三）办理税款缴纳手续

在办理税款缴纳手续前，还需完成专用发票认证（或选择抵扣）、抄税、报税、办理申报等工作。

1. 专用发票认证（或选择抵扣）

增值税专用发票的认证方式可选择手工认证和网上认证，手工认证是单位办税员月底持专用发票"抵扣联"到所属主管税务机关服务大厅"认证窗口"进行认证；网上认证是纳税人月底前通过扫描仪将专用发票抵扣联扫入认证专用软件，生成电子数据，将数据文件传给税务机关完成认证。自 2018 年 4 月 1 日起，纳税信用 A 级、B 级、M 级、C 级纳税人对取得的增值税专用发票可以不再进行认证，通过增值税发票税控开票软件登录本省增值税发票查询平台，查询、选择用于申报抵扣或者出口退税的增值税发票信息。

2. 抄税

抄税是在当月的最后一天,通常是在次月 1 日早上开票前,利用防伪税控开票系统进行抄税处理,将本月开具增值税专用发票的信息读入 IC 卡(抄税完成后本月不允许再开具发票)。

3. 报税

报税是在报税期内,一般单位在 15 日前,将 IC 卡拿到税务机关,由税务人员将 IC 卡的信息读入税务机关的金税系统。经过抄税,税务机关确保所有开具的销项发票进入金税系统,经过报税,税务机关则确保所有抵扣的进项发票都进入金税系统,可以在系统内由系统进行自动比对,确保任何一张抵扣的进项发票都有销项发票与其对应。

增值税纳税申报流程

4. 办理申报

申报工作可分为上门申报和网上申报。上门申报是指在申报期内,携带填写的申报表、资产负债表、利润表及其他相关材料到主管税务机关办理纳税申报,税务机关审核后申报表退还一联给纳税人。网上申报是指纳税人在征税期内,通过互联网将增值税纳税申报表主表、附表及其他必报资料的电子信息传送至电子申报系统,纳税人应从办理税务登记的次月 1 日起 15 日内,不论有无销售额均应按主管税务机关核定的纳税期限按期向当地税务机关申报。

增值税网上申报现场操作

5. 税款缴纳

税务机关将申报表单据送到开户银行,由银行进行自动转账处理。对于未实行税库银联网的纳税人需自己到税务机关指定的银行进行现金缴纳。

二、小规模纳税人的纳税申报

(一)提供纳税申报资料

小规模纳税人纳税申报时,应提供以下资料:"增值税纳税申报表"(适用小规模纳税人)、普通发票领用存月报表、企业财务会计报表及其他税务机关要求报送的资料。

(二)填报小规模纳税人纳税申报表及附列资料

小规模纳税人增值税纳税申报表格式见表 2-1。

(三)办理税款缴纳手续

小规模纳税人办理税款的手续可参照一般纳税人。

表2-1　增值税纳税申报表

（适用小规模纳税人）

纳税人识别号：□□□□□□□□□□□□□□□□□□

纳税人名称（公章）：　　　　　　　　　　　　　　　　　　金额单位：元（列至角分）

税款所属期：　年　月　日至　年　月　日　　　　　　　　　填表日期：　年　月　日

<table>
<tr><th colspan="2" rowspan="2">项　目</th><th rowspan="2">栏次</th><th colspan="2">本期数</th><th colspan="2">本年累计</th></tr>
<tr><th>货物及劳务</th><th>服务、不动产和无形资产</th><th>货物及劳务</th><th>服务、不动产和无形资产</th></tr>
<tr><td rowspan="14">一、计税依据</td><td>（一）应征增值税不含税销售额（3%征收率）</td><td>1</td><td></td><td></td><td></td><td></td></tr>
<tr><td>税务机关代开的增值税专用发票不含税销售额</td><td>2</td><td></td><td></td><td></td><td></td></tr>
<tr><td>税控器具开具的普通发票不含税销售额</td><td>3</td><td></td><td></td><td></td><td></td></tr>
<tr><td>（二）应征增值税不含税销售额（5%征收率）</td><td>4</td><td></td><td></td><td>—</td><td>—</td></tr>
<tr><td>税务机关代开的增值税专用发票不含税销售额</td><td>5</td><td></td><td></td><td>—</td><td>—</td></tr>
<tr><td>税控器具开具的普通发票不含税销售额</td><td>6</td><td></td><td></td><td>—</td><td>—</td></tr>
<tr><td>（三）销售使用过的固定资产不含税销售额</td><td>7（7≥8）</td><td></td><td>—</td><td></td><td>—</td></tr>
<tr><td>其中：税控器具开具的普通发票不含税销售额</td><td>8</td><td></td><td>—</td><td></td><td>—</td></tr>
<tr><td>（四）免税销售额</td><td>9=10+11+12</td><td></td><td></td><td></td><td></td></tr>
<tr><td>其中：小微企业免税销售额</td><td>10</td><td></td><td></td><td></td><td></td></tr>
<tr><td>未达起征点销售额</td><td>11</td><td></td><td></td><td></td><td></td></tr>
<tr><td>其他免税销售额</td><td>12</td><td></td><td></td><td></td><td></td></tr>
<tr><td>（五）出口免税销售额</td><td>13（13≥14）</td><td></td><td></td><td></td><td></td></tr>
<tr><td>其中：税控器具开具的普通发票销售额</td><td>14</td><td></td><td></td><td></td><td></td></tr>
<tr><td rowspan="8">二、税款计算</td><td>本期应纳税额</td><td>15</td><td></td><td></td><td></td><td></td></tr>
<tr><td>本期应纳税额减征额</td><td>16</td><td></td><td></td><td></td><td></td></tr>
<tr><td>本期免税额</td><td>17</td><td></td><td></td><td></td><td></td></tr>
<tr><td>其中：小微企业免税额</td><td>18</td><td></td><td></td><td></td><td></td></tr>
<tr><td>未达起征点免税额</td><td>19</td><td></td><td></td><td></td><td></td></tr>
<tr><td>应纳税额合计</td><td>20=15-16</td><td></td><td></td><td></td><td></td></tr>
<tr><td>本期预缴税额</td><td>21</td><td></td><td>—</td><td></td><td>—</td></tr>
<tr><td>本期应补（退）税额</td><td>22=20-21</td><td></td><td>—</td><td></td><td>—</td></tr>
</table>

纳税人或代理人声明： 　本纳税申报表是根据国家税收法律法规及相关规定填报的，我确定它是真实的、可靠的、完整的。	如纳税人填报，由纳税人填写以下各栏：	
	办税人员（签章）：	财务负责人（签章）：
	法定代表人（签章）：	联系电话：
	如委托代理人填报，由代理人填写以下各栏：	
	代理人名称（公章）：	经办人（签章）：
		联系电话：

主管税务机关：　　　　　　　　接收人：　　　　　　　　接收日期：

【典型任务举例】

接学习子情境一的情境引例，黄河有限责任公司为一般纳税人，识别号为280602002234678，开户银行：工商银行东海市分行营业部，账号：180100112200100888，增值税纳税期限为1个月。

填报黄河有限责任公司2018年6月的增值税纳税申报表及附表。

【操作步骤】

第一步，填报增值税纳税申报表附列资料（一）。

按"16%税率的货物及加工修理修配劳务"的销售额和销项税额明细：

开具税控增值税专用发票销售额 = 10 000 000（元）

开具税控增值税专用发票销项税额 = 1 600 000（元）

未开具发票销售额 = 20 000÷（1+16%）+ 800 000 + 1 500 000×（1+10%）
$$= 2\ 467\ 241.38（元）$$

未开具发票销项税额 = 2 467 241.38×16% = 394 758.62（元）

填报结果见表2-2。

第二步，填报增值税纳税申报表附列资料（二）。

申报抵扣的进项税额：

本期认证相符且本期申报抵扣金额 = 2 000 000 + 120 000 + 1 000 000 +
$$150\ 000 + 20\ 000 + 6\ 000\ 000$$
$$= 9\ 290\ 000（元）$$

本期认证相符且本期申报抵扣税额 = 320 000 + 12 000 + 160 000 +
$$15\ 000 + 1\ 200 + 960\ 000$$
$$= 1\ 468\ 200（元）$$

农产品收购发票或者销售发票金额 = 700 000（元）

农产品收购发票或者销售发票税额 = 84 000（元）

进项税额转出额：

非正常损失税额 = 16 000（元）

简易计税办法征税项目税额 = 32 000（元）

填报结果见表2-3。

增值税纳税申报表附列资料（三）（四）（五）由"营改增"单位有相关扣除项目的纳税人填写，该企业不需要填写。

第三步，填报增值税纳税申报表。

填报结果见表2-4。

学习情境2 增值税计算与申报

表2-2 增值税纳税申报表附列资料（一）
（本期销售情况明细）

税款所属时间：2018年6月1日至2018年6月30日

纳税人名称：(公章) 黄河有限责任公司

金额单位：元（列至角分）

项目及栏次		开具增值税专用发票		开具其他发票		未开具发票		纳税检查调整		合计			服务、不动产和无形资产本期实际扣除金额	扣除后	
		销售额	销项（应纳）税额	销售额	销项（应纳）税额	销售额	销项（应纳）税额	销售额	销项（应纳）税额	销售额	销项（应纳）税额	价税合计		含税（免税）销售额	销项（应纳）税额
		1	2	3	4	5	6	7	8	9=1+3+5+7	10=2+4+6+8	11=9+10	12	13=11-12	14=13÷(100%+税率或征收率)×税率或征收率
一、一般计税方法计税	全部征税项目	1 16%税率的货物及加工修理修配劳务	10 000 000	1 600 000			2 467 241.38	394 758.62			12 467 241.38	1 994 758.62				
		2 16%税率的服务、不动产和无形资产														
		3 13%税率			—	—										
		4 10%税率														
		5 6%税率														
	其中：即征即退项目	6 即征即退货物及加工修理修配劳务	—	—												
		7 即征即退服务、不动产和无形资产	—	—												
二、简易计税方法计税	全部征税项目	8 6%征收率	—	—												
		9a 5%征收率的货物及加工修理修配劳务														
		9b 5%征收率的服务、不动产和无形资产														

续表

项目及栏次		开具税控增值税专用发票		开具其他发票		未开具发票		纳税检查调整		合计			服务、不动产和无形资产扣除项目本期实际扣除金额	合税(免税)销售额	扣除后销项(应纳)税额
		销售额	销项(应纳)税额	销售额	销项(应纳)税额	销售额	销项(应纳)税额	销售额	销项(应纳)税额	销售额 9=1+3+5+7	销项(应纳)税额 10=2+4+6+8	价税合计 11=9+10		13=11-12	14=13÷(100%+税率或征收率)×税率或征收率
		1	2	3	4	5	6	7	8	9	10	11	12	13	14
二、简易计税方法计税	全部征税项目	4%征收率	10													
		3%征收率的货物及加工修理修配劳务	11													
		3%征收率的服务、不动产和无形资产	12													
		预征率 %	13a									—	—	—	—	—
		预征率 %	13b									—	—	—	—	—
		预征率 %	13c									—	—	—	—	—
	其中：即征即退项目	即征即退货物及加工修理修配劳务	14										—	—	—	—
		即征即退服务、不动产和无形资产	15										—	—	—	—
三、免抵退税		货物及加工修理修配劳务	16			—	—						—	—	—	—
		服务、不动产和无形资产	17	—	—	—	—						—	—	—	—
四、免税		货物及加工修理修配劳务	18										—	—	—	—
		服务、不动产和无形资产	19										—	—	—	—

表2-3　增值税纳税申报表附列资料（二）

（本期进项税额明细）

税款所属时间：2018年6月1日至2018年6月30日

纳税人名称：（公章）黄河有限责任公司　　　　　　　　　　　　　　金额单位：元（列至角分）

一、申报抵扣的进项税额				
项目	栏次	份数	金额	税额
（一）认证相符的增值税专用发票	1=2+3	6	9 290 000	1 468 200
其中：本期认证相符且本期申报抵扣	2	6	9 290 000	1 468 200
前期认证相符且本期申报抵扣	3			
（二）其他扣税凭证	4=5+6+7+8	1	700 000	84 000
其中：海关进口增值税专用缴款书	5			
农产品收购发票或者销售发票	6	1	700 000	84 000
代扣代缴税收缴款凭证	7		—	
其他	8			
（三）本期用于购建不动产的扣税凭证	9			
（四）本期不动产允许抵扣进项税额	10	—	—	
（五）外贸企业进项税额抵扣证明	11			
当期申报抵扣进项税额合计	12=1+4-9+10+11	7	9 990 000	1 552 200

二、进项税额转出额		
项目	栏次	税额
本期进项税转出额	13=14至23之和	48 000
其中：免税项目用	14	
集体福利、个人消费	15	
非正常损失	16	16 000
简易计税方法征税项目用	17	32 000
免抵退税办法不得抵扣的进项税额	18	
纳税检查调减进项税额	19	
红字专用发票通知单注明的进项税额	20	
上期留抵税额抵减欠税	21	
上期留抵税额退税	22	
其他应作进项税额转出的情形	23	

三、待抵扣进项税额				
项目	栏次	份数	金额	税额
（一）认证相符的增值税专用发票	24	—	—	—
期初已认证相符但未申报抵扣	25			
本期认证相符且本期未申报抵扣	26			

续表

项目	栏次	份数	金额	税额
期末已认证相符但未申报抵扣	27			
其中：按照税法规定不允许抵扣	28			
（二）其他扣税凭证	29=30至33之和			
其中：海关进口增值税专用缴款书	30			
农产品收购发票或者销售发票	31			
代扣代缴税收缴款凭证	32		—	
其他	33			
项目	栏次	份数	金额	税额
	34			
四、其他				
本期认证相符的税控增值税专用发票	35			
代扣代缴税额	36		—	

表2-4 增值税纳税申报表

（一般纳税人适用）

根据国家税收法律法规及增值税相关规定制定本表。纳税人不论有无销售额，均应按税务机关核定的纳税期限填写本表，并向当地税务机关申报。

税款所属时间：自2018年6月1日至2018年6月30日　　　　　　　填表日期：2018年7月15日

纳税人识别号	2 8 0 6 2 0 0 2 2 3 4 6 7 8			所属行业：制造业	
纳税人名称	黄河有限责任公司（公章）	法定代表人姓名	李业	注册地址	东海市翔宇路	营业地址	东海市翔宇路
开户银行及账号	工商银行东海市分行营业部	企业登记注册类型	有限责任公司	电话号码	83711234

	项目	栏次	一般项目		即征即退项目	
			本月数	本年累计	本月数	本年累计
销售额	（一）按适用税率计税销售额	1	12 467 241.38			
	其中：应税货物销售额	2	12 467 241.38			
	应税劳务销售额	3				
	纳税检查调整的销售额	4				
	（二）按简易办法计税销售额	5				
	其中：纳税检查调整的销售额	6				
	（三）免、抵、退办法出口销售额	7			—	—
	（四）免税销售额	8			—	—
	其中：免税货物销售额	9				
	免税劳务销售额	10				

续表

	项目	栏次	一般项目		即征即退项目	
			本月数	本年累计	本月数	本年累计
税款计算	销项税额	11	1 994 758.62			
	进项税额	12	1 552 200			
	上期留抵税额	13	350 000	—		—
	进项税额转出	14	48 000			
	免、抵、退应退税额	15			—	—
	按适用税率计算的纳税检查应补缴税额	16				
	应抵扣税额合计	17=12+13-14-15+16	1 854 200		—	—
	实际抵扣税额	18（如17<11，则为17，否则为11）	1 854 200			
	应纳税额	19=11-18	140 558.62			
	期末留抵税额	20=17-18		—		—
	简易计税办法计算的应纳税额	21				
	按简易计税办法计算的纳税检查应补缴税额	22			—	—
	应纳税额减征额	23				
	应纳税额合计	24=19+21-23	140 558.62			
税款缴纳	期初未缴税额（多缴为负数）	25				
	实收出口开具专用缴款书退税额	26			—	—
	本期已缴税额	27=28+29+30+31				
	① 分次预缴税额	28			—	—
	② 出口开具专用缴款书预缴税额	29			—	—
	③ 本期缴纳上期应纳税额	30				
	④ 本期缴纳欠缴税额	31				
	期末未缴税额（多缴为负数）	32=24+25+26-27	140 558.62			
	其中：欠缴税额（≥0）	33=25+26-27		—	—	—
	本期应补（退）税额	34=24-28-29	140 558.62			
	即征即退实际退税额	35	—	—		
	期初未缴查补税额	36			—	—
	本期入库查补税额	37				
	期末未缴查补税额	38=16+22+36-37				

授权声明	如果你已委托代理人申报，请填写下列资料： 为代理一切税务事宜，现授权_____ （地址）_____为本纳税人的代理申报人，任何与本申报表有关的往来文件，都可寄予此人。 授权人签字：	申报人声明	本纳税申报表是根据国家税收法律法规及相关规定填报的，我确定它是真实的、可靠的、完整的。 声明人签字：

主管税务机关：　　　　　接收人：　　　　　接收日期：

学习子情境三　增值税出口退税的处理

【情境引例】

某生产企业生产的产品既有出口又有内销,出口实行"免、抵、退"办法,产品销售适用16%的税率,出口退税率为12%。当期出口600万美元,汇率1∶6.5,当期可抵扣的进项税为570万元。另外,当期免税进口价值200万美元的料件(含关税等),用于生产出口产品。没有上期留抵税额。假设当期内销货物的不含税销售额分别是3 000万元、2 000万元、100万元。

问题:请分别计算这三种情况下该企业当期的免、抵、退税额。

【工作过程与岗位对照图】

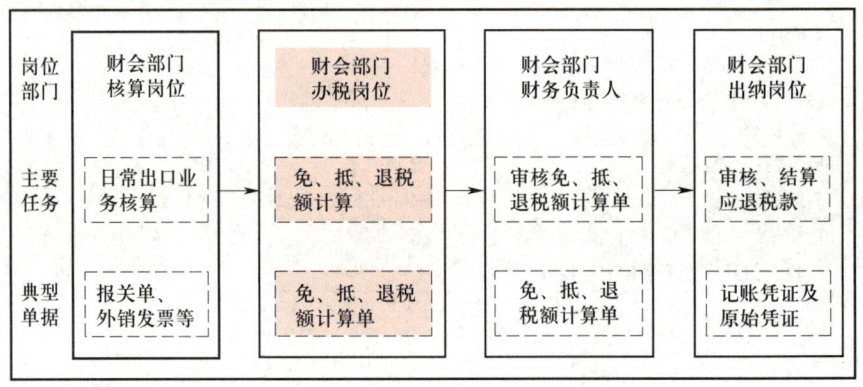

【知识准备】

一、出口货物退(免)税基本概念

出口退税是指国家将报关出口的货物在出口前所缴纳的有关税金退还给出口企业。出口免税是指国家对企业报关出口的货物在出口环节免征有关税金。

出口退(免)税是为了鼓励货物出口,增强本国货物在国际市场上的竞争能力,使本国货物为世界各国所采用。我国增值税对出口产品实行零税率,不但出口环节不必纳税(免税),而且还可以退还以前环节已纳的税款(退税)。出口货物退(免)税政策,使货物销售价格更具竞争优势,有利于扩大出口创汇,减轻出口企业税负,增加企业盈利,激发企业生产出口货物的积极性。

二、出口货物退（免）税基本政策

根据出口货物的基本情况，国家遵循"征多少退多少，未征不退"的基本原则。按照现行规定，出口货物退（免）税主要有以下三种形式。

（一）出口免税并退税

下列企业出口的货物，除另有规定外，给予免税并退税：① 生产企业自营出口或委托外贸企业代理出口的自产货物。② 有出口经营权的外贸企业收购后直接出口或委托其他外贸企业代理出口的货物。③ 符合国家政策规定的特准退（免）税货物，如对外承包工程公司运出境外用于对外承包项目的货物，对外承接修理修配业务的企业用于对外修理修配的货物，外轮供应公司、远洋运输供应公司销售给外轮、远洋国轮而收取外汇的货物，企业在国内采购并运往境外作为在国外投资的货物等。

（二）出口免税不退税

下列企业出口的货物，除另有规定外，给予免税，但不予退税：属于生产企业的小规模纳税人自营出口或委托外贸企业代理出口的自产货物，外贸企业从小规模纳税人购进并持普通发票的货物出口，外贸企业直接购进国家规定的免税货物（包括免税农产品）出口的，以及来料加工复出口的货物、列入免税项目的避孕药品和用具、古旧图书、国家计划内出口的卷烟及军用品等。

出口享受免征增值税的货物，其耗用的原材料、零部件等支付的进项税额，包括准予抵扣的运输费用所含的进项税额，不能从内销货物的销项税额中抵扣，应计入产品成本处理。

（三）出口不免税也不退税

出口不免税是指对国家限制或禁止出口的某些货物的出口环节视同内销环节，照常征税。出口不退税是指对这些货物出口不退还出口前其所负担的税款。适用这个政策的主要是税法列举限制或禁止出口的货物，如天然牛黄、麝香、铜及铜基合金、白金等。

三、出口应税服务、无形资产退（免）税的范围

单位和个人提供适用零税率的应税服务和无形资产，如果属于适用增值税一般计税方法的，生产企业实行免抵退税办法，外贸企业外购服务或者无形资产出口实行免退税办法，外贸企业直接将服务或自行研发的无形资产出口，视同生产企业连同其出口货物统一实行免抵退税办法。如果属于适用简易计税方法的，实行免征增值税办法。

1. 适用增值税零税率的范围

自2016年5月1日起，单位和个人销售下列服务和无形资产适用增值税零税率：

（1）国际运输服务，是指：① 在境内载运旅客或货物出境；② 在境外载运旅客或货物入境；③ 在境外载运旅客或货物。

（2）航天运输服务。

（3）向境外单位提供的完全在境外消费的下列服务：① 研发服务；② 合同能源管理服务；③ 设计服务；④ 广播影视节目（作品）的制作和发行服务；⑤ 软件服务；⑥ 电路设计及测试服务；⑦ 信息系统服务；⑧ 业务流程管理服务；⑨ 离岸服务外包业务；⑩ 转让技术。

（4）财政部和国家税务总局规定的其他服务。

2. 应税服务免税的范围

单位和个人提供的下列应税服务或无形资产免征增值税，但财政部和国家税务总局规定适用零税率的除外：

（1）服务范围包括：① 工程项目在境外的建筑服务；② 工程项目在境外的工程监理服务；③ 工程、矿产资源在境外的工程勘察勘探服务；④ 会议展览地点在境外的会议展览服务；⑤ 存储地点在境外的仓储服务；⑥ 标的物在境外使用的有形动产租赁服务；⑦ 在境外提供的广播影视节目（作品）的播映服务；⑧ 在境外提供的文化体育服务、教育医疗服务、旅游服务。

（2）为出口货物提供的邮政服务、收派服务、保险服务。

（3）向境外单位提供的完全在境外消费的下列服务和无形资产：① 电信服务；② 知识产权服务；③ 物流辅助服务（仓储服务、收派服务除外）；④ 鉴证咨询服务；⑤ 专业技术服务；⑥ 商务辅助服务；⑦ 广告投放地在境外的广告服务；⑧ 无形资产。

（4）以无运输工具承运方式提供的国际运输服务。

（5）为境外单位之间的货币资金融通及其他金融业务提供的直接收费金融服务，且该服务与境内的货物、无形资产和不动产无关。

（6）财政部和国家税务总局规定的其他服务。

按照国家有关规定应取得相关资质的国际运输服务项目，纳税人取得相关资质的，适用增值税零税率政策，未取得的适用增值税免税政策。

四、出口货物（服务）增值税退税率

出口货物的退税率，是出口货物的实际退税额与退税计税依据的比例。现行出口货物的增值税退税率在5%~16%。

服务和无形资产的退税率为其在境内提供服务和无形资产的增值税

税率，即 6%、10% 和 16% 三档。实行退（免）税办法的服务和无形资产，如果主管税务机关认定出口价格偏高，有权按照核定的出口价格计算退（免）税，核定的出口价格低于外贸企业购进价格的，低于部分对应的进项税额不予退税，转入成本。境内的单位和个人销售适用增值税零税率的服务或无形资产的，可以放弃适用增值税零税率，选择免税或按规定缴纳增值税。放弃适用增值税零税率后，36 个月内不得再申请适用增值税零税率。

【职业判断与业务操作】

一、出口退税额的计算

只有在适用既免税又退税的出口货物政策或提供适用零税率的应税服务时，才会涉及如何计算退税的问题。我国《出口货物退（免）税管理办法》规定了两种退税计算办法：第一种办法是"免、抵、退"，主要适用于自营和委托出口自产货物的生产企业以及提供适用零税率的应税服务和无形资产的企业；第二种办法是"先征后退"，目前主要用于收购货物出口的外贸企业。

（一）货物出口"免、抵、退"税的计算方法

国税发〔2002〕11号

生产企业自营或委托外贸企业代理出口自产货物，除另有规定外，增值税一律实行免、抵、退税管理办法。

所谓生产企业，是指独立核算，经主管国家税务机关认定为增值税一般纳税人，并且具有实际生产能力的企业和企业集团。增值税小规模纳税人出口自产货物实行免征增值税办法。

财税发〔2013〕106号

实行"免、抵、退"税管理办法的"免"税，是指对生产企业出口的自产货物，在出口时免征本企业生产销售环节增值税；"抵"税，是指生产企业出口自产货物所耗用的原材料、零部件、燃料、动力等所含应予退还的进项税额，抵顶内销货物的应纳税额；"退"税，是指生产企业出口的自产货物在当月内应抵顶的进项税额大于应纳税额时，对未抵顶完的部分予以退税。具体计算方法与计算公式如下：

1. 当期应纳税额的计算

（1）当期应纳税额 = 当期内销货物的销项税额 −（当期进项税额 − 当期免、抵、退不得免征和抵扣税额）− 上期期末留抵税额

（2）当期免、抵、退税不得免征和抵扣税额 = 当期出口货物离岸价 × 外汇人民币牌价 ×（当期出口货物征税率 − 出口货物退税率）− 当期免、抵、退税不得免征和抵扣税额抵减额

（3）当期免、抵、退税不得免征和抵扣税额抵减额 = 当期免税购进原材料价格 × (出口货物征税率 − 出口货物退税率)

免税购进原材料包括从国内购进免税原材料和进料加工免税进口料件，其中进料加工免税进口料件的价格为组成计税价格。其计算公式为：

进料加工免税进口料件的组成计税价格 = 货物到岸价 + 海关实征关税 + 海关实征消费税

如果当期没有免税购进原材料，前述公式中的"当期免、抵、退税不得免征和抵扣税额抵减额"不用计算。

若上述计算结果为正数，说明从内销货物销项税额中抵扣后仍有余额，该余额则为企业当期应纳的增值税税额，无退税额；若计算结果为负数，则当期期末留抵税额 = 当期应纳税额绝对数，则有应退税额，应退税额大小待下面步骤分析确定。

2. 当期免、抵、退税额的计算

（1）当期免、抵、退税额 = 出口货物离岸价 × 外汇人民币牌价 × 出口货物退税率 − 当期免、抵、退税额抵减额

（2）当期免、抵、退税额抵减额 = 当期免税购进原材料价格 × 出口货物退税率

值得注意的是：出口货物离岸价（FOB）以出口发票计算的离岸价为准。出口发票不能如实反映实际离岸价的，企业必须按照实际离岸价向主管国税机关进行申报，同时主管税务机关有权依照《中华人民共和国税收征收管理法》《中华人民共和国增值税暂行条例》等有关规定予以核定。

如果当期没有免税购进原材料，免、抵、退税额抵减额不用计算。

3. 当期应退税额和当期免、抵税额的计算

（1）如当期应纳税额 ≥ 0，则：当期应退税额 = 0。

（2）如当期应纳税额 < 0，且当期期末留抵税额 ≤ 当期免、抵、退税额，则：

当期应退税额 = 当期期末留抵税额

当期免、抵税额 = 当期免、抵、退税额 − 当期应退税额

（3）如当期应纳税额 < 0，且当期期末留抵税额 > 当期免、抵、退税额，则：

当期应退税额 = 当期免、抵、退税额

当期免、抵税额 = 0

式中，"当期"是指一个纳税申报期，征税率和退税率是指出口货物的征

税率和退税率。当期期末留抵税额根据当期增值税纳税申报表中"期末留抵税额"确定。

计算学习子情境三引例中企业当期的免、抵、退税额。 【做中学】

分析：

（1）假设当期内销货物3 000万元。

① 当期免、抵、退税不得免征和抵扣税额抵减额 = 200 × 6.5 × (16% - 12%)
　　　　　　　　　　　　　　　　= 52（万元）

② 当期免、抵、退税不得免征和抵扣税额 = 600 × 6.5 × (16% - 12%) - 52
　　　　　　　　　　　　　　　　= 104（万元）

③ 当期应纳税额 = 3 000 × 16% - (570 - 104) = 480 - 466 = 14（万元）

④ 当期免、抵、退税额抵减额 = 200 × 6.5 × 12% = 156（万元）

⑤ 当期免、抵、退税额 = 600 × 6.5 × 12% - 156 = 312（万元）

⑥ 比较确定当期应退税额和当期免、抵税额：

由于当期应纳税额 > 0，当期不需退税，当期免、抵税额 = 当期免、抵、退税额 = 312（万元）。

（2）假设当期的内销货物2 000万元。

则前述第①、②、④、⑤步骤不变，③计算结果变为：

当期应纳税额 = 2 000 × 16% - (570 - 104) = -146（万元）

即当期期末留抵税额 = 146（万元）

⑥ 比较确定当期应退税额和当期免、抵税额：

由于当期期末留抵税额 < 当期免、抵、退税额，则：当期应退税额 = 146（万元）

当期免、抵税额 = 312 - 146 = 166（万元） 　"免、抵、退"税方法的应用

（3）假设当期的内销货物100万元。

则前述第①、②、④、⑤步骤不变，③计算结果变为：

当期应纳税额 = 100 × 16% - (570 - 104) = 16 - 466 = -450（万元）

即当期期末留抵税额 = 450（万元）

⑥ 比较确定当期应退税额和免抵税额：

由于当期期末留抵税额 > 当期免、抵、退税额，则：当期应退税额 = 312（万元）；

当期免、抵税额 = 0；

当期期末留抵税额 = 450 - 312 = 138（万元），结转下期。

（二）应税服务、无形资产出口"免、抵、退"税的计算方法

免、抵、退税办法规定，零税率应税服务、无形资产提供者提供零税率应税服务和无形资产，免征增值税，相应的进项税额抵减应纳增值

税额（不包括适用增值税即征即退、先征后退政策的应纳增值税额），未抵减完的部分予以退还。具体计算步骤如下：

1. 计算零税率应税服务（含无形资产）当期免、抵、退税额

当期零税率应税服务免、抵、退税额 = 当期零税率应税服务免、抵、退税计税价格 × 外汇人民币牌价 × 零税率应税服务退税率

零税率应税服务免、抵、退税计税价格为提供零税率应税服务取得的全部价款，扣除支付给非试点纳税人价款后的余额。

2. 计算当期应退税额和当期免抵税额

（1）当期期末留抵税额≤当期免、抵、退税额时，

当期应退税额 = 当期期末留抵税额

当期免、抵税额 = 当期免、抵、退税额 − 当期应退税额

（2）当期期末留抵税额＞当期免、抵、退税额时，

当期应退税额 = 当期免、抵、退税额

当期免、抵税额 = 0

"当期期末留抵税额"为当期增值税纳税申报表的"期末留抵税额"。

零税率应税服务提供者如同时有货物出口的，可结合现行出口货物免、抵、退税公式一并计算免、抵、退税。

【做中学】 国内某大型航空公司主要经营国内和经批准的境外航空客、货、邮、行李运输业务及延伸服务，注册地点在上海浦东，2011年年底被上海市国税局认定为增值税一般纳税人，2018年6月份经营情况如下：国内运输收入24 000万元，国际运输业务收入15 000万元，航空地面服务收入9 000万元；油料支出飞机维修等可抵扣的进项税额为4 000万元。

问题：计算6月份应退的增值税额。

分析：国际运输服务退税采用"免、抵、退"计算方法：

① 当期应纳税额 = 24 000 × 10% + 9 000 × 6% − 4 000 = 1 060（万元）；

即期末留抵税额 = 1 060（万元）

② 当期免、抵、退税额 = 15 000 × 10% = 1 500（万元）

③ 当期应退税额 = 1 060（万元）

④ 当期免、抵税额 = 1 500 − 1 060 = 440（万元）

（三）"先征后退"的计算方法

外贸企业以及实行外贸企业财务制度的工贸企业收购货物出口，其出口销售环节的增值税免征；其收购货物的成本部分，因外贸企业在支付收购货款的同时也支付了生产经营该类商品的企业已纳的增值税款，因此，在货物出口后按收购成本与退税税率计算退税退还给外贸企业，征、退税之差计入企业成本。

外贸企业出口货物应退增值税采取"先征后退"税的办法计算，依据购进出口货物增值税专用发票上所注明的进项税额和出口货物所适用的退税税率计算。

应退税额＝外贸收购不含增值税购进金额×退税率

或　　　　　　　＝出口货物数量×加权平均单价×退税率

某外贸企业 2018 年 6 月购进服装一批，取得增值税专用发票上注明买价为 350 万元，出口至美国，离岸价为 100 万美元（汇率 1∶6.60）。该商品出口退税率 13%。

【做中学】

问题：请计算该公司当月应退增值税额。

分析：外贸企业收购货物出口，应采用"先征后退"计算办法。

当月应退税额＝350×13%＝45.5（万元）

二、出口货物退（免）税管理

（一）出口货物退（免）税的登记

（1）对外贸易经营者、没有出口经营资格委托出口的生产企业、特定退（免）税的企业和人员，须在商务部门备案登记代理出口协议签订之日起 30 日内携带有关资料，填写"出口货物退（免）税认定表"，到国税机关办理出口货物退（免）税认定登记手续。

国税发〔2005〕51号

办理退税认定登记需要提供如下资料：① 出口货物退（免）税认定表；② 出口货物退（免）税专职办税员委托书；③ 加载统一代码的营业执照（副本）；④ 对外贸易经营者备案登记表（外资企业提供中华人民共和国外商投资企业批准证书）；⑤ 海关进出口货物收发人报关注册登记证书；⑥ 银行开户许可证或开立单位银行结算账户申请书；⑦ 增值税一般纳税人资格登记表；⑧ 无进出口经营权的企业委托出口需提供委托代理出口合同或协议。

（2）已办理出口货物退（免）税认定的出口商，其认定内容发生变化的，要在有关管理机关批准变更之日起 30 日内，携带相关证件向国税机关办理出口货物退（免）税认定变更手续。

（3）出口商发生解散、破产、撤销以及其他依法应终止出口货物退（免）税事项的，应先到商务部门注销对外贸易经营者备案登记和海关注销海关进出口货物收发人报关注册登记，再到主管国税机关填报"出口企业退税登记认定注销审批表"，办理出口货物退（免）税认定注销。

（二）办理出口退税人员

出口企业应设专职或兼职办理出口退税的人员，经税务机关培训考核后，发给办税员证。没有办税员证的人员不得办理出口退税业务。企业更换办税员要及时通知主管其退税业务的税务机关，注销原办税员证。凡未及时通知的，原办税员在被更换后与税务机关发生的一切退税活动和责任，均由出口企业负责。

（三）出口货物退（免）税申报

已办理出口退税认定的生产企业，在货物报关离境并按规定作出口销售后，在增值税法定纳税期限内向主管国税机关办理增值税纳税和免、抵税申报。出口企业向征税机关的退税部门办理免、抵、退税申报时，应提供出口货物退免税申报表和经征税部门审核签章的当期"增值税纳税申报表"及有关退税凭证。出口货物退免税申报表分两类：生产企业的申报表有"生产企业出口货物免、抵、退税申报明细表"（格式见表2-5），"生产企业出口货物免、抵、退税申报汇总表"（格式见表2-6）；外贸企业的申报表有"企业外贸出口退税汇总申报表"等。

（1）生产企业在货物报关出口之日（以出口货物报关单"出口退税专用"上注明的出口日期为准）起90天内，到主管国税机关办理"免、抵、退"税申报，同时报送出口货物"免、抵、退"税电子申报数据。

（2）小规模纳税人出口货物，于货物报关出口之日（以出口货物报关单上注明的出口日期为准）次月起四个月内的各申报期（申报期为每月1—15日），到主管国税机关办理出口货物免税核销申报，并同时报送出口货物免税核销电子申报数据。

国税发〔2006〕2号

（3）出口企业代理其他企业出口后，应在货物报关出口之日起60天内凭出口货物报关单、代理出口协议，向主管国家税务局申请开具"代理出口货物证明"，并及时转给委托出口企业。如因资料不齐等特殊原因，代理出口企业无法在60天内申请开具代理出口证明，在60天内向主管国家税务局提出书面延期申请。经批准后，可延期30天申请开具代理出口证明。

（四）退税凭证资料

办理出口退税时，必须提供以下凭证：

（1）购进出口货物的增值税专用发票（抵扣联）、出口销售发票。申请退消费税的企业，还应提供税收（出口货物专用）缴款书或出口货物完税分割单。

（2）盖有海关验讫章的出口货物报关单（出口退税专用）。

（3）查账时提供出口货物销售明细账。

（4）有委托业务的需提供由受托方税务机关签发的代理出口证明；有远期收汇业务的需提供由当地外经贸主管部门签发的中、远期结汇证明。

【典型任务举例】

某自营出口生产企业是增值税一般纳税人，出口货物的征税税率为16%，退税率为12%。2018年6月购进原材料一批，取得的增值税专用发票注明的价款200万元，外购货物准予抵扣进项税款32万元，货已入库。当月海关进口料件的组成计税价格50万元，进口手册号为C4708230028，已按规定向税务机关办理了生产企业进料加工贸易免税证明。上期期末留抵税额3万元。当月内销货物销售额170万元，销项税额27.2万元。本月出口货物销售折合人民币130万元。

要求：试计算该企业本期免、抵、退税额，并填报相关申报表。

【操作步骤】

第一步，计算当期免、抵、退税不得免征和抵扣税额。

当期免、抵、退税不得免征和抵扣税额抵减额 = 50×(16% − 12%)
= 2（万元）

当期免、抵、退税不得免征和抵扣税额 = 130×(16% − 12%) − 2
= 3.2（万元）

第二步，计算当期应纳税额。

当期应纳税额 = 170×16% − (32 − 3.2) − 3 = −4.6（万元）

第三步，计算当期出口货物的免、抵、退税额。

当期免、抵、退税额抵减额 = 50×12% = 6（万元）

当期出口货物免、抵、退税额 = 130×12% − 6 = 9.6（万元）

第四步，计算当期应退税额及当期免、抵税额。

当期期末留抵税额4.6万元小于当期免、抵、退税额9.6万元，

当期应退税额 = 4.6（万元）。

当期免、抵税额 = 9.6 − 4.6 = 5（万元）

第五步，填报相关申报表。

根据以上计算，填写生产企业出口货物免、抵、退税申报明细表见表2-5，生产企业出口货物免、抵、退税申报汇总表见表2-6。

表2-5 生产企业出口货物免、抵、退税申报明细表

企业代码：
企业名称：　　　　　　　　　纳税人识别号：　　　　　　　所属期：2016年9月　　　　　　　　　　　　单位：元（列至角分）

序号	出口发票号码	出口报关单号	出口日期	代理证明号	核销单号	出口商品代码	出口商品名称	计量单位	出口数量	出口销售额		征税税率	退税税率	出口销售额乘征退税率之差	出口销售额乘退税率	海关进料加工手册	单证不齐标志	备注
										美元	人民币			15=12×(13-14)	16=12×14			
1	2	3	4	5	6	7	8	9	10	11	12	13	14			17	18	19
××	××	××	××	××	××	××	××	××	××		1 300 000	16%	12%	52 000	156 000	C4708230028		H
合计											1 300 000	16%	12%	52 000	156 000			

出口企业　　　　　　　　　　　　　　　　　　　　　　　　退税部门

兹声明以上申报无讹并愿意承担一切法律责任。
（公章）　　　　　　　　　　　　　　　　　　　　　　　　（章）
经办人：　　　　财务负责人：　　　　　　　　　经办人：　　　复核人：　　　负责人：
企业负责人：　　　　　　年　月　日　　　　　　　　　　　　　　　　　　　　　　　年　月　日

注：① 生产企业应按当期出口并在财务上做销售后的所有出口明细填报本表，一式二份。
② 对单证不齐的在"单证不齐标志"栏内做相应标志，缺少核销单的填列B，缺少报关单的填列D，缺少两项以上的，同时填列两个以上对应字母，单证不全后销号、单证不齐、当期收集齐全的，可在当期免、抵、退税申报时填报本表一并申报，在"单证不齐标志"栏内填写原申报时的所属期申报序号。
③ 中标销售的机电产品，应在"备注"栏内填注ZB标志。退税部门人工审单时应审核规定的特殊退税凭证，计算机审核时将做特殊处理。

表2-6 生产企业出口货物免、抵、退税申报汇总表

纳税人识别号：　　　　　　　　　　　　　　纳税人名称（公章）：
海关代码：　　　　　　　　　　　　　　　　税款所属期限：自2016年9月1日至2016年9月30日
申报日期：　　　　　　　　　　　　　　　　　　　　　　　　　　　单位：元（列至角分）

项目	栏次	当期 (a)	本年累计 (b)	与增值税纳税申报表差额 (c)
当期免抵退出口货物销售额（美元）	1			—
当期免抵退出口货物销售额	2=3+4	1 300 000		
其中：单证不齐销售额	3			—
单证齐全销售额	4	1 300 000		—
前期出口货物当期收齐单证销售额	5		—	—
单证齐全出口货物销售额	6=4+5	1 300 000		—
不予免抵退出口货物销售额	7			—
出口销售额乘征退税率之差	8	52 000		
上期结转免抵退税不得免征和抵扣税额抵减额	9			—
免抵退税不得免征和抵扣税额抵减额	10	20 000		
免抵退税不得免征和抵扣税额	11（如8＞9+10则为8-9-10，否则为0）	32 000		
结转下期免抵退税不得免征和抵扣税额抵减额	12（如9+10＞8则为9+10-8，否则为0）	0	—	—
出口销售额乘退税率	13	156 000		
上期结转免抵退税额抵减额	14			—
免抵退税额抵减额	15	60 000		
免抵退税额	16（如13＞14+15则为13-14-15，否则为0）	96 000		
结转下期免抵退税额抵减额	17（如14+15＞13则为14+15-13，否则为0）		—	—
增值税纳税申报表期末留抵税额	18	46 000	—	
计算退税的期末留抵税额	19=18-11c	46 000		
当期应退税额	20（如16＞19则为19，否则为16）	46 000		—
当期免抵税额	21=16-20	50 000		—
出口企业申明		退税部门		

出口企业申明	退税部门
兹声明以上申报无讹并愿意承担一切法律责任。 经办人： 财务负责人：　　　　　　　（公章） 企业负责人：　　　　　　　　　　　　年　月　日	经办人： 复核人：　　　　　　　（章） 负责人：　　　　　　　　　　年　月　日

【情境小结】

1. 增值税一般纳税人计算与申报流程

企业发生应税业务 → 确定计税依据 → 计算增值税销项税额 → 计算本期准予抵扣的进项税额 → 办理抄报税手续 → 计算本期应纳增值税税额 → 填制增值税纳税申报表及附表 → 办理本期增值税纳税申报手续 → 缴纳增值税税款

2. 增值税小规模纳税人计算与申报流程

企业发生应税业务 → 确定计税依据 → 计算本期应纳增值税税额 → 填制增值税纳税申报表 → 办理本期增值税纳税申报手续 → 缴纳增值税税款

3. 本期应纳增值税税额的计算过程

（1）一般纳税人。

基本公式：当期应纳税额 = 当期销项税额 − 当期进项税额

与销项税额相关的公式：

① 销项税额计算公式：销项税额 = 销售额 × 税率

② 不含税销售额换算公式：不含税销售额 = 含税销售额 ÷（1 + 增值税税率）

③ 视同销售行为组成计税价公式：组成计税价格 = 成本 ×（1 + 成本利润率）+ 消费税

与进项税额相关的公式：

① 购进免税农产品：

一般免税农产品：进项税额 = 买价 × 13%

② 进口货物：

组成计税价格 = 关税完税价格 + 关税 + 消费税
　　　　　　 =（关税完税价格 + 关税）÷（1 − 消费税税率）

应纳税额 = 组成计税价格 × 增值税税率

（2）小规模纳税人。

应纳税额 = 销售额 × 征收率

4. 出口货物增值税退（免）税的计算过程

（1）"免、抵、退"办法。

① 计算当期应纳税额。

当期应纳税额 = 当期内销货物的销项税额 −（当期进项税额 − 当期免、抵、退不得免征和抵扣税额）− 上期期末留抵税额

当期免、抵、退税不得免征和抵扣税额 = 当期出口货物离岸价 × 外汇人民币牌价 ×（当期出口货物征税率 − 出口货物退税率）− 当期免、

抵、退税不得免征和抵扣税额抵减额

当期免、抵、退税不得免征和抵扣税额抵减额＝当期免税购进原材料价格×（出口货物征税率－出口货物退税率）

免税购进原材料包括从国内购进免税原材料和进料加工免税进口料件，其中进料加工免税进口料件的价格为组成计税价格。其计算公式为：

进料加工免税进口料件的组成计税价格＝货物到岸价＋关税＋消费税

如果当期没有免税购进原材料，前述公式中的"当期免、抵、退税不得免征和抵扣税额抵减额"不用计算。

若上述计算结果为正数，说明企业应缴纳增值税；若计算结果是负数，则应退税。

② 计算当期免、抵、退税额。

当期免、抵、退税额＝出口货物离岸价×外汇人民币牌价×出口货物退税率－免、抵、退税额抵减额

当期免、抵、退税额抵减额＝当期免税购进原材料价格×出口货物退税率

如果当期没有免税购进原材料，免、抵、退税额抵减额不用计算。

③ 当期应退税额和当期免、抵税额的计算。

如当期期末留抵税额≤当期免、抵、退税额

当期应退税额＝当期期末留抵税额，则：

当期免、抵税额＝当期免、抵、退税额－当期应退税额

如当期期末留抵税额＞当期免、抵、退税额，则：

当期应退税额＝当期免、抵、退税额

当期免、抵税额＝0

当期期末留抵税额根据当期增值税纳税申报表中"期末留抵税额"确定。公式中的"当期"指一个纳税申报期。

（2）"先征后退"办法。

出口退税额＝出口货物不含税购进金额×出口货物退税率

【情境思考】

1. 为什么税法把增值税的纳税人划分为两类——一般纳税人和小规模纳税人？划分标准是什么？

2. 哪些进项税额不允许从销项税额中抵扣？什么情况下有进项税额需要转出？

增值税计算与申报教师手册

增值税计算与申报课件

📝 增值税申报
用表及填表说明

📝 增值税计算
与申报试题库

📁 增值税法规

3. 货物销售出去以后，对方要求退货，但已经开出的增值税发票对方无法退回，此种情况应如何处理？

4. 如何理解增值税的"零"税率规定？

5. 销售货物要缴纳增值税，支付资金进口货物为什么也要缴纳增值税？进口货物缴纳增值税的计税依据是什么？

6. 区别会计中"销售"的含义与税法中"销售"的含义。

7. 如何理解增值税一般纳税人出口货物增值税的"免、抵、退"？

学习情境 3
消费税计算与申报

【职业能力目标】

专业能力

- 能准确判断消费税纳税人和征税范围
- 会根据企业业务资料计算应纳消费税额
- 会计算消费税出口退（免）税税额
- 会根据企业业务资料填制消费税纳税申报表及相关附表，能办理消费税的缴纳工作

社会能力和方法能力

- 能根据学习情境设计的需要查阅有关资料
- 能向其他财会人员宣传消费税法规政策，共同进行税收筹划
- 能与主管税务机关进行有效沟通，积极争取税务部门的支持和协助
- 培养敬业精神、团队合作能力和良好的职业道德修养

【工作任务与学习子情境】

工作任务	学习子情境
计算直接对外销售应税消费品的应纳税额	消费税税款计算
计算自产自用应税消费品的应纳税额	
计算委托加工应税消费品的应纳税额	
计算进口应税消费品的应纳税额	
填报企业消费税纳税申报表	消费税纳税申报
开具税收通用缴款书缴纳消费税税款	
计算出口应税消费品的应退税额	消费税出口退税处理

消费税和增值税的关系可谓密切，消费税是对货物征收增值税以后，再根据特定的国家财政政策选择特定的消费品和消费行为在特定的环节征收的一种流转税。征收消费税的目的主要是为了调节产业结构，限制某些奢侈品、高能耗产品的生产，正确引导消费，保证国家财政收入。消费税与增值税同为流转税，凡征收消费税的物品肯定征收增值税，并且税率为 16%。然而增值税是价外税，消费税是价内税，会计核算各不相同，征税环节也不一样，但其计税的依据相同，这在众多税种中是独一无二的，你知道其中的原因吗？同学们在学完本学习情境之后，试着去归纳一下吧！

学习子情境一　消费税税款计算

【情境引例】

醇香酒厂 2018 年 6 月生产销售散装黄酒 400 吨，每吨不含税售价 3 800 元，同时该厂生产一种新的粮食白酒 2 吨，赠送给黄酒客户，作为销售回扣。已知该种白酒无同类产品出厂价，生产成本每吨 35 000 元，成本利润率为 10%。7 月份，该厂用薯类酒精勾兑白酒 10 吨全部用于销售，当月取得销售额 48 万元（含税）。

要求分别计算该厂 6 月、7 月应纳消费税。

【工作过程与岗位对照图】

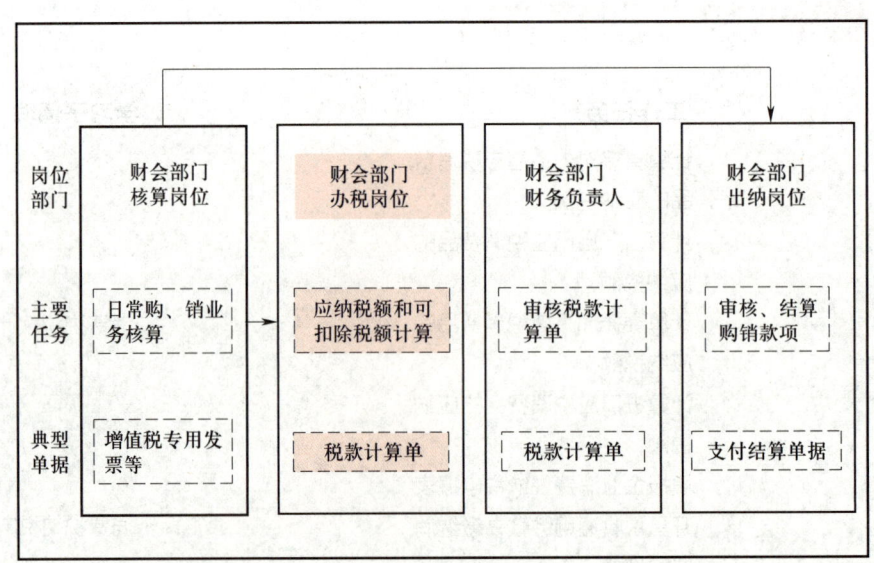

【知识准备】

一、消费税的基本概念和特点

（一）消费税的概念

消费税是对我国境内从事生产、委托加工和进口应税消费品的单位和个人，就其销售额或销售数量，在特定环节征收的一种税。简单地说，消费税是对特定的消费品和消费行为征收的一种税。

消费税是世界各国广泛实行的税种。我国的消费税是1994年税制改革中新设置的税种。它是由原产品税脱胎而来的，与现行普遍征收的增值税配套，是国家对某些产品进行特殊调节而设立的税种。

（二）消费税的特点

一般来说，消费税的征税对象主要是与居民消费相关的最终消费品和消费行为。与其他税种比较，消费税具有如下几个特点。

1. 征税范围具有选择性

各国目前征收的消费税实际上都属于对特定消费品或消费行为征收的税种。尽管各国的征税范围宽窄不一，但都是在人们普遍消费的大量消费品或消费行为中有选择地确定若干个征税项目，在税法中列举征税。为适应我国目前产业结构、消费水平和消费结构以及节能、环保等方面的要求，从2006年4月1日起，对消费税的征收范围进行了增减调整。从2014年12月1日起，提高了成品油消费税单位税额，取消了酒精、汽车轮胎、气缸容量在250毫升以下小排量摩托车等产品征收消费税。从2015年2月1日起，对电池、涂料征收消费税。调整后的消费税税目共计15个。

2. 征税环节具有单一性

消费税在生产、委托加工和进口或消费的某一环节一次征收，而在其他环节（如流通、消费等）不再征税。即通常所说的一次课征制（从2009年5月1日起，对卷烟在批发环节加征一道消费税）。

3. 征税方法具有多样性

消费税的计税方法比较灵活，为适应不同应税消费品的情况，在征收方法上有所不同，有些产品采取从价定率的方式征收；有些产品则采取从量定额的方式征收；有些产品在实行从价定率征收的同时，还对其从量定额征收。

4. 税收调节具有特殊性

消费税属于国家运用税收杠杆对某些消费品或消费行为进行特殊调节的税种。这一特殊性表现在两个方面：一是不同征税项目税负差异较大，对需要限制或控制消费的消费品规定较高的税率，体现特殊的调节目的；二是消费税往往同有关税种配合实行加重或双重调节，通常采取增值税与消费税双重调节的办法，在征收增值税的同时，再征收一道消费税，形成一种特殊的对消费品双层次调节的税收调节体系。

5. 税收负担具有转嫁性

消费税是一种价内税，不论在哪一个环节征收，消费品价格中所含的消费税税款最终都要转嫁到消费者身上，由消费者负担，税负具有转嫁性。

📝 我国烟草消费税调整历史

📁 国务院令第539号

📁 财政部 国家税务总局第51号令

二、消费税纳税义务人和征税范围

（一）纳税义务人

根据《中华人民共和国消费税暂行条例》（以下简称《消费税暂行条例》）的规定，消费税的纳税义务人为：在中华人民共和国境内生产、委托加工和进口应税消费品的单位和个人，以及国务院确定的销售应税消费品的其他单位和个人。"中华人民共和国境内"是指生产、委托加工和进口应税消费品的起运地或所在地在境内。"单位"是指国有企业（包括国有企业、集体企业、私营企业、股份制企业、外商投资企业、外国企业和其他企业）以及行政单位、事业单位、军事单位、社会团体及其他单位。"个人"是指个体经营者及其他个人。

委托加工的应税消费品由受托方提货时代收代缴（受托方为个体经营者除外），自产自用的应税消费品，由自产自用单位和个人在移送使用时缴纳消费税。

进口的应税消费品，尽管其产地不在我国境内，但在我国境内销售或消费，为了平衡进口应税消费品与本国应税消费品的税负，必须由从事进口应税消费品的进口人或其代理人按照规定缴纳消费税。个人携带或者邮寄入境的应税消费品的消费税，连同关税一并计征，由携带者或者收件人缴纳消费税。

📁 财税〔1994〕95号

凡从事金银首饰（自1995年1月1日起）、钻石及其饰品（自2002年1月1日起）生产经营业务的，以零售单位或个人为纳税人。生产、进口和批发不征收消费税。

📁 财税〔2009〕84号

自2009年5月1日起，在中华人民共和国境内从事卷烟批发业务的单位和个人，在卷烟批发环节加征一道从价税，2015年5月10日起调整为从价定率、从量定额双重征税。

📁 财税〔2015〕60号

（二）征税范围

根据《消费税暂行条例》的规定，消费税的征税范围为：在中华人民共和国境内生产、委托加工和进口消费税暂行条例规定的消费品。

确定消费税征税范围的原则是：立足于我国的经济发展水平、国家的消费税政策和产业政策，充分考虑人民的生活水平、消费水平和消费结构状况，注重保证国家财政收入的稳定增长，并适当借鉴国外征收消费税的成功经验和国际通行做法。具体分为四类：

（1）过度消费会对人身健康、社会秩序、生态环境等方面造成危害的特殊消费品，如烟、酒、鞭炮、焰火等。

（2）非生活必需品，如高档化妆品、贵重首饰、珠宝玉石等。

（3）高能耗及高档消费品，如小汽车、游艇等。

（4）使用和消耗不可再生和替代的稀缺资源的消费品，如成品油、实木地板等。

消费税的征税范围并不是一成不变的，随着我国经济的发展，今后还可以根据国家的政策和经济情况及消费税结构的变化适当调整。

三、消费税税目、税率

（一）税目

消费税的征税范围包括烟、酒、高档化妆品等15个税目，有的税目还进一步划分若干子目。具体征税范围如下：

国税发〔1993〕第153号

1. 烟

本税目下设卷烟（分生产环节和批发环节）、雪茄烟和烟丝3类。

卷烟的征税范围包括各种规格、型号的国产卷烟、进口卷烟、白包卷烟、手工卷烟等；雪茄烟的征税范围包括各种规格、型号的雪茄烟；烟丝的征税范围包括以烟叶为原料加工生产的不经卷制的散装烟，如斗烟、莫合烟、烟末、水烟、黄红烟丝等。

财税〔2014〕93号

2. 酒

本税目下设粮食白酒、薯类白酒、啤酒、黄酒、其他酒5个子目。

酒是指酒精度在1度以上的各种酒类饮料，包括粮食白酒、薯类白酒、啤酒、黄酒和其他酒。

财税〔2015〕16号

饮食业、商业、娱乐业举办的啤酒屋（啤酒坊）利用啤酒生产设备生产的啤酒，应当征收消费税；无醇啤酒比照啤酒征税；"果啤"属于啤酒，应征消费税。

财税〔2016〕103号

3. 高档化妆品

本税目征税范围包括：高档美容、修饰类化妆品、高档护肤类化妆品和成套化妆品。高档美容、修饰类化妆品和高档护肤类化妆品是指生产（进口）环节销售（完税）价格（不含增值税）在10元/毫升（克）或15元/片（张）及以上的美容、修饰类化妆品和护肤类化妆品。从

2016年10月1日起，取消对普通美容、修饰类化妆品征收消费税。舞台、戏剧、影视演员化妆用的上妆油、卸妆油、油彩、发胶和头发漂白剂等，不属于本税目征收范围。

4. 贵重首饰及珠宝玉石

本税目征税范围包括：各种金银珠宝首饰和经采掘、打磨、加工的各种珠宝玉石。

5. 鞭炮焰火

本税目征税范围包括：各种鞭炮、焰火。体育上用的发令纸、鞭炮引线不按本税目征税。

6. 成品油

本税目下设汽油、柴油、石脑油、溶剂油、航空煤油、润滑油、燃料油7个子目。

> 聚焦成品油税费改革

7. 摩托车

本税目征税范围包括：轻便摩托车、摩托车。摩托车包括：两轮车、边三轮车、正三轮车等。发动机气缸容量250毫升（不含）以下的小排量摩托车不征收消费税。

8. 小汽车

本税目下设乘用车、中轻型商用客车、超豪华小汽车子目。

乘用车征收范围包括含驾驶员座位在内最多不超过9个座位（含）的，在设计和技术特性上用于载运乘客和货物的各类乘用车。

中轻型商用客车征收范围包括含驾驶员座位在内的座位数在10至23座（含23座）的，在设计和技术特性上用于载运乘客和货物的各类中轻型商用客车。

含驾驶员人数（额定载客）为区间值的（如8~10人、17~26人）小汽车，按其区间值下限人数确定征收范围。电动汽车不属于本税目征收范围。

超豪华小汽车征收范围为每辆零售价格130万元（不含增值税）及以上的乘用车和中轻型商用客车。

9. 高尔夫球及球具

高尔夫球及球具是指从事高尔夫球运动所需的各种专用装备，包括高尔夫球、高尔夫球杆及高尔夫球包（袋）等。

高尔夫球是指重量不超过45.93克、直径不超过42.67毫米的高尔夫球运动比赛、练习用球；高尔夫球杆是指被设计用来打高尔夫球的工具，由杆头、杆身和握把三部分组成；高尔夫球包（袋）是指专用于盛装高尔夫球及球杆的包（袋）。

10. 高档手表

高档手表征税范围是指销售价格（不含增值税）每只在10 000元（含）以上的各类手表。

11. 游艇

游艇是指长度大于8米小于90米，船体由玻璃钢、钢、铝合金、塑料等多种材料制作，可以在水上移动的水上浮载体。按照动力划分，游艇分为无动力艇、帆艇和机动艇。

本税目征收范围包括艇身长度大于8米（含）小于90米（含），内置发动机，可以在水上移动，一般为私人或团体购置，主要用于水上运动和休闲娱乐等非牟利活动的各类机动艇。

12. 木制一次性筷子

木制一次性筷子征税范围包括以木材为原料经过锯段、浸泡、旋切、刨切、烘干、筛选、打磨、倒角、包装等环节加工而成的各类一次性使用的筷子。

13. 实木地板

实木地板是指以木材为原料，经锯割、干燥、刨光、截断、开榫、涂漆等工序加工而成的块状或条状的地面装饰材料。实木地板按生产工艺不同，可分为独板（块）实木地板、实木指接地板、实木复合地板三类；按表面处理状态不同，可分为未涂饰地板（白坯板、素板）和漆饰地板两类。

本税目征收范围包括各类规格的实木地板、实木指接地板、实木复合地板及用于装饰墙壁、天棚的侧端面为榫、槽的实木装饰板。未经涂饰的素板属于本税目征税范围。

14. 电池

本税目征税范围包括原电池、蓄电池、燃料电池、太阳能电池和其他电池。原电池又称一次电池，是按不可以充电设计的电池，包括锌原电池、锂原电池和其他原电池，也可以分为无汞原电池和含汞原电池；蓄电池又称二次电池，是按可充电、重复使用设计的电池，包括酸性蓄电池、碱性或其他非酸性蓄电池、氧化还原液流电池和其他蓄电池；燃料电池是指通过一个电化学过程，将连续供应的反应物和氧化剂的化学能直接转换为电能的电化学发电装置；太阳能电池是指将太阳光能转换成电能的装置。

财税〔2014〕93号

15. 涂料

涂料是指涂于物体表面能形成具有保护、装饰或特殊性能的固态涂膜的一类液体或固体材料之总称。

财税〔2015〕16号

（二）税率

消费税实行比例税率、定额税率即单位税额两种形式。一般情况下，对一种消费品只选择一种税率形式，但为了更有效地保全消费税税基，对某些应税消费品如卷烟、白酒，则采用了定额税率和比例税率双重征收形式。现行消费税税率（税额）如表3-1所示。

表3-1 消费税税目税率（税额）表

税　目		征税范围	计税单位	税率（税额）
一、烟	1. 卷烟（生产环节）	甲类卷烟：每标准条（200支，下同）调拨价70元（含70元，不含增值税，下同）以上	标准箱（50 000支，下同）	56% 150元/箱（0.003元/支；0.6元/条）
		乙类卷烟：每标准条调拨价70元以下	标准箱	36% 150元/箱（0.003元/支；0.6元/条）
	2. 卷烟（批发环节）			11% 0.005元
			支	
	3. 雪茄烟（生产环节）	包括各种规格、型号的雪茄烟		36%
	4. 烟丝（生产环节）	包括以烟叶为原料加工生产的不经卷制的散装烟		30%
二、酒	1. 粮食白酒	以高粱、玉米、大米、糯米、大麦、小麦、青稞等各种粮食为原料	斤（500克）	20% 0.5元
	2. 薯类白酒	以白薯、木薯、马铃薯、芋头、山药等各种干鲜薯类为原料；用甜菜酿制的白酒，比照薯类白酒征税	斤（500克）	20% 0.5元
	3. 啤酒（含果啤）	出厂价（含包装物及押金）3 000元（含3 000元，不含增值税，下同）以上	吨	250元
		出厂价3 000元以下	吨	220元
	4. 黄酒	包括各种原料酿制的黄酒和酒精度超过12度（含12度）的土甜酒	吨	240元
	5. 其他酒	包括糠麸白酒、其他原料白酒、土甜酒、复制酒、果木酒、汽酒、药酒等		10%
三、高档化妆品		包括高档美容、修饰类化妆品、高档护肤类化妆品和成套化妆品		15%
四、贵重首饰及珠宝玉石		包括各种金、银、珠宝首饰及珠宝玉石		10%
五、鞭炮焰火				15%
六、成品油	1. 汽油	以汽油、汽油组分调和生产的甲醇汽油、乙醇汽油也属于本税目征收范围	升	1.52元
	2. 柴油	以柴油、汽、柴油组分调和生产的生物柴油也属于本税目征收范围	升	1.2元
	3. 石脑油		升	1.52元
	4. 溶剂油		升	1.52元
	5. 润滑油		升	1.52元

续表

税　　目		征 税 范 围	计税单位	税率（税额）
六、成品油	6. 燃料油		升	1.2元
	7. 航空煤油		升	1.2元
七、摩托车		气缸容量为250毫升的		3%
		气缸容量在250毫升以上的		10%
八、小汽车	1. 乘用车（生产、进口环节）	气缸容量（排气量，下同）在1.0升（含）以下的		1%
		气缸容量在1.0升以上至1.5升（含）的		3%
		气缸容量在1.5升以上至2.0升（含）的		5%
		气缸容量在2.0升以上至2.5升（含）的		9%
		气缸容量在2.5升以上至3.0升（含）的		12%
		气缸容量在3.0升以上至4.0升（含）的		25%
		气缸容量在4.0升以上的		40%
	2. 中轻型商用客车生产、进口环节			5%
	3. 超豪华小汽车（零售环节）	每辆零售价格130万元（不含增值税）及以上的乘用车和中轻型商用客车		10%（生产、进口环节按子税目1和子税目2的规定征收）
九、高尔夫球及球具				10%
十、高档手表				20%
十一、游艇				10%
十二、木制一次性筷子				5%
十三、实木地板				5%
十四、电池				4%
十五、涂料				4%

注：① 自1995年1月1日起，金银首饰（包括金基、银基合金首饰，以金、银和金基、银基合金的镶嵌首饰）、铂金首饰（从2003年5月1日起）和钻石及钻石饰品（从2002年1月1日起）的纳税环节由生产环节、进口环节转至零售环节，税率改为5%。不属于上述范围的首饰，仍按10%的税率在原纳税环节计缴。

② 自2006年4月1日起，取消"护肤护发品"税目，将原属于护肤护发品征税范围的高档护肤类化妆品列入化妆品税目。

③ 自2009年1月1日起，航空煤油暂缓征收消费税；对用外购或委托加工收回的已税汽油生产的乙醇汽油免税。

④ 娱乐业、饮食业自制啤酒，一律按250元／吨征税。

⑤ 自2014年12月1日起，提高成品油消费税税率，取消了对酒精、汽车轮胎、气缸容量在250毫升以下摩托车、车用含铅汽油等产品征收消费税。

⑥ 自2015年2月1日起，对电池、涂料征收消费税。但对无汞原电池、锂原电池、金属氢化物镍蓄电池、锂离子蓄电池、太阳能电池、燃料电池和全钒液流电池免征消费税；对施工状态下挥发性有机物含量低于420克／升（含）的涂料免征消费税。

⑦ 自2016年10月1日起，取消对普通美容、修饰类化妆品征收消费税，仅对高档美容、修饰类化妆品、高档护肤类化妆品和成套化妆品征收消费税，并将税率由原来的30%降为15%。

⑧ 自2016年12月1日起，对超豪华小汽车，在生产（进口）环节按现行税率征收消费税基础上，在零售环节加征消费税，税率为10%。

在消费税税率运用中应注意以下几个具体问题：

（1）对兼营不同税率的应税消费品适用税目税率的规定。对纳税人兼营不同税率的应税消费品，应当分别核算其销售额或销售数量。未分别核算销售额或销售数量的，或者将不同税率的应税消费品组成成套消费品销售的，从高适用。

纳税人将应税消费品与非应税消费品以及适用不同税率的应税消费品组成成套消费品销售，应根据成套消费品的销售金额按应税消费品中适用最高税率的消费品税率征税。

财税〔2014〕93号

财税〔2015〕16号

财税〔2001〕91号

财税〔2016〕103号

财税〔2016〕129号

（2）对卷烟适用税目税率的具体规定。对白包卷烟、手工卷烟、自产自用没有同牌号规格调拨价格的卷烟、委托加工没有同牌号规格调拨价格的卷烟、未经国务院批准纳入计划的企业和个人生产的卷烟，除定额税率征收外，一律按56%的比例税率征收。

残次品卷烟应当按照同牌号规格正品卷烟的征税类别确定适用税率。

（3）消费税税目、税率（税额）的调整由国务院确定，地方无权调整。

【职业判断与业务操作】

一、计算应税消费品的应纳税额

（一）计算直接对外销售应税消费品的应纳税额

1. 从价定率征税应纳税额的计算

$$应纳税额 = 应税消费品销售额 \times 消费税税率$$

应税消费品销售额，是纳税人销售应税消费品向购买方收取的全部价款和价外费用。由于消费税和增值税实行交叉征收，消费税实行价内税，增值税实行价外税，因此实行从价定率征收消费税的消费品，其消费税税基和增值税税基基本是一致的，即是以含消费税而不含增值税的销售额作为计税基数，所以在学习情境二中有关增值税确认销售额的规定同样适用于消费税，在此不再重复。但需说明如下几点：

（1）应税消费品连同包装物销售的，无论包装物如何计价，在会计上如何核算，均应并入应税消费品的销售额中征消费税。只收取押金，不作价随同产品销售，其押金则不应并入应税消费品的销售额中征税。

但对逾期未收回的包装物不再退还的和已收取一年以上押金的，应并入应税消费品的销售额，按应税消费品的适用税率征收消费税。对既作价随同应税消费品销售，又另外收取押金的包装物押金，凡纳税人在规定的期限内不予退还的，均应并入应税销售额，按应税消费品的适用税率征收消费税。

财税字〔1995〕53号

对酒类产品生产企业销售粮食白酒、薯类白酒和其他酒（实行从价定率办法征收）而收取的包装物押金，无论押金是否返还及会计上如何核算，均需并入酒类产品销售额中，依酒类产品的适用税率征收消费税。但以上规定不适用于实行从量定额征收消费税的啤酒和黄酒产品。

专题材料："先销售后包装"降低税负

（2）纳税人用于换取生产资料和消费资料、投资入股和抵偿债务等方面的应税消费品，应当以纳税人同类应税消费品的最高销售价格作为计税依据计算消费税；纳税人通过自设的非独立核算门市部销售的自产应税消费品，应当按照门市部实际对外销售额征收消费税。

国税发〔1993〕156号

（3）白酒生产企业向商业销售单位收取的"品牌使用费"是随着应税白酒的销售而向购货方收取的，属于应税白酒销售价款的组成部分，因此，不论企业采取何种方式以何种名义收取价款，均应并入白酒的销售额中缴纳消费税。

国税发〔2002〕第109号

（4）纳税人销售的应税消费品，以外汇结算销售额的，其销售额的人民币折合率可以选择结算的当天或者当月1日中国人民银行公布的外汇牌价（原则上为中间价）。纳税人应事先确定采取何种折合率，确定后1年内不得变更。

（5）应税消费品的销售额中未扣除增值税税款或因不得开具增值税专用发票，发生价款和增值税税款合并收取的，在计算消费税时，应当换算为不含增值税税款的销售额。其换算公式为：

中国调整白酒消费税税制

$$应税消费品销售额 = \frac{含增值税的销售额}{1+增值税税率或征收率}$$

（6）白酒生产企业销售给销售单位的白酒，生产企业消费税计税价格低于销售单位对外销售价格（不含增值税，下同）70%以下的，税务机关应核定消费税最低计税价格；已核定最低计税价格的白酒，销售单位对外销售价格持续上涨或下降时间达到3个月以上、累计上涨或下降幅度在20%（含）以上的白酒，税务机关重新核定最低计税价格。

国税函〔2009〕380号

2. 从量定额征税应纳税额的计算

应纳税额 = 应税消费品销售数量 × 消费税单位税额

实行从量定额征税的应税消费品，其计税依据为应税消费品的实际销售数量；

长乐酒业集团转让定价的纳税调整案例

实行从量定额办法计算应纳税额的应税消费品，计量单位的换算标准规定如下：

啤酒	1 吨 = 988 升	黄酒	1 吨 = 962 升
汽油	1 吨 = 1 388 升	柴油	1 吨 = 1 176 升
石脑油	1 吨 = 1 385 升	溶剂油	1 吨 = 1 282 升
润滑油	1 吨 = 1 126 升	燃料油	1 吨 = 1 015 升
航空煤油	1 吨 = 1 246 升		

【做中学】

根据本学习情境引例计算：

5 月份生产销售散装黄酒应纳税额 = 400 × 240 = 96 000（元）

3. 复合计税方法征税应纳税额的计算

应纳税额 = 应税消费品销售数量 × 消费税单位税额 +
应税消费品销售额或组成计税价格 × 消费税税率

实行从量定额与从价定率相结合的复合计税方法征税的应税消费品，目前只有卷烟、粮食白酒、薯类白酒。粮食白酒和薯类白酒的计税依据与前面从价定率、从量定额相同，卷烟的计税依据有以下几方面的特殊规定：

（1）从量定额计税办法的计税依据为卷烟的实际销售数量。

（2）纳税人销售的卷烟因放开销售价格而经常发生价格上下浮动的，应以该牌号规格卷烟销售当月的加权平均价格确定征收类别和适用税率。但销售的卷烟有下列情况之一者，不得列入加权平均计算：一是销售价格明显偏低而无正当理由的；二是无销售价格的。

（3）卷烟由于接装过滤嘴、改变包装或其他原因提高销售价格后，应按照新的销售价格确定征税类别和适用税率。

（4）实际销售价格高于国家计税价格的卷烟，按实际销售价格征收消费税；实际销售价格低于计税价格的卷烟，按计税价格征收消费税。

（5）非标准条（每条包装多于或者少于 200 支）包装卷烟应当折算成标准条包装卷烟的数量，依其实际销售收入计算确定其折算成标准条包装后的实际销售价格，并确定适用的比例税率。折算的实际销售价格高于计税价格的，应按照折算的实际销售价格确定适用比例税率；折算的实际销售价格低于计税价格的，应按照同牌号规格标准条包装卷烟的计税价格和适用税率征税。

财税〔2001〕91号

【做中学】

根据本学习情境引例计算：

7 月份销售勾兑白酒的销售额 = $\dfrac{480\ 000}{1 + 16\%}$ = 413 793.10（元）

7 月份销售勾兑白酒的应纳税额 = 413 793.10 × 20% + 10 × 2 000 × 0.5
= 92 758.62（元）

(二）计算自产自用应税消费品的应纳税额

纳税人自产自用的应税消费品，用于连续生产应税消费品的，即作为生产最终应税消费品的直接材料，并构成最终应税消费品实体的，不缴纳消费税；用于其他方面的，即用于生产非应税消费品和在建工程、管理部门、非生产机构、提供劳务，以及用于馈赠、赞助、集资、广告、样品、职工福利、奖励等方面的应税消费品，应缴纳消费税。

1. 从价定率征税的应纳税额的计算

$$应纳税额 = \frac{自产自用应税消费品销售额}{或组成计税价格} \times 消费税税率$$

自产自用应税消费品销售额的计税依据为纳税人生产的同类消费品的销售价格，即纳税人当月销售的同类消费品的销售价格。 如果当月同类消费品各期销售价格高低不同的，应按销售数量加权平均计算，但销售的应税消费品如果销售价格明显偏低又无正当理由，或无销售价格的，不得加权平均计算。如果当月无销售或当月未完结，则应按同类消费品上月或最近月份的销售价格作为同类产品的销售价格。

没有同类消费品销售价格的，以组成计税价格为计税依据。

$$组成计税价格 = \frac{成本 + 利润}{1 - 消费税比例税率} = \frac{成本 \times (1 + 成本利润率)}{1 - 消费税比例税率}$$

式中，"成本"，是指应税消费品的产品生产成本；"利润"，是指根据应税消费品的全国平均成本利润率计算的利润。

应税消费品的全国平均成本利润率由国家税务总局确定。具体规定见表3-2。

表3-2　应税消费品的平均成本利润率

平均成本利润率/%	适用的应税消费品
4	电池
5	乙类卷烟、雪茄烟、烟丝、薯类白酒、其他酒、化妆品、鞭炮及焰火、中轻型商用客车、木制一次性筷子、实木地板
6	贵重首饰及珠宝玉石、摩托车
7	涂料
8	乘用车
10	甲类卷烟、粮食白酒、高尔夫球及球具、游艇
20	高档手表

2. 从量定额征税应纳税额的计算

应纳税额 = 应税消费品移送使用数量 × 消费税单位税额

3. 复合计税方法征税应纳税额的计算

应纳税额 = 应税消费品移送使用数量 × 消费税单位税额 + 应税消费品销售额或组成计税价格 × 消费税税率

自产自用应税消费品如果没有同类消费品销售价格的，在复合计税方式下组成计税价格计算公式为：

$$组成计税价格 = \frac{成本 + 利润 + 自产自用数量 \times 消费税定额税率}{1 - 消费税比例税率}$$

式中，"成本"和"利润"的确定和从价定率征税情况下一样。

【做中学】根据本学习情境引例计算：

5月份将自产的新的粮食白酒赠送给黄酒客户，作为销售回扣应缴纳消费税。由于没有同类消费品销售价格，以组成计税价格为计税依据。

$$组成计税价格 = \frac{35\,000 \times 2 \times (1 + 10\%) + 2 \times 2\,000 \times 0.5}{1 - 20\%} = 98\,750（元）$$

应纳税额 = 98 750 × 20% + 2 × 2 000 × 0.5 = 21 750（元）

5月份应纳税总额 = 96 000 + 21 750 = 117 750（元）

（三）计算委托加工应税消费品的应纳税额

委托加工的应税消费品是指由委托方提供原料和主要材料，受托方只收取加工费和代垫部分辅助材料加工的应税消费品。委托加工应税消费品是生产应税消费品的另一种形式，应纳入消费税的计征范围。

对于由受托方提供原材料生产的应税消费品，或者受托方先将材料卖给委托方，然后再接受加工的应税消费品，以及由受托方以委托方名义购进原材料生产的应税消费品，不论纳税人在会计上是否作销售处理，都不得作为委托加工应税消费品，而应当按照销售自制应税消费品缴纳消费税。

1. 从价定率征税应纳税额的计算

应纳消费税额 = 委托加工应税消费品销售额或组成计税价格 × 消费税税率

委托加工的应税消费品，如果受托方有同类消费品销售价格的，按照受托方同类消费品的销售价格计算纳税；没有同类消费品销售价格的，按组成计税价格计算纳税。组成计税价格计算公式为：

$$组成计税价格 = \frac{材料成本 + 加工费}{1 - 消费税比例税率}$$

式中，"材料成本"是指委托方提供加工材料的实际成本。委托加工应税消费品的纳税人，必须在委托加工合同上注明（或以其他方式提供）材料成本；凡未提供材料成本的，受托方所在地主管税务机关有权核定其材料成本。"加工费"是指受托方加工应税消费品向委托方所收取的全部费用（包括代垫辅助材料的实际成本）。

2. 从量定额征税的应纳税额的计算

应纳税额＝纳税人收回的应税消费品数量×消费税单位税额

3. 复合计税方法征税的应纳税额的计算

应纳税额＝纳税人收回的应税消费品数量×消费税单位税额＋
　　　　　委托加工应税消费品销售额或组成计税价格×
　　　　　消费税税率

在受托方没有同类产品价格时，复合计征情况下委托加工应税消费品组成计税价格计算公式为：

$$组成计税价格 = \frac{材料成本 + 加工费 + 委托加工数量 \times 消费税定额税率}{1 - 消费税比例税率}$$

式中，"材料成本"和"加工费"和从价定率征税情况下一样。

委托加工业务中委托方与受托方的关系如表3-3所示。

表3-3　委托方与受托方的关系

项　　目	委　托　方	受　托　方
委托加工成立的条件	提供原料和主要材料	只收取加工费和代垫辅料
加工及提货时涉及的流转税	① 购进材料涉及增值税进项税 ② 支付加工费涉及增值税进项税 ③ 视同自产消费品应缴消费税	① 购买辅料涉及增值税进项税 ② 收取加工费和代垫辅料涉及增值税销项税
消费税纳税环节	提货时受托方代收代缴（受托方为个体户的除外）	交货时代收代缴委托方消费税
代收代缴后消费税的相关处理	① 不高于受托方计税价格直接出售的不再缴纳消费税 ② 连续加工应税消费品销售后在出厂环节缴纳的消费税，可按规定在生产领用后抵扣已纳消费税	及时解缴代收代缴税款

（四）计算进口应税消费品的应纳税额

1. 从价定率征税的应纳税额的计算

应纳税额＝组成计税价格×消费税税率

进口应税消费品实行从价定率办法计算应纳税额，以组成计税价格为计税依据，计算公式为：

$$组成计税价格 = \frac{关税完税价格 + 关税}{1 - 消费税比例税率}$$

式中,"关税完税价格",是指海关核定的关税计税价格。

2. 从量定额征税的应纳税额的计算

$$应纳税额 = 海关核定的应税消费品进口征税数量 \times 消费税单位税额$$

3. 复合计税方法征税的应纳税额的计算

$$应纳税额 = 海关核定的应税消费品进口征税数量 \times 消费税单位税额 + 组成计税价格 \times 消费税税率$$

进口应税消费品实行复合计税办法计算应纳税额的组成计税价格计算公式为:

$$组成计税价格 = \frac{关税完税价格 + 关税 + 进口数量 \times 消费税定额税率}{1 - 消费税比例税率}$$

从2009年5月1日起,进口卷烟的消费税适用比例税率进行了调整,其计算方法如下:

第一步,进口卷烟消费税适用比例税率的确定。

(1) 每标准条进口卷烟(200支)确定消费税适用比例税率的价格 = (关税完税价格 + 关税 + 消费税定额税)/(1 - 消费税比例税率)。其中,关税完税价格和关税为每标准条的关税完税价格及关税税额;消费税定额税为每标准条(200支)0.6元(依据现行消费税定额税率折算而成);消费税税率固定为36%。

(2) 每标准条进口卷烟(200支)确定消费税适用比例税率的价格≥70元人民币的,适用比例税率为56%;每标准条进口卷烟(200支)确定消费税适用比例税率的价格＜70元人民币的,适用比例税率为36%。

第二步,进口卷烟应纳消费税税额的计算。

(1) 进口卷烟消费税组成计税价格 = (关税完税价格 + 关税 + 消费税定额税)/(1 - 进口卷烟消费税适用比例税率)

(2) 应纳税额 = 进口卷烟消费税组成计税价格 × 进口卷烟消费税适用比例税率 + 海关核定的进口卷烟数量 × 消费税定额税率

式中,消费税定额税率为每标准箱(50 000支)150元。

【做中学】 计算进口卷烟应纳消费税额:

某公司从境外进口10箱卷烟,经海关核定,关税的完税价格为100 000元,关税25 000元。应纳消费税额计算如下:

① 每标准条进口卷烟适用比例税率的价格 = (100 000 + 25 000 + 150 × 10)/(1 - 36%) ÷ (10 × 250) = 79.06(元) > 70元,所以,进口卷烟的比

例税率为 56%。

② 进口卷烟消费税组成计税价格 =（关税完税价格 + 关税 + 消费税定额税）/（1 - 进口卷烟消费税适用比例税率）=（100 000 + 25 000 + 150 × 10）/（1 - 56%）= 287 500（元）

③ 应纳税额 = 进口卷烟消费税组成计税价格 × 进口卷烟消费税适用比例税率 + 海关核定的进口卷烟数量 × 消费税定额税率 = 287 500 × 56% + 10 × 150 = 162 500（元）。

二、计算应税消费品已纳消费税的抵扣

根据税法规定，<mark>外购和委托加工收回下列应税消费品，用于连续生产应税消费品的，对外购应税消费品已缴纳的消费税税款或者委托加工的应税消费品（原料），由受托方代收代缴的消费税税款，准予从应纳消费税税额中抵扣。</mark>

（一）外购或委托加工应税消费品已纳消费税的扣除规定

下列应税消费品准予从消费税应纳税额中扣除原料已纳的消费税税额：

（1）以外购或委托加工收回以已税烟丝为原料生产的卷烟。

（2）以外购或委托加工收回以已税化妆品为原料生产的化妆品。

国税发〔1993〕第156号

（3）以外购或委托加工收回以已税珠宝玉石为原料生产的贵重首饰及珠宝玉石（金银首饰消费税改在零售环节征收后，用已税珠宝玉石连续生产镶嵌首饰，在计算时一律不得扣除已纳的消费税税款）。

（4）以外购或委托加工收回以已税鞭炮、焰火为原料生产的鞭炮、焰火。

财税〔2008〕168号

（5）以外购或委托加工收回以已税摩托车为原料生产的摩托车。

（6）以外购或委托加工收回以汽油、柴油为原料生产的汽油、柴油。

财税〔2014〕15号

（7）以外购或委托加工收回以已税杆头、杆身和握把为原料生产的高尔夫球杆。

（8）以外购或委托加工收回以已税木制一次性筷子为原料生产的木制一次性筷子。

（9）以外购或委托加工收回以已税实木地板为原料生产的实木地板。

（10）外购已税石脑油为原料生产的应税消费品。

（11）外购已税润滑油为原料生产的润滑油。

当期准予扣除外购或委托加工收回的应税消费品的已纳消费税税款，应按当期生产领用数计算。

委托方将收回的应税消费品，以不高于受托方的计税价格出售的、

为直接出售，不再缴纳消费税；委托方以高于受托方的计税价格出售的，不属于直接出售，需按照规定申报缴纳消费税，在计税时准予扣除受托方已代收代缴的消费税。

对用外购或委托加工收回的已税汽油生产的乙醇汽油免税。用自产汽油生产的乙醇汽油，按照生产乙醇汽油所耗用的汽油数量申报纳税。

（二）应税消费品已纳消费税扣除额的计算

国税发〔2006〕49号

税法规定，外购、委托加工和进口的应税消费品，用于连续生产应税消费品的，准予从消费税应纳税额中扣除原料已纳消费税税款。按照不同行为，其计算公式分别如下：

（1）外购应税消费品（从价定率）连续生产应税消费品，公式如下：

当期准予扣除外购应税消费品已纳税额 = 当期准予扣除外购应税消费品买价 × 外购应税消费品适用税率

当期准予扣除外购应税消费品买价 = 期初库存外购应税消费品买价 + 当期购进的外购应税消费品买价 − 期末库存的外购应税消费品买价

（2）外购应税消费品（从量定额）连续生产应税消费品，公式如下：

当期准予扣除外购应税消费品已纳税额 = 当期准予扣除外购应税消费品数量 × 外购应税消费品单位税额

当期准予扣除外购应税消费品数量 = 期初库存外购应税消费品数量 + 当期购进的外购应税消费品数量 − 期末库存的外购应税消费品数量

（3）委托加工收回应税消费品连续生产应税消费品，公式如下：

当期准予扣除的库存委托加工应税消费品已纳税额 = 期初库存的委托加工应税消费品已纳税额 + 当期收回的委托加工应税消费品已纳税额 − 期末库存的委托加工应税消费品已纳税额

委托加工应税消费品已纳税额，为代扣代收税款凭证注明的受托方代收代缴的消费税。

（4）进口应税消费品连续生产应税消费品，其计算公式如下：

当期准予扣除的进口应税消费品已纳税额 = 期初库存进口应税消费品已纳税额 + 当期进口应税消费品已纳税额 − 期末库存进口应税消费品已纳税额

进口应税消费税已纳税额，为"海关进口消费税专用缴款书"注明的进口环节消费税。

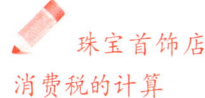
珠宝首饰店消费税的计算

【典型任务举例】

毕业于会计专业的小王在红河谷烟业股份有限公司（以下简称"红河谷烟业公司"）工作，由于其熟悉税务知识，被安排在税务岗位。红河谷烟业公司为增值税一般纳税人（纳税人识别号：513026819552368），2018年6月有关消费税纳税业务如下：

（1）从农民手中收购烟叶，实际成本（已含烟叶税和价外补贴）为28.71万元。将上述烟叶委托嘉信加工厂加工成烟丝，加工厂开来增值税专用发票上注明加工费为3万元，并代收代缴了消费税（无同类产品价格）。

（2）红河谷烟业公司将收回烟丝的20%对外销售给一家小规模纳税企业——凯利公司，开具普通发票上注明销售额为9.36万元，其余80%全部当月生产领用。

（3）本月外购烟丝取得专用发票上注明税金30万元，本月生产领用当月外购和以前外购烟丝70万元（不含增值税），继续加工卷烟。

（4）本月售出500个标准箱金钻牌卷烟（每箱50 000支，250条），开具专用发票上注明销售额450万元。

（5）红河谷烟业公司50周年厂庆发给职工白包卷烟2个标准箱（每箱50 000支，250条），每箱不含税价格为2.5万元。

（6）出口计划内卷烟800标准箱白钻牌卷烟（每箱50 000支，250条），不含增值税价格为1 600万元。

要求：计算红河谷烟业公司当月应纳消费税额。小王应采取哪些程序才能准确计算应纳税额？

【操作步骤】

第一步，确定委托加工环节应税消费品的销售额，同时确认烟丝的消费税税率，计算受托方应代收代缴的消费税。

<u>委托加工的应税消费品，如果受托方没有同类消费品销售价格的，按组成计税价格计算纳税。</u>其计算公式为：

$$组成计税价格 = \frac{材料成本 + 加工费}{1 - 消费税比例税率}$$

公式中的"材料成本"是指委托方提供加工材料的实际成本，烟丝的消费税税率为30%。

组成计税价格 =（28.71 + 3）÷（1 - 30%）= 45.3（万元）

受托方代收代缴消费税 = 45.3 × 30% = 13.59（万元）

第二步，销售环节应纳消费税额。

红河谷烟业公司本月的销售共有四种情况：外销烟丝、外销卷烟、发给员工卷烟、出口计划内卷烟。下面针对每一种情况分别进行计算。

（1）收回的委托加工应税消费品——烟丝，出售价格低于原组成计税价格，不需要缴纳消费税。

（2）本月售出 500 个标准箱卷烟应纳消费税的计算：

首先应确认出售卷烟的消费税税率：每条的单价 = $\frac{4\,500\,000}{500 \times 250}$ = 36（元）< 70（元），应属于乙类卷烟，消费税税率为 36%。从量定额税率不变，即 150 元 / 箱。

应纳税额 = 500 × 150 ÷ 10 000 + 450 × 36% = 169.5（万元）

（3）50 周年厂庆发给职工白包卷烟 2 个标准箱应纳消费税的计算：

企业自产的应税消费品用于职工福利应视同销售。首先应确认白包卷烟的消费税税率：白包卷烟属于甲类卷烟，消费税税率为 56%。从量定额税率不变，即 150 元 / 箱。

应纳税额 = 2 × 150 ÷ 10 000 + 2.5 × 2 × 56% = 2.83（万元）

（4）出口计划内卷烟 800 个标准箱应纳消费税的计算：

出口计划内卷烟免缴消费税。

因此销售卷烟复合计税税额 = 169.5 + 2.83 = 172.33（万元）

第三步，委托加工和外购烟丝环节已纳税款的扣除额。

委托加工和外购烟丝已纳税款的扣除额 = 13.59 × 80% + 70 × 30% = 31.872（万元）

第四步，本月应纳消费税额。

当月应纳消费税 = 172.33 − 31.872 = 140.458（万元）

学习子情境二 消费税纳税申报

【工作过程与岗位对照图】

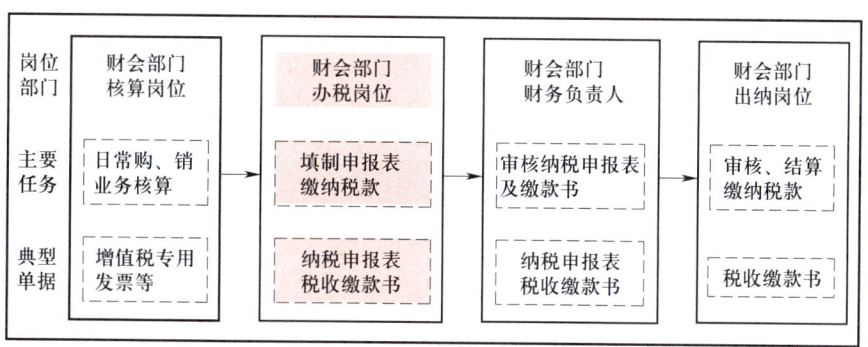

【知识准备】

一、纳税义务发生时间

消费税纳税义务发生时间分为以下几种情况：

（1）纳税人销售的应税消费品，其纳税义务发生的时间为：

① 纳税人采取赊销和分期收款结算方式的，其纳税义务的发生时间，为销售合同规定的收款日期的当天。

② 纳税人采取预收货款结算方式的，其纳税义务的发生时间，为发出应税消费品的当天。

③ 纳税人采取托收承付结算方式销售的应税消费品，其纳税义务的发生时间，为发出应税消费品并办妥托收手续的当天。

④ 纳税人采取其他结算方式的，其纳税义务的发生时间，为收讫销售款或者取得索取销售款凭据的当天。

（2）纳税人自产自用的应税消费品，其纳税义务的发生时间，为移送使用的当天。

（3）纳税人委托加工的应税消费品，其纳税义务的发生时间，为纳税人提货的当天。

（4）纳税人进口的应税消费品，其纳税义务的发生时间，为报关进口的当天。

二、纳税地点

（1）纳税人销售的应税消费品及自产自用的应税消费品，除国家另有规定外，应当向纳税人机构所在地或者居住地的主管税务机关申报纳税。纳税人总机构和分支机构不在同一县（市）的，应在生产应税消费品的分支机构所在地申报纳税。但经国家税务总局及所属分局批准，纳税人分支机构应纳消费税，也可由总机构汇总向总机构所在地主管税务机关申报纳税。

（2）卷烟批发企业的纳税地点应在卷烟批发企业的机构所在地，总机构与分支机构不在同一地区的，由总机构申报纳税。

（3）纳税人到外县（市）销售或委托外县（市）代销自产应税消费品的，应事先向其所在地主管税务机关提出申请，并于应税消费品销售后，回纳税人核算地缴纳税款。

（4）委托加工的应税消费品，除受托方为个人外，由受托方向机构所在地或者居住地主管税务机关报缴消费税税款。

（5）进口的应税消费品，由进口人或由其代理人向报关地海关申报纳税。此外，个人携带或者邮寄进境的应税消费品，连同关税由海关一并计征。

三、纳税环节

（一）生产环节

纳税人生产的应税消费品，由生产者于销售时纳税。其中，生产者自产自用的应税消费品，用于本企业连续生产的不征税；用于其他方面的，于移送使用时纳税。

委托加工的应税消费品，由受托方在向委托方交货时代收代缴税款。委托加工的应税消费品以不高于受托方的计税价格直接出售的，不再征收消费税。委托加工应税消费品收回后用于连续生产应税消费品的，所纳税款准予按规定抵扣。例如，由于以委托加工收回的高档化妆品为原料生产的高档化妆品需缴纳消费税，因此，对受托方代收代缴的高档化妆品消费税税款准予抵扣。

（二）批发环节

卷烟批发企业在卷烟批发环节征收。

（三）进口环节

进口的应税消费品，由进口报关者于报关进口时纳税。

（四）零售环节

金银首饰消费税由生产销售环节征收改为零售环节征收；自2016年12月1日起，对超豪华小汽车，在生产（进口）环节按现行税率征收消费税基础上，在零售环节加征消费税。

四、纳税期限

消费税的纳税期限分别为1日、3日、5日、10日、15日、1个月或1个季度。纳税人的具体纳税期限，由主管税务机关根据纳税人应纳税额的大小分别核定；不能按照固定期限纳税的，可以按次纳税。

以1个月或者1个季度为1个纳税期的，自期满之日起15日内申报纳税；以其他期限纳税的，自期满之日起5日内预缴税款，于次月1日起15日内申报纳税并结清上月税款。

纳税人进口应税消费品，应当自海关填发税款缴纳证之日起15日内缴纳税款。

消费税纳税申报流程

【职业判断与业务操作】

一、申报和缴纳税款的方法

纳税人报缴税款的方法，由所在地主管税务机关视不同情况，从下列方法中确定一种：

（1）纳税人按期向税务机关填报纳税申报表并填开纳税缴款书向其所在地代理金库的银行缴纳税款。

（2）纳税人按期向税务机关填报纳税申报表，由税务机关审核后填发缴款书，按期缴纳。

（3）对会计核算不健全的小型业户，税务机关可根据其产销情况，按季或按年核定其应纳税额，分月缴纳。

桦南卷烟厂消费税纳税申报案例

二、填报消费税的纳税申报表及其附表

为了在全国范围内统一、规范消费税纳税申报资料，加强消费税管理的基础工作，国家税务总局制发了"烟类应税消费品消费税纳税申报表""酒类应税消费品消费税纳税申报表""成品油消费税纳税申报表""小汽车消费税纳税申报表""电池消费税纳税申报表""涂料消费税纳税申报表""其他应税消费品消费税纳税申报表"，各申报表还有各自的附表。

消费税各类纳税申报表

三、办理税款抵扣手续

纳税人在办理纳税申报时，如需办理消费税税款抵扣手续，除应按有关规定提供纳税申报所需资料外，还应当提供以下资料：

（1）外购应税消费品连续生产应税消费品的，提供外购应税消费品增值税专用发票（抵扣联）原件和复印件。

如果外购应税消费品的增值税专用发票属于汇总填开的，除提供增值税专用发票（抵扣联）原件和复印件外，还应提供随同增值税专用发票取得的由销售方开具并加盖财务专用章或发票专用章的销货清单原件和复印件。

（2）委托加工收回应税消费品连续生产应税消费品的，提供"代扣代收税款凭证"原件和复印件。

（3）进口应税消费品连续生产应税消费品的，提供"海关进口消费税专用缴款书"原件和复印件。

四、开具税收通用缴款书，结清税款

纳税人在规定期限内向税务机关指定为代理金库的银行缴纳税款时，应开具税收通用缴款书。税收通用缴款书共六联，纳税人缴纳税款后，以经国库经收处收款签章后的"收据联"作为完税凭证，证明纳税义务完成，并据此作为会计核算的依据。

【典型任务举例】

接学习子情境一的典型任务实例，填报红河谷烟业股份有限公司2018年6月消费税纳税申报表及其附表，办理2018年6月消费税缴纳工作。

【操作步骤】

第一步，填制纳税申报表的附表：本期准予扣除税额计算表（见表3-4）。

表3-4 本期准予扣除税额计算表

税款所属期：2018年6月1日至2018年6月31日

纳税人名称（公章）：
纳税人识别号：5 1 3 0 2 6 8 1 9 5 5 2 3 6 8
填表日期：2018年7月15日
金额单位：元（列至角分）

一、当期准予扣除的委托加工烟丝已纳税款计算	
1. 期初库存委托加工烟丝已纳税款：	0
2. 当期收回委托加工烟丝已纳税款：	135 900
3. 期末库存委托加工烟丝已纳税款：	0
4. 当期准予扣除的委托加工烟丝已纳税款：	108 720
二、当期准予扣除的外购烟丝已纳税款计算	
1. 期初库存外购烟丝买价：	
2. 当期购进烟丝买价：	
3. 期末库存外购烟丝买价：	
4. 当期准予扣除的外购烟丝已纳税款：	210 000
三、本期准予扣除税款合计：	318 720

第二步,填报烟类应税消费品消费税纳税申报表(见表3-5)。

表3-5 烟类应税消费品消费税纳税申报表

税款所属期:2018年6月1日至2018年6月31日

纳税人名称(公章):　　　　　　　　　纳税人识别号:513026819552368
填表日期:2018年7月15日　　单位:卷烟 万支、雪茄烟 支、烟丝 千克;金额单位:元(列至角分)

应税消费品名称	适用税率		销售数量	销售额	应纳税额
	定额税率	比例税率			
卷烟	30元/万支	56%	10	50 000	28 300
卷烟	30元/万支	36%	2 500	4 500 000	1 695 000
雪茄烟	—	36%			
烟丝	—	30%			
合计	—	—	—	—	1 723 300

本期准予扣除税额:	318 720
本期减(免)税额:	0
期初未缴税额:	0
本期缴纳前期应纳税额:	1 404 580
本期预缴税额:	
本期应补(退)税额:	
期末未缴税额:	

声明
此纳税申报表是根据国家税收法律的规定填报的,我确定它是真实的、可靠的、完整的。
经办人(签章):
财务负责人(签章):
联系电话:

(如果你已委托代理人申报,请填写)
授权声明
为代理 切税务事宜,现授权＿＿＿＿＿＿＿＿＿
＿＿＿＿＿(地址)＿＿＿＿＿＿＿＿＿＿＿为本纳税人的代理申报人,任何与本申报表有关的往来文件,都可寄予此人。
授权人签章:

以下由税务机关填写

受理人(签章)	受理日期: 年 月 日	受理税务机关(章)

学习子情境三　消费税出口退税处理

【工作过程与岗位对照图】

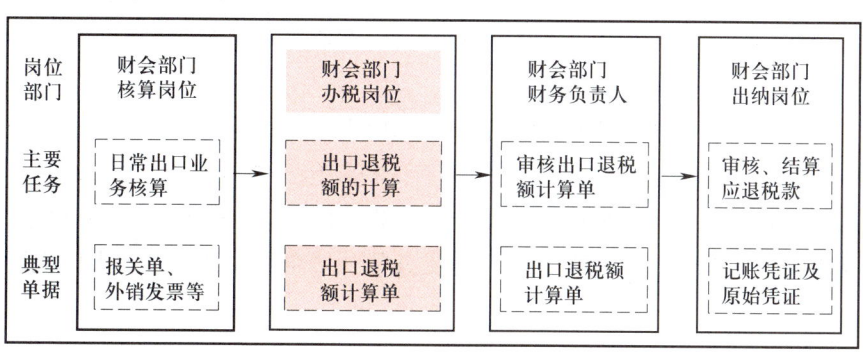

【知识准备】

纳税人出口应税消费品与已纳增值税出口货物一样，国家给予退（免）税优惠政策。出口应税消费品同时涉及退（免）增值税和消费税，且退（免）消费税与出口货物退（免）增值税在退（免）税范围的限定、退（免）税办理程序、退（免）税审核及管理上有许多地方是一致的。这里仅介绍出口应税消费品退（免）消费税的特殊规定。

一、应税消费品退（免）税的适用范围

可以退（免）消费税的出口货物一般应具备以下四个条件：

（1）必须是属于消费税征税范围的货物，即《中华人民共和国消费税暂行条例》中所规定的14个税目所包含的范围。

（2）必须是在财务上作销售处理的货物。

（3）必须是报关离境的货物，即此货物已经报关放行且出口，这是区别货物是否应退（免）税的主要标准之一。如果只是报关而未离境，那么不论企业对此在财务上和其他管理上做何处理，不论是以外汇或是以人民币结算，均不能视作出口货物予以退（免）消费税。

（4）必须是出口收汇并已核销的货物。所谓出口收汇核销，是指企业在货物出口后的一定期限内向当地外汇管理部门办理收汇核销，证实该笔出口价款已经收回或按规定使用。将出口退税与出口核销挂钩可以有效地防止出口企业高报出口价格骗取退税，有助于提高出口收汇率，以及强化出口收汇核销制度。

二、出口应税消费品退（免）税政策

出口应税消费品退（免）消费税在政策上分为以下三种情况。

（一）出口免税并退税

出口免税并退税，即依据其实际出口数量免征消费税，且办理退还消费税。其中，免征消费税是指对应税消费品在出口环节不征消费税；而出口退税是指对应税消费品在出口前实际缴纳的消费税额，按规定的退税率计算后予以退还。此政策适用于有出口经营权的外贸企业将购进的应税消费品直接出口和外贸企业受其他外贸企业委托代理出口应税消费品。

无论是直接采购出口，还是委托代理出口，由于购进的货物来自国内，相当于国内生产企业所交的消费税税额包含在外贸企业的买价中，因此外贸企业将此应税消费品出口时，买价中所含的消费税应予以退还。这里需要注意的是，外贸企业只有受其他外贸企业委托，代理出口应税

消费品才可办理退税；否则，如果是受其他企业（主要是非生产型的商贸企业）委托，则不予退（免）税。

（二）出口免税但不退税

出口免税但不退税，即依据其实际出口数量免征消费税，不予办理退还消费税。其中，免征消费税是指对生产型企业按其实际出口数量免征生产环节的消费税；而不予办理退还消费税，是指因已免征生产环节的消费税，该应税消费品出口时，已不含消费税，所以也无须再办理退还消费税。此政策适用于有出口经营权的生产型企业自营出口和生产企业委托外贸企业代理出口自产的应税消费品。

（三）出口不免税也不退税

这一规定适用于除生产企业、外贸企业外的其他企业，具体是指一般商贸企业，这类企业委托外贸企业代理出口应税消费品一律不予退（免）税。这样规定的目的是在一定程度上防止一般性商贸企业利用假发票、假收汇单据、假出口报关单等凭证骗取国家税款，以维护正常的出口退税机制，堵塞出口骗税的漏洞。

三、出口应税消费品退税率的规定

当出口的货物是应税消费品时，应退还的增值税要按规定的退税率计算；应退还的消费税则按该应税消费品所适用的消费税税率或单位税额计算，这是退（免）消费税与退（免）增值税的一个重要区别。

企业应将不同消费税税率的出口应税消费品分开核算和申报，凡划分不清适用税率的，一律从低适用税率计算应退消费税税款。

【职业判断与业务操作】

一、出口应税消费品退税额的计算

根据出口应税消费品退（免）税政策，外贸企业从生产企业购进货物直接出口或受其他外贸企业委托代理出口应税消费品时，涉及退还采购环节的消费税，分以下三种情况。

（一）属于从价定率计征消费税的应税消费品

这类消费品应依照外贸企业从工厂购进货物时征收消费税的价格计算应退消费税税额，其计算公式为：

$$应退消费税税额 = 出口货物的工厂销售额 \times 消费税税率$$

式中，"出口货物的工厂销售额"指外贸企业从工厂购进货物时取得的增值税专用发票上注明的不含增值税的销售额。

（二）属于从量定额计征消费税的应税消费品

这类消费品应按货物购进和报关出口的数量计算应退消费税税款，其计算公式为：

$$应退消费税税额 = 出口数量 \times 单位税额$$

（三）属于复合计征消费税的应税消费品

这类消费品应按货物购进和报关出口的数量以及外贸企业从工厂购进货物时征收消费税的价格计算应退消费税税款，其计算公式为：

$$应退消费税税额 = 出口货物的工厂销售额 \times 消费税税率 + 出口数量 \times 单位税额$$

消费税与增值税出口退税政策差异如表3-6所示。

表3-6 消费税与增值税出口退税政策差异

项目	增值税出口退税	消费税出口退税
适用退税率	法定退税率	征税率即为退税率
生产企业自营出口或委托外贸企业代理出口	采用"免、抵、退"办法，运用特定公式和适用退税率计算退税额	采用出口免税不退税政策，不计算退税
外贸企业收购货物出口	采用"先征后退"办法，用收购价款和适用退税率计算退税额	采用出口免税并退税政策，用收购价和适用征税率计算退税额

二、应税消费品办理退（免）税后的管理

（一）外贸企业出口应税消费品后发生退关或退货

已办理退税的出口应税消费品，发生退关或者国外退货，进口时予以免税的，报关出口者必须及时向其所在地主管税务机关申报补缴已退的消费税税款。

（二）生产企业直接出口应税消费品发生退关或退货

纳税人直接出口的应税消费品办理免税后发生退关或国外退货，进口时已予以免税的，经所在地主管税务机关批准，可暂不办理补税，待其转为国内销售时，再向其主管税务机关申报补缴消费税。

【典型任务举例】

红星外贸企业2018年6月从国内梦妆厂购入高档化妆品一批全部出口，该批高档化妆品工厂销售价58.5万元（含增值税），支付购买高档化妆品的运输费用6万元，出口离岸价为70万元；2018年11月从青岛啤酒厂购进青岛啤酒2吨出口，取得专用发票上注明的价款为0.5万元。要求计算红星外贸企业2018年出口高档化妆品和啤酒应退的消费税。

【操作步骤】

第一步，分析应税消费品的性质。

外贸企业从生产企业购进从价定率计征消费税的应税消费品直接出口，应该依照外贸企业从工厂购进货物时不含增值税的价格计算应退的消费税税款；

属于从量定率计征消费税的应税消费品，应按货物购进和报关出口的数量计算应退消费税税款。

第二步，计算应退税额。

出口高档化妆品应退消费税 = 58.5 / (1 + 16%) × 15% = 7.56（万元）

出口啤酒应退消费税 = 2 × 0.022 = 0.044（万元）

【情境小结】

1. 计算并缴纳消费税流程

企业发生应税业务 → 确定计税依据 → 计算应纳消费税税额 → 计算本期准予扣除的已纳消费税 → 计算本期应纳消费税额 → 填制消费税纳税申报表 → 办理本期缴纳消费税手续 → 缴纳消费税税款

2. 本期应纳消费税额的计算过程

（1）计税依据的确定。

① 自产自用应税消费品。按照纳税人生产的同类消费品的销售价格计税，没有同类销售价格的，按组成计税价格计税：

组成计税价格 =（成本 + 利润）÷（1 - 消费税比例税率）

组成计税价格 =（成本 + 利润 + 自产自用数量 × 消费税定额税率）÷（1 - 消费税比例税率）

② 委托加工应税消费品。按照受托方同类消费品的销售价格计税，没有同类销售价格的，按组成计税价格计税：

组成计税价格 =（材料成本 + 加工费）÷（1 - 消费税比例税率）

组成计税价格 =（材料成本 + 加工费 + 委托加工数量 × 消费税定额税率）÷（1 - 消费税比例税率）

③ 进口应税消费品。按照组成计税价格计税：

组成计税价格 =（关税完税价格 + 关税）÷（1 - 消费税比例税率）

组成计税价格 =（关税完税价格 + 关税 + 进口数量 × 消费税定额税率）÷（1 - 消费税比例税率）

（2）计算应纳消费税税额。

① 从价定率：

应纳税额 = 应税消费品销售额 × 消费税税率

② 从量定额：

应纳税额 = 应税消费品销售数量 × 消费税单位税额

③ 复合计征：

应纳税额 = 应税消费品销售数量 × 消费税单位税额 +
应税消费品销售额或组成计税价格 × 消费税税率

（3）计算可扣除的已纳消费税税额。

① 外购或委托加工应税消费品。

当期准予扣除的已纳税额 = 期初库存的应税消费品已纳税额 + 当期外购或收回的委托加工应税消费品已纳税额 − 期末库存的应税消费品已纳税额

② 进口应税消费品。

当期准予扣除的进口应税消费品已纳税额 = 期初库存进口应税消费品已纳税额 + 当期进口应税消费品已纳税额 − 期末库存进口应税消费品已纳税额

消费税计算与申报教师手册

消费税计算与申报课件

消费税法规

消费税申报用表及填表说明

消费税计算与申报试题库

【情境思考】

1. 消费税的征税范围是如何规定的？为什么？
2. 消费税和增值税在纳税环节的规定上有何不同？
3. 消费税和增值税的计税依据有何异同？
4. 什么是委托加工？如何核定消费税委托加工应税消费品的计税价格？
5. 在什么情况下允许抵扣上一环节已纳的消费税税款？为什么会有这一规定？
6. 用自产及委托加工应税消费品连续生产应税消费品如何进行税务处理？

学习情境 4
关税计算与缴纳

【职业能力目标】

专业能力

- 能界定入境货物的原产地
- 会根据业务资料计算关税的完税价格和关税税额
- 能运用关税的优惠政策
- 会根据业务资料填制报关单，开具海关发票，能办理企业的进出口业务

社会能力和方法能力

- 能根据学习情境设计的需要查阅有关资料
- 能根据企业的经营情况与税务部门、海关、外汇局沟通，积极争取相关部门的支持，办理报关、出口退税，获得税收优惠
- 培养敬业精神、团队合作能力和良好的职业道德修养

【工作任务与学习子情境】

工作任务	学习子情境
计算关税完税价格	关税税款计算
计算关税税额	
填写报关单	关税的缴纳
开具海关发票	
缴纳关税	

国务院令第392号

关税是海关依法对进出关境货物、物品征收的一种税。进口货物的收货人、出口货物的发货人和进出境物品的所有人都是关税的纳税人，征收对象是准许进出境的货物和物品。现行关税的基本法规是2003年10月29日由国务院发布并于2004年1月1日起实施的《中华人民共和国进出口关税条例》，海关在接受纳税人的申报之后，即可对实际货物和物品进行查验，然后根据货物的税则归类和完税价格计算应纳关税税额，由纳税人缴纳关税。

学习子情境一　关税税款计算

【情境引例】

A公司为外贸企业，2016年5月有关进出口业务如下：

（1）5月10日，从日本进口甲醇，以我国口岸的到岸价格成交，进口申报价格为到岸价格USD1 000 000。当日外汇牌价（中间价）为USD100＝￥653。税则号：29051100，关税税率5.5%。

（2）5月15日，从美国进口硫酸镁5 000吨，进口申报价格FOB旧金山为USD3 250 000，运费每吨USD40，保险费率3‰。当日的外汇牌价（中间价）为USD100＝￥655。税则号：28332100，关税税率5.5%。

（3）5月25日，出口五氯化磷10 000吨到日本，每吨离岸价格杭州为USD800，其中包含单独列明支付给国外的佣金为离岸价格的2%，另外收到理舱费USD10 000。当日的外汇牌价（中间价）为USD100＝￥658。税则号：2812104500，出口关税税率为5.5%。

要求：

（1）计算进出口货物的关税完税价格；

（2）计算进出口货物应纳的关税税额。

【工作过程与岗位对照图】

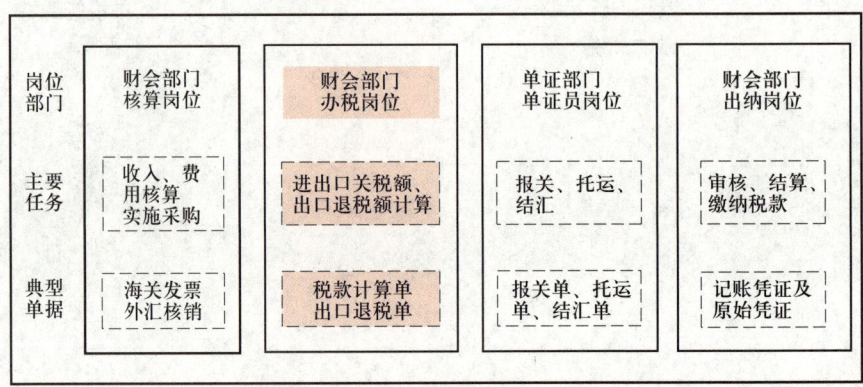

【知识准备】

一、基本概念

（一）关税

关税是海关对进出境货物、物品征收的一种税。所谓"境"指关境，又称"海关境域"或"关税领域"，是《中华人民共和国海关法》（以下简称《海关法》）全面实施的领域。关税包括进口税、出口税和过境税三种。

（二）进出口税则

进出口税则是一国政府根据国家关税政策和经济政策，通过一定的立法程序制定公布实施的进出口货物和物品应税的关税税率表。进出口税则以税率表为主体，通常还包括实施税则的法令、使用税则的有关说明和附录等。

（三）全部产地生产标准

全部产地生产标准是指进口货物"完全在一个国家内生产或制造"，生产或制造国即为该货物的原产国。

（四）实质性加工标准

实质性加工标准是适用于确定有两个或两个以上国家参与生产的产品的原产国的标准，其基本含义是：经过几个国家加工、制造的进口货物，以最后一个对货物进行经济上可以视为实质性加工的国家作为有关货物的原产国。"实质性加工"是指产品加工后，在进出口税则中四位数税号一级的税则归类已经有了改变，或者加工增值部分所占新产品总值的比例已超过30%及以上的。

（五）关税完税价格

经海关审查并确定作为课税标准，据以计征关税的货物价格称为完税价格。海关确定货物完税价格的过程称为海关估价。海关估价有三个基本构成要素，即价格准则、价格审核和价格确定。海关估价可以分为进口货物估价、出口货物估价和进出境物品估价。

> 某公司进口货物税则号列申报不实案

二、征税对象

关税征收的对象是准许进出境的货物和物品。货物是指贸易性的进出口商品；物品是指入境旅客随身携带的行李物品、个人邮递物品、各种运输工具上的服务人员携带进口的自用物品、馈赠物品以及以其他方式进境的个人物品。

三、纳税义务人

进口货物的收货人、出口货物的发货人、进出境物品的所有人，是关税的纳税义务人。进出口货物的收、发货人是依法取得对外贸易经营权，并进口或者出口货物的法人或者是其他社会团体。进出境物品的所有人包括该物品的所有人和推定为所有人的人。一般情况下，对于携带进境的物品，推定其携带人为所有人；对分离运输的行李，推定相应的进出境旅客为所有人；对以邮递方式进境的物品，推定其收件人为所有人；以邮递或其他运输方式出境的物品，推定其寄件人或托运人为所有人。

四、税率及运用

（一）进口关税税率

1. 种类

进口关税税率分为最惠国税率、协定税率、特惠税率、普通税率、关税配额税率共五种税率，一定时期内可实行暂定税率。至2010年，平均进口关税税率为9.8%。

（1）最惠国税率，适用原产于与我国共同适用最惠国待遇条款的世界贸易组织成员国或地区的进口货物；或原产于与我国签订有相互给予最惠国待遇条款的双边贸易协定的国家或地区的进口货物。

（2）协定税率，适用原产于我国参加的含有关税优惠条款的区域性贸易协定的有关缔约方的进口货物。

（3）特惠税率，适用原产于与我国签订有特殊优惠关税协定的国家或地区的进口货物。

> 进口商品最惠国税率、协定税率部分举例

（4）普通税率，适用原产于上述国家或地区以外的国家或地区的进口货物。

（5）关税配额税率，按照国家规定实行关税配额管理的进口货物，关税配额内的，适用关税配额税率。

适用最惠国税率的进口货物有暂定税率的，应当适用暂定税率；适用协定税率、特惠税率的进口货物有暂定税率的，应当从低适用税率；适用普通税率的进口货物，不适用暂定税率。

2. 计征办法

进口商品多数实行从价税，对部分产品实行从量税、复合税、滑准税。

（1）从量税是以进口商品的重量、长度、容量、面积等计量单位为计税依据。

（2）复合税是对某种进口商品同时使用从价和从量计征的一种计征

关税的方法。

（3）滑准税是一种关税税率随进口商品价格由高到低而由低到高设置计征关税的方法。

（二）出口关税税率

国家仅对少数资源性产品及易于竞相杀价、盲目出口、需要规范出口秩序的半成品征收出口关税。现行税则对 47 种商品计征出口关税，主要是鳗鱼苗、部分有色金属矿砂及其精矿、生锑、磷、氟钽酸钾、苯、山羊板皮、部分铁合金、钢铁废碎料、铜和铝原料及其制品、镍锭、锌锭、锑锭，实行 0~25% 的暂定税率。

（三）特别关税

特别关税包括报复性关税、反倾销税与反补贴税、保障性关税。

（1）报复性关税，是指为报复他国对本国出口货物的关税歧视，而对相关国家的进口货物征收的一种进口附加税。

（2）反倾销税与反补贴税，是指进口国海关对外国的倾销商品，在征收关税的同时附加征收的一种特别关税，其目的在于抵消他国补贴。

中国企业遭受严重的反倾销案

（3）保障性关税，是指当某类商品进口量剧增，对我国相关产业带来巨大威胁或损害时，按照 WTO 有关规则，可以启动一般保障措施，即在与实质利益的国家或地区进行磋商后，在一定时期内提高该项商品的进口关税或采取数量限制措施，以保护国内相关产业不受损害。

（四）税率的运用

《中华人民共和国进出口关税条例》（以下简称《进出口关税条例》）规定，进出口货物应当按照税则规定的归类原则归入合适的税号，并按照适用的税率征税。

（1）进出口货物，应当按照纳税义务人申报进口或者出口之日实施的税率征税。

（2）进口货物到达前，经海关核准先行申报的，应当按照装载此项货物的运输工具申报进境之日实施的税率征税。

（3）进出口货物的补税和退税，除税法规定的特别情况外，适用该进出口货物原申报进口或者出口之日所实施的税率。

五、税收优惠

关税减免是对某些纳税人和征税对象给予鼓励和照顾的一种特殊调节手段。关税减免分为法定减免、特定减免和临时减免。

（一）法定减免

法定减免是税法中明确列出的减税或免税。我国《海关法》和《进出口关税条例》明确规定了12种情形的进口货物、物品予以减免关税。

（1）关税税额在人民币50元以下的一票货物，可免征关税。

（2）无商业价值的广告品和货样，可免征关税。

（3）外国政府、国际组织无偿赠送的物资，可免征关税。

（4）进出境运输工具装载的途中必需的燃料、物料和饮食用品，可予免税。

（5）经海关批准暂时进境或者暂时出境，并在6个月内复运出境或者复运进境的货样、展览品、施工机械、工程车辆、工程船舶、供安装设备时使用的仪器和工具、电视或者电影摄制器械、盛装货物的容器以及剧团服装道具，在货物收发货人向海关缴纳相当于税款的保证金或者提供担保后，可予暂时免税。

（6）为境外厂商加工、装配成品和为制造外销产品而进口的原材料、辅料、零件、部件、配套件和包装物料，海关按照实际加工出口的成品数量免征进口关税；或者对进口料、件先征进口关税，再按照实际加工出口的成品数量予以退税。

（7）因故退还的中国出口货物，经海关审查属实，可予免征进口关税，但已征收的出口关税不予退还。

（8）因故退还的境外进口货物，经海关审查属实，可予免征出口关税，但已征收的进口关税不予退还。

（9）进口货物如有以下情形，经海关查明属实，可酌情减免进口关税：①在境外运输途中或者在起卸时，遭受损坏或者损失的；②起卸后海关放行前，因不可抗力遭受损坏或者损失的；③海关查验时已经破漏、损坏或者腐烂，经证明不是保管不慎造成的。

（10）无代价抵偿货物，即进口货物在征税放行后，发现货物残损、短少或品质不良，而由国外承运人、发货人或保险公司免费补偿或者更换的同类货物，可以免税。但有残损或质量问题的原进口货物如未退运国外，其进口的无代价抵偿货物应照章征税。

（11）我国缔结或者参加的国际条约规定减征、免征关税的货物、物品，按照规定予以减免关税。

（12）法律规定减征、免征的其他货物。

（二）特定减免

特定减免也称政策性减免税，是指在法定减免税之外，国家按照国际通行规则和我国实际情况，制定发布的有关货物减免关税的政策。特定减免税货物一般有地区、企业和用途的限制，海关需要进行后续管理，也需要进行减免税统计。

（三）临时减免

临时减免是指以上法定和特定减免税以外的其他减免税，即由国务院根据《海关法》对某个单位、某类商品、某个项目或某批进出口货物的特殊情况，给予特别照顾，一案一批，专文下达的减免税。

【职业判断与业务操作】

一、计算关税完税价格

（一）一般进口货物完税价格的计算

1. 成交价格为基础的完税价格

完税价格是指货物的计税价格。正常情况下，进口货物采用以成交价格为基础的完税价格。进口货物的完税价格包括货物的货价、货物运抵我国输入地点起卸前的运输及相关费用、保险费。货物的货价以成交价格为基础。

海关总署第148号令

（1）下列费用或者价值未包括在进口货物的实付或者应付价格中，应当计入完税价格：

① 由买方负担的除购货佣金以外的佣金和经纪费，比如卖方佣金。"购货佣金"指买方为购买进口货物向自己的采购代理人支付的劳务费用。"经纪费"指买方为购买进口货物向代表买卖双方利益的经纪人支付的劳务费用。

② 由买方负担的与该货物视为一体的容器费用。

③ 由买方负担的包装材料和包装劳务费用。

④ 与该货物的生产和向中华人民共和国境内销售有关的，由买方以免费或者以低于成本的方式提供并可以按适当比例分摊的料件、工具、模具、消耗材料及类似货物的价款，以及在境外开发、设计等相关服务的费用。

⑤ 与该货物有关并作为卖方向我国销售该货物的一项条件，应当由买方直接或间接支付的特许权使用费。"特许权使用费"指买方为获得与进口货物相关的、受著作权保护的作品、专利、商标、专有技术和其他权利的使用许可而支付的费用。但是在估定完税价格时，进口货物在境内的复制权费不得计入该货物的实付或应付价格之中。

⑥ 卖方直接或间接从买方对该货物进口后转售、处置或使用所得中获得的收益。

（2）下列费用，如能与该货物实付或者应付价格区分，不得计入完税价格：

①厂房、机械、设备等货物进口后的基建、安装、装配、维修和技术服务的费用；

②货物运抵境内输入地点之后的运输费用、保险费和其他相关费用；

③进口关税及其他国内税收。

2. 进口货物的海关估价方法

对于价格不符合成交条件或成交价格不能确定的进口货物，由海关估价确定。海关估价依次使用的方法包括：

（1）相同或类似货物成交价格方法，即以与被估的进口货物同时或大约同时（在海关接受申报进口之日的前后各 45 天以内）进口的相同或类似货物的成交价格为基础，估定完税价格。

（2）倒扣价格方法，即以被估的进口货物、相同或类似在境内销售的价格为基础估定完税价格。

（3）计算价格方法，即按下列各项目的总和计算出的价格估定完税价格，有关项目为：①生产该货物所使用的原材料价值和进行装配或其他加工的费用；②与向境内出口销售同等级或同种类货物的利润、一般费用相符的利润和一般费用；③货物运抵境内输入地点起卸前的运输及相关费用、保险费。

进口货物隐瞒佣金涉嫌犯罪案

（4）其他合理的方法，即根据《中华人民共和国海关审定进出口货物完税价格办法》规定的估价原则，以在境内获得的数据资料为基础估定完税价格。

（二）特殊进口货物完税价格的计算

1. 加工贸易进口料件及其制成品

加工贸易进口料件及其制成品需征税或内销补税的，海关按照一般进口货物的完税价格规定、审定完税价格。其中：

（1）进口时需征税的进料加工进口料件，以该料件申报进口时的价格估定。

（2）内销的进料加工进口料件或其制成品（包括残次品、副产品），以料件原进口时的价格估定。

（3）内销的来料加工进口料件或其制成品（包括残次品、副产品），以料件申报内销时的价格估定。

（4）出口加工区内的加工企业内销的制成品（包括残次品、副产品），以制成品申报内销时的价格估定。

（5）保税区内的加工企业内销的进口料件或其制成品（包括残次品、副产品），分别以料件或制成品申报内销时的价格估定。如果内销的制成品中含有从境内采购的料件，则以所含从境外购入的料件原进口时的价格估定。

（6）加工贸易加工过程中产生的边角料，以申报内销时的价格估定。

2. 运往境外修理的货物

运往境外修理的机械器具、运输工具或其他货物，出境时已向海关报明并在海关规定期限内复运进境的，应当以海关审定的境外修理费和料件费为完税价格。

3. 运往境外加工的货物

运往境外加工的货物，出境时已向海关报明，并在海关规定期限内复运进境的，应当以海关审定的境外加工费和料件费，以及该货物复运进境的运输及其相关费用、保险费估定完税价格。

4. 暂时进境货物

对于经海关批准的暂时进境的货物，应当按照一般进口货物估价办法的规定，估定完税价格。

5. 租赁方式进口货物

租赁方式进口的货物中，以租金方式对外支付的租赁货物，在租赁期间以海关审定的租金作为完税价格；留购的租赁货物，以海关审定的留购价格作为完税价格；承租人申请一次性缴纳税款的，经海关同意，按照一般进口货物估价办法的规定估定完税价格。

6. 留购的进口货样等

对于境内留购的进口货样、展览品和广告陈列品，以海关审定的留购价格作为完税价格。

7. 予以补税的减免税货物

减税或免税进口的货物需予补税时，应当以海关审定的该货物原进口时的价格，扣除折旧部分价值作为完税价格，计算公式为：

完税价格＝海关审定的该货物原进口时的价格 ×

［1－申请补税时实际已使用的时间（月）÷

（监管年限 × 12）］

8. 以其他方式进口的货物

以易货贸易、寄售、捐赠、赠送等其他方式进口的货物，应当按照一般进口货物估价办法的规定，估定完税价格。

（三）出口货物完税价格的计算

以成交价为基础的完税价格，不含出口关税和支付给境外的佣金。出口货物的完税价格，由海关以该货物向境外销售的成交价格为基础审查确定，并应包括货物运至我国境内输出地点装卸前的运输及相关费用、保险费，但其中包含的出口关税税额应当扣除。

完税价格 =（离岸价格 − 单独列明的支付给境外的佣金）÷
（1 + 出口关税税率）

出口货物的成交价格不能确定时，完税价格由海关依次使用下列方法估定：

（1）同时或大约同时向同一国家或地区出口的相同货物的成交价格；

（2）同时或大约同时向同一国家或地区出口的类似货物的成交价格；

（3）根据境内生产相同或类似货物的成本、利润和一般费用、境内发生的运输及其相关费用、保险费计算所得的价格；

（4）按照合理方法估定的价格。

（四）完税价格中运输及相关费用、保险费的计算

1. 一般进口

海运进口的算至运抵境内的卸货口岸；陆运进口的算至运抵关境的第一口岸或目的口岸；空运进口的算至进入境内的第一口岸或目的口岸。

无法确定实际运保费的，按照同期同行业运费率计算，即按（货价 + 运费）× 3‰ 计算保险费，将计算出的运保费并入完税价格。

2. 其他方式进口

邮运进口的以邮费作为运输及其相关费用、保险费；境外口岸成交的以货价的1% 计算运输及其相关费用、保险费；自驾进口的运输工具不另行计入运费。

3. 出口货物

出口货物的销售价格如果包括离境口岸至境外口岸之间的运输、保险费的，该运费、保险费应当扣除。

【做中学】根据情境引例计算进出口货物的关税完税价格

（1）进口甲醇关税完税价格 = 1 000 000 × 6.53 = 6 530 000（元）

（2）进口硫酸镁关税完税价格 =（3 250 000 + 5 000 × 40）× 6.55 ×（1 + 0.003）= 22 665 292.50（元）

（3）出口五氯化磷关税完税价格 = [10 000 × 800 ×（1 − 2%）+ 10 000] × 6.58 /（1 + 5.5%）= 48 960 189.57（元）

二、计算关税税额

（一）从价税应纳税额的计算

应纳税额 = 应税进（出）口货物数量 × 单位完税价格 × 比例税率

（二）从量税应纳税额的计算

应纳税额 = 应税进（出）口货物数量 × 定额税率

（三）复合税应纳税额的计算

应纳税额 = 应税进（出）口货物数量 × 定额税率 + 应税进（出）口货物数量 × 单位完税价格 × 比例税率

（四）滑准税应纳税额的计算

应纳税额 = 应税进（出）口货物数量 × 单位完税价格 × 滑准税税率

根据情境引例计算进出口货物应纳的关税税额　　　　　　　　　　【做中学】

（1）进口甲醇应纳关税税额 = 6 530 000 × 5.5% = 359 150（元）

（2）进口硫酸镁应纳关税税额 = 22 665 292.50 × 5.5%
　　　　　　　　　　　　　= 1 246 591.09（元）

（3）出口五氯化磷应纳关税税额 = 48 960 189.57 × 5.5%
　　　　　　　　　　　　　　 = 2 692 810.43（元）

【典型任务举例】

B公司2018年6月有关进出口业务如下：

（1）从美国进口一批化工原料共500吨，货物以境外口岸离岸价格成交，单价折合人民币为20 000元，买方承担包装费每吨500元，另向卖方支付佣金每吨1 000元人民币，向自己的采购代理人支付佣金5 000元人民币，已知该货物运抵中国海关境内输入地起卸前的包装、运输、保险和其他劳务费用为每吨2 000元人民币，进口后每吨又发生运输和装卸费用300元人民币，关税税率10%。

（2）2016年5月31日公司由于承担国家重要工程项目，经批准免税进口了一套电子设备。使用2年后项目完工，2018年6月1日公司将该设备出售给了国内另一家企业，并向海关办理申报补税手续。该电子设备的到岸价格为300万元，2016年进口时该设备关税税率为12%，2018年转售时该设备关税税率为7%，海关规定的监管年限为5年。

（3）6月15日，公司出口产品一批，出厂价为3 800万元，支付境内佣金比例为5%，运费和商检等一切其他杂费为250万元，产品出口关税税率为20%。

（4）6月21日，公司从美国进口货物一批，货物以离岸价格成交，成交价折合人民币为1 410万元（包括单独计价并经海关审查属实的向境外采购代理人支付的买方佣金10万元，但不包括使用该货物而向境外支付的软件费50万元、向卖方支付的佣金15万元），另支付货物运抵我国宁波港的运费、保险费等35万元。假设该货物适用关税税率为20%、增值税税率为16%、消费税税率为10%。

要求：

（1）计算各项进出口业务的关税完税价格；

（2）计算各项进出口业务应纳的关税税额；

（3）计算第（4）笔业务进口环节应纳的消费税、增值税税额。

【操作步骤】

第一步，计算各项进出口业务的关税完税价格。

（1）关税完税价格 =（20 000 + 500 + 1 000 + 2 000）× 500 ÷ 10 000

＝ 1 175（万元）

（2）关税完税价格 = 300 ×［1 −（2 × 12）/（5 × 12）］= 180（万元）

（3）关税完税价格 = 3 800 + 3 800 × 5% + 250 = 4 240（万元）

（4）关税完税价格 = 1 410 + 50 + 15 − 10 + 35 = 1 500（万元）

第二步，计算各项进出口业务应纳的关税税额。

（1）应纳关税税额 = 1 175 × 10% = 117.5（万元）

（2）应纳关税税额 = 180 × 7% = 12.6（万元）

（3）应纳关税税额 = 4 240 × 20% = 848（万元）

（4）应纳关税税额 = 1 500 × 20% = 300（万元）

第三步，计算第（4）笔业务进口环节应纳的消费税、增值税税额。

进口消费税组成计税价格 =（1 500 + 300）/（1 − 10%）= 2 000（万元）

进口环节海关代征消费税 = 2 000 × 10% = 200（万元）

进口增值税组成计税价格 = 1 500 + 300 + 200 = 2 000（万元）

进口环节海关代征增值税 = 2 000 × 16% = 320（万元）

学习子情境二　关税的缴纳

【情境引例】

海关总署令第124号

上海顺达贸易发展公司（经营单位代码：31312123/TGRU 30701）于 2015 年 11 月 1 日进口切纸机一批，次日凭"入境货物通关单"（代码及编号 A：440300201016448）"机电产品证明"（代码及编号 O：D1014540）及有关单证，由该公司自理向上海浦东海关（关区代码 2201）报关。商品编码为：8441.1000，进口关税税率 12%，法定计量单位：台，保险费率 0.3%。集装箱自重：4 000 千克，汇率：100USD = 658 RMB。发票及装箱单如下：

HAIDA HEALTH MANAGEMENT LTD.

TONG SHING BUILDING A, 80 SHEUNG SHA WAN ROAD

KOWLOON, U.S.A.

INVOICE

NO.SH10-10-001　　　　　　　　　　　　　　　　　　　　　　　Date: October 28.2015

INVOICE of

For account and risk Messrs. SHANGHAI SHUNDA TRADE DEVELOPMENT CORP

9/F No.266 DONG FENG XI RD. SHANGHAI P.R.CHINA 上海顺达贸易发展公司 2201213070（上海浦东新区）

Shipped by HAIDA HEALTH MANAGEMENT LTD. Per QINA JIN 308

Sailing on or about Oct.31.2015 From BOSTON U.S.A. to PUDONG PORT, SHANGHAI CHINA

L/C No. 360LC010050115　　　　　　　　　　　　　　　　　　Contract No. SHDI01-16HH024

Mark & Nos.	Description of Goods	Quantity	Unit Price	Amount
VADI BOSTON U.S.A. C/No 1-10	VIDD CUTTING MACHINES （VI-400） （VIDD牌切纸机 VI-400） COUNTRY OF ORIGIN: GERMANY	80 PCS 80 PCS	CFR SHANG HAI USD6 500.00	USD520 000.00 USD520 000.00
	SAY TOTAL U.S.A. DOLLARS FIVE HUNDRED TWENTY THOUSAND ONLY			

　　　　　　　　　　　　　　　　　　　　　　　　　　　　HAIDA HEALTH MANAGEMENT LTD.

HAIDA HEALTH MANAGEMENT LTD.
TONG SHING BUILDING A, 80 SHEUNG SHA WAN ROAD
KOWLOON, U.S.A.
PACKING LIST

NO. SH10-10-001　　　　　　　　　　　　　　　　　　Date: October 28.2015

PACKING LIST of　　　　　　　　　　　　　　　　　　B/L No: SH 0103580

For account and risk Messrs. SHANGHAI SHUNDA TRADE DEVELOPMENT CORP　　MRKS & NOS.

9/F No.266 DONG FENG XI RD. SHANGHAI P.R.CHINA　　　　　　　　　　　VADI

Shipped by HAIDA HEALTH MANAGEMENT LTD.Per QINA JIN 308　　　　　(IN TRI)

Sailing on or about Oct.31,2015　　　　　　　　　　　　　　　　BOSTON U.S.A.

From BOSTON U.S.A.to PUDONG PORT, SHANGHAI CHINA　　　　　　　C/No. 1-10

Packing No.	Description	Quantity	Net Weight	Gross Weight	Measurement
1-10	VIDD CUTTING MACHINES (VI-400) (VIDD牌 切纸机 VI-400) TOTAL:10CASES SAY TOTAL TEN (10) GASES ONLY 2×40CONTAINER CONTAINER NO:ABTU136898-9. ABTU136899-8	@ 8 PCS 80 PCS 80 PCS	@ 144.00 kg 1 440.00 kg 1 440.00 kg	@ 156.00 kg 1 560.00 kg 1 560.00 kg	

HAIDA HEALTH MANAGEMENT LTD.

要求：根据上述资料

（1）填写进口货物报关单；

（2）填写进口关税税收专用缴款书。

【知识准备】

一、关税的申报

进口货物应自运输工具申报进境之日起 14 日内，由收货人或其代理人向海关申报；出口货物应自货物运抵海关监管区后装货的 24 小时以前向海关申报。

海关总署令第124号

进出口货物收发货人或其代理人向海关办理进出口手续时，填写进口货物报关单或出口货物报关单，同时提供批准货物进出口的许可证和有关的货运商业票据，海关据此审查货物进出口的合法性，确定关税的征收或减免，编制海关统计。

二、关税的缴纳

海关在接受纳税人的申报之后，即可对实际货物和物品进行查验，然后根据货物的税则归类和完税价格计算应纳关税税额，从而向纳税人作出征收关税的决定。关税的缴纳通常有三种方式。

（一）基本纳税方式

基本纳税方式是指海关在接受进出口货物通关手续申报后，逐票计算应征关税并填发关税缴款书，然后由纳税人持关税缴款书到指定银行办理税款交付或转账手续，最后海关凭银行回执办理放行手续。

（二）过关纳税方式

过关纳税方式是指对一些易腐、急需有关手续但无法立即办完的货物，海关允许纳税人在履行了有关担保手续后，先行办理货物放行，然后再办理关税缴纳手续。采用这种方式，纳税人只有在交付海关部分货样、提供保证金或其他担保后才可获许放行通关。

（三）汇总纳税方式

汇总纳税方式是指对于经局级海关或直属处级海关审查符合条件的纳税人，可以获许采用定期统一汇总的方式缴纳应纳税款。

关税纳税义务人因不可抗力或者在国家税收政策调整的情形下，不能按期缴纳税款的，经海关总署批准，可以延期缴纳税款，但最长不得超过6个月。

三、关税的强制措施

纳税义务人、担保人超过三个月仍未缴纳的，经直属海关关长或者其授权的隶属海关关长批准，海关可以采取下列强制措施：①书面通知其开户银行或者其他金融机构从其存款中扣缴税款；②将应税货物依法变卖，以变卖所得抵缴税款；③扣留并依法变卖其价值相当于应纳税款的货物或者其他财产，以变卖所得抵缴税款。

四、关税的退补

（一）退税

海关多征的税款，海关发现后应当立即退还；纳税义务人自缴纳税款之日起一年内，可以要求海关退还。有下列情形之一的，进出口货物的收发货人或者其代理人，可以自缴纳税款之日起一年内，书面声明理由，连同原纳税收据向海关申请退税，逾期不予受理：

（1）因海关原因误征，多纳税款的；

（2）海关核准免验进口的货物，在完税后，发现有短卸情形，经海关审查认可的；

（3）已征出口关税的货物，因故未装运出口，申报退关，经海关查验属实的。

海关应自受理退税申请之日30日内作出书面答复并通知退税申请人。

（二）补税

进出口货物、进出境物品放行后，海关发现少征或者漏征税款，应当自缴纳税款或者货物、物品放行之日起一年内，向纳税义务人补征。因纳税义务人违反规定而造成的少征或者漏征，海关在三年以内可以追征，并从缴纳税款之日起按日加收少征或者漏征税款万分之五的滞纳金。

【职业判断与业务操作】

一、填制进出口货物报关单

进出口货物报关单是指进出口货物的收发货人或其代理人，按照海关规定的格式对进出口货物实际情况作出书面申明，以此要求海关对其货物按适用的海关制度办理通关手续的法律文书。

> 海关总署公告（2016）第20号

报关单有不同的分类方法，若按进出口的状态可分为进口货物报关单和出口货物报关单；若按表现形式可分为纸质报关单与电子数据报关单。

在实际操作中，多数的企业都采用通过计算机系统先提交电子数据报关单，再打印纸质报关提交给海关的形式申报。提交电子数据报关单多采用委托预录入申报的形式，由报关单位的报关员手工填写报关单预录入凭单的各个栏目，然后交给预录入单位，预录入单位凭以预录入。预录入单位预录入后打印一份由委托预录入的报关员审核，有错误就修改，直到确认无误后提交，向海关申报（传输电子数据进入海关的报关自动化系统）。这个经确认无误录入并提交到海关计算机系统中的报关单就是预录入报关单。海关计算机系统对报关单进行逻辑性、规范性审核，通过审核的计算机自动接受申报，并记录接受申报的时间，发出接受申报的信息。此项处理构成报关员向海关申报及海关接受申报的法律行为。海关接受申报的报关单称为电子数据报关单，报关员凭以打印纸质报关单签名盖章连同随附单证向现场海关递交。

二、开具海关发票

海关发票（Customs Invoice）是出口商应进口国海关要求出具的一种单据，基本内容同普通的商业发票类似，其格式一般由进口国海关统一制定并提供，主要是用于进口国海关统计、核实原产地、查核进口商品价格的构成等。

某公司伪造原产地反倾销税案

国务院令第416号

三、缴纳关税

纳税人应自海关填发缴款书之日起15日内缴纳关税。如关税缴纳期限的最后1日是周末或法定节假日，则关税缴纳期限顺延至周末或法定节假日过后的第1个工作日。为方便纳税义务人，经申请且海关同意，进（出）口货物的纳税义务人可以在设有海关的起运地办理海关申报、纳税手续。

【典型任务举例】

根据情境引例，填制进口货物报关单如表4-1所示。

表4-1 中华人民共和国海关进口货物报关单

预录入编号：×××××× 　　　　　　　　　　海关编号：××××××

收发货人 313121231TGRU30701 上海顺达贸易发展公司	进口口岸 2201 上海浦东海关	进口日期： 20151101	申报日期： 20151102
消费使用单位 313121231TGRU30701 上海顺达贸易发展公司	运输方式 江海运输	运输工具名称 QIAN JIN/308	提运单号 SH0103580
申报单位：313121231TGRU30701 上海顺达贸易发展公司	监管方式 一般贸易	征免性质 一般征税	备案号 ××××××
贸易国（地区） ×××××	启运国（地区） 美国	装货港： 波士顿	境内目的地： 上海浦东新区
许可证号 ××××××××××	成交方式 CFR	运费：	保费： 0.3%	杂费：
合同协议号 SHDI01-16HH024	件数 10	包装种类 木箱	毛重（公斤）： 1 560	净重（公斤）： 1 440
集装箱号	随附单证 A:440300201016448		
标记唛码及备注 VADI	BOSTON U.S.A		ABTU 136899 /40/4000
项号　商品编号　商品名称、规格型号　　数量及单位　原产国（地区）　单价　　总价　　币制　征免 01　　84411000　　VIDD牌切纸机　　　80台　　　　德国　　6 500.00　520 000.00　USD　照章征税			
特殊关系确认：×× 　价格影响确认：×× 　支付特许权使用费确认：××			
录入员　　　录入单位	兹申明对以上内容承担如实申报、依法纳税之法律责任		海关批注及签章
报关员：唐林海　01888	申报单位（盖章） 上海顺达贸易发展公司		

根据情境引例,填制进口海关关税专用缴款书如表4-2所示。

表4-2 海关进口( )税专用缴款书

收入系统:海关系统		填发日期:2015年11月02日				号码:		第一联:(收据)国库收款签章后交缴款单位或缴款人
收款单位	收入机关	上海浦东海关2201		缴款单位(人)	名称	上海顺达贸易发展公司	
	科目		预算级次		账号		
	收缴国库				开户银行	工商银行浦东分行	
税号	货物名称		数量	单位	完税价格(¥)	税率(%)	税款金额(¥)
8441.1000	VIDD牌切纸机		80	台	3 431 864.80	12%	411 823.78
金额人民币(大写)肆拾壹万壹仟捌佰贰拾叁元柒角捌分						合计(¥)411 823.78	
申请单位编号	31312123/TGRU30701		报关单编号			填制单位	收款国库(银行)转讫
合同(批文)号	SHDI01-16HH024		运输工具(号)		QIAN JIN/308		
缴款期限			提/装货单号		H0103580	制单人:	
备注	一般征税: 国际代码:					复核人:	

中国工商银行
浦东分行
2015.11.02

关税计算与缴纳教师手册

关税计算与缴纳课件

【情境小结】

1. 关税业务流程

进出口业务发生 → 确定商品税则号 → 界定原产地 → 确定关税税率 → 计算关税完税价格 → 计算应纳关税 → 缴纳关税 → 通关 → 办理出口退税

2. 应纳关税的计算过程

(1)从价税计算公式:应纳税额=应税进(出)口货物关税完税价格×比例税率

(2)从量税计算公式:应纳税额=应税进(出)口货物数量×定额税率

(3)复合税计算公式:应纳税额=应税进(出)口货物关税完税价格×比例税率+应税进(出)口货物数量×定额税率

(4)滑准税计算公式:应纳税额=应税进(出)口货物关税完税价格×滑准税税率

【情境思考】

1. "关境"和"国境"有什么联系和区别？

2. 为什么要确定进出境货物的原产地？

3. 一般进口货物的关税完税价格怎样计算？完税价格中通常包含哪些内容？

4. 出口货物关税完税价格的计算方法与进口货物关税完税价格的计算方法有什么不同？

5. 办理通关手续，通常要做好哪些准备工作？

6. 关税有哪些优惠政策？又有哪些强制执行措施？

关税法规

关税用表

关税计算与缴纳试题库

学习情境 5
企业所得税计算与申报

【职业能力目标】

专业能力

- 能判断居民企业纳税人、非居民企业纳税人适用何种税率
- 会根据业务资料计算应纳企业所得税税额
- 能计算核定征收企业应纳所得税额
- 会根据业务资料填制企业所得税月（季）度预缴纳税申报表、企业所得税年度纳税申报表及相关附表，能办理年终企业所得税的汇算清缴工作

社会能力和方法能力

- 能根据学习情境设计的需要查阅有关资料
- 能根据企业的经营情况与税务部门沟通，积极争取税务部门的支持，获得税收优惠
- 能向其他财会人员宣传企业所得税法规政策，共同进行税收筹划
- 培养敬业精神、团队合作能力和良好的职业道德修养

【工作任务与学习子情境】

工作任务	学习子情境
计算企业利润总额	企业所得税税款计算
计算应纳税所得额	
计算本年度应纳所得税额	
计算核定征收企业的应纳所得税额	
填报企业所得税月（季）度预缴纳税申报表	企业所得税纳税申报
填报企业所得税年度纳税申报表	
办理汇算清缴相关手续	
开具税收通用缴款书结清税款	

企业所得税在国外被称为"公司所得税""公司税""法人税",纳税人包括各类企业、公司和其他取得收入的组织。我国自 2008 年 1 月 1 日起实施新的企业所得税法,企业所得税的征税对象一般是净所得,即对企业的生产经营所得和其他所得征税。税基是应税所得额,即在企业会计利润的基础上按税法进行纳税调整计算得到。一般采用分月或分季预缴,按年计征,以公历年度或公司会计年度作为纳税年度,年终汇算清缴。

学习子情境一　企业所得税税款计算

【情境引例】

某企业为居民企业,2015 年发生经营业务如下:取得产品销售收入 4 000 万元;发生产品销售成本 2 600 万元;发生销售费用 770 万元(其中广告费 650 万元)、管理费用 480 万元(其中业务招待费 25 万元)、财务费用 60 万元;销售税金 160 万元(其中增值税 120 万元);营业外收入 80 万元;营业外支出 50 万元(其中通过公益性社会团体向灾区捐款 30 万元,支付税收滞纳金 6 万元);已计入成本、费用中的实发工资总额 200 万元,拨缴职工工会经费 5 万元,发生职工福利费 31 万元,发生职工教育经费 7 万元。

要求:计算该企业 2015 年度实际应缴纳的企业所得税额。

【工作过程与岗位对照图】

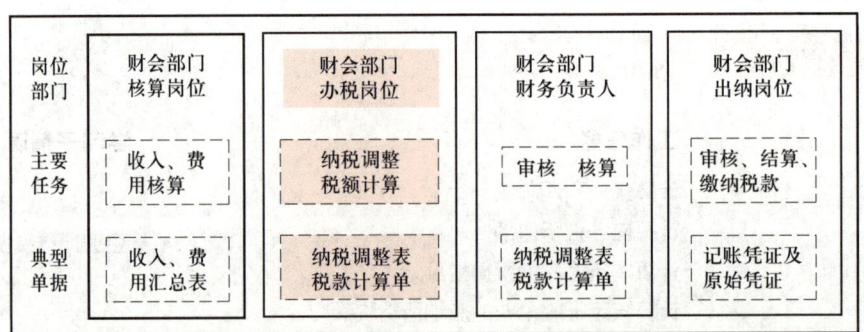

【知识准备】

中华人民共和国主席令第 63 号

一、基本概念

(一)企业所得税

企业所得税是以企业取得的生产经营所得和其他所得为征税对象所

征收的一种税。它是规范和处理国家与企业分配关系的重要形式。具有以下显著特点：

1. 征税范围广

在中国境内的企业和其他取得收入的组织都是企业所得税的纳税人，其征税对象包括生产经营所得和其他所得。因此，企业所得税具有征收上的广泛性。

2. 税负公平

企业所得税对企业和其他组织不分所有制，不分地区、行业和层次，实行统一的比例税率，而且企业所得税的负担与纳税人所得多少直接关联，即"所得多的多征、所得少的少征、无所得的不征"。因此，企业所得税是能较好体现公平税负和税收中性的一个良性税种。

3. 税基约束力强

企业所得税的税基是应纳税所得额，即纳税人每个纳税年度的收入总额减去准予扣除项目金额之后的余额，计算时涉及纳税人财务会计核算的各个方面，与企业会计核算关系密切。为了保护税基，国家明确了收入总额、扣除项目金额的具体内容以及资产的具体税务处理办法，使应税所得额的计算相对独立于企业的会计核算，体现了税法的强制性与统一性。

4. 纳税人与负税人一致

企业所得税属于企业的终端税种，纳税人缴纳的所得税一般不易转嫁，而由纳税人自己负担，在会计利润总额的基础上，扣除企业所得税后的余额为企业生产经营的净利润。

中国企业所得税的历史

国税函〔2008〕875号

（二）应税所得额

应税所得额也称为应纳税所得额，是指纳税人每一纳税年度的收入总额减除不征税收入、免税收入、各项扣除以及允许弥补的以前年度亏损后的余额，是计算应纳所得税额的依据。应税所得额的计算以权责发生制为原则，属于当期的收入和费用，不论款项是否收付，均作为当期的收入和费用；不属于当期的收入和费用，即使款项已经在当期收付，均不作为当期的收入和费用。

（三）应纳所得税额

应纳所得税额是企业的应纳税所得额乘以适用税率减除税收优惠规定的减免和抵免税额后的余额。应纳税额的多少，取决于应纳税所得额和适用税率两个因素。

（四）汇算清缴

汇算清缴，是指纳税人自纳税年度终了之日起 5 个月内或实际经营终止之日起 60 日内，依照税收法律、法规、规章及其他有关企业所得的规定，自行计算本纳税年度应纳税所得额和应纳所得税额，根据月度或季度预缴企业所得税的数额，确定该纳税年度应补或者应退税额，并填写企业所得税年度纳税申报表，向主管税务机关办理企业所得税年度纳税申报、提供税务机关要求提供的有关资料、结清全年企业所得税税款的行为。

二、企业所得税的纳税人

企业所得税的纳税人为在中华人民共和国境内的企业和其他取得收入的组织（以下统称企业）。除个人独资企业、合伙企业不征收企业所得税外，其他企业均为企业所得税的纳税人，分为居民企业和非居民企业。

（一）居民企业

居民企业是指依照中国法律、法规在中国境内成立，或者实际管理机构、总机构在中国境内的企业。实际管理机构，是指对企业的生产经营、人员、账务、财产等实施实质性全面管理和控制的机构。例如，在我国注册成立的沃尔玛（中国）公司、通用汽车（中国）公司，就是我国的居民企业；在英国、百慕大群岛等国家和地区注册的公司，但实际管理机构在我国境内，也是我国的居民企业。

（二）非居民企业

非居民企业是指按照中国税法规定不符合居民企业标准的企业，即依照外国（地区）法律、法规成立且实际管理机构不在中国境内，但在中国境内设立机构、场所的，或者在中国境内未设立机构、场所，但有来源于中国境内所得的企业。例如，在我国设立的代表处及其他分支机构等外国企业。

对中国境内未设立机构、场所的非居民企业或者虽设立机构、场所但取得的所得与其所设机构、场所没有实际联系的中国境内所得应缴纳的所得税，实行源泉扣缴，以支付人为扣缴义务人，税款由扣缴义务人在每次支付或者到期应支付时，从支付或者到期应支付的款项中扣缴；对非居民企业在中国境内取得工程作业和劳务所得应缴纳的所得税，税务机关可以指定工程价款或者劳务费的支付人为扣缴义务人；扣缴义务人未依法扣缴或者无法履行扣缴义务的，由纳税人在所得发生地缴纳。纳税人未依法缴纳的，税务机关可以从该纳税人在中国境内其他收入项目的支付人应付的款项中，追缴该纳税人的应纳税款。

三、企业所得税的征税对象

企业所得税的征税对象为企业在中国境内的生产经营所得和其他所

得。所谓生产经营所得是指企业从事物质生产、商品流通、交通运输、劳动服务以及其他营利事业取得的境内外所得。其他所得包括企业有偿转让各类财产取得的财产转让所得；纳税人购买各种有价证券取得的利息及因外单位欠款取得的利息所得；纳税人出租固定资产、包装物等取得的租赁所得；纳税人因提供转让专利权、非专利技术、商标权、著作权等取得的特许权使用费所得；纳税人对外投资入股取得的股息、红利所得以及固定资产盘盈，因债权人原因确实无法支付的应付款项、物资及现金溢余等取得的其他所得。

居民企业应当就其来源于中国境内、境外的所得缴纳企业所得税；非居民企业在中国境内设立机构、场所的，应当就其所设机构、场所取得的来源于中国境内的所得，以及发生在中国境外但与其所设机构、场所有实际联系的所得，缴纳企业所得税；非居民企业在中国境内未设立机构、场所的，或者虽设立机构、场所但取得的所得与其所设机构、场所没有实际联系的，应当就其来源于中国境内的所得缴纳企业所得税。

国务院令
第512号

纳税对象的具体化即为应纳税所得额，是指纳税人每一纳税年度的收入总额减除不征税收入、免税收入、各项扣除以及允许弥补的以前年度亏损后的余额。具体计算在后面详细介绍。

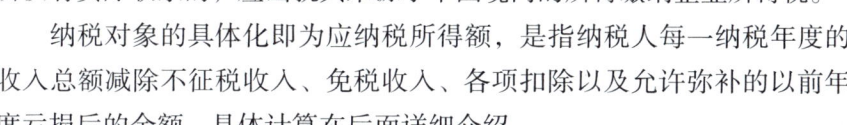
提示

企业所得税法对所得来源地的确认有明确规定：销售货物所得为交易活动发生地；提供劳务所得为劳务发生地；不动产转让所得为不动产所在地，动产转让所得为转让动产的企业或机构、场所所在地；权益性投资资产转让所得为被投资企业所在地；股息、红利等权益性投资所得为分配所得的企业所在地；利息所得、租金所得、特许权使用费所得为负担支付所得的企业或机构、场所所在地，或负担、支付所得的个人的住所地；其他所得，由国务院财政、税务主管部门确定。

四、企业所得税的优惠政策

税收优惠政策是指为了照顾某些纳税人的特殊情况而给予减征或免征所得税款的规定。我国从 2008 年 1 月 1 日起企业所得税的减免优惠政策主要有以下五个方面。

（一）促进技术创新和科技进步

（1）对国家需要重点扶持的高新技术企业，减按 15% 的税率征收企业所得税。国家需要重点扶持的高新技术企业，必须同时符合下列条件：① 拥有核心自主知识产权；② 产品（服务）属于《高新技术企业认定管理办法》的附件《国家重点支持的高新技术领域》规定的范围；③ 有关比例符合规定标准，即研究开发费用占销售收入的比例、高新技术产品

（服务）收入占企业总收入的比例、科技人员占企业职工总数的比例不低于规定比例；④高新技术企业认定管理办法规定的其他条件。

（2）对经济特区（深圳、珠海、汕头、厦门和海南）和上海浦东新区内在2008年1月1日（含）之后完成登记注册的国家需要重点扶持的高新技术企业（以下简称新设高新技术企业），在经济特区和上海浦东新区内取得的所得，自取得第一笔生产经营收入所属纳税年度起，第一年至第二年免征企业所得税，第三年至第五年按照25%的法定税率减半征收企业所得税。

财税〔2015〕119号

（3）企业为开发新技术、新产品、新工艺发生的研究开发费用，未形成无形资产计入当期损益的，在按照规定据实扣除的基础上，按照研究开发费用的50%加计扣除；形成无形资产的，按照无形资产成本的150%摊销。在2017年1月1日到2019年12月31日期间，科技型中小企业研发活动中实际发生的研发费用加计扣除比例由50%提高至75%；形成无形资产的，按无形资产成本的175%在税前摊销。

国税发〔2009〕87号

（4）创业投资企业采取股权投资方式投资于未上市的中小高新技术企业2年以上的，可以按照其投资额的70%在股权持有满2年的当年抵扣该创业投资企业的应纳税所得额；当年不足抵扣的，可以在以后纳税年度结转抵扣。

在京津冀、上海、广东、安徽、四川、武汉、西安、沈阳8个全面创新改革试验地区和苏州工业园区开展试点，从2017年1月1日起，对创投企业投资种子期、初创期科技型企业的，可享受按投资额70%抵扣应纳税所得额的优惠政策；自2017年7月1日起，将享受这一优惠政策的投资主体由公司制和合伙制创投企业的法人合伙人扩大到个人投资者。有关优惠政策自2018年1月1日起推广到全国。政策生效前2年内发生的投资也可享受本项优惠。

（5）企业的固定资产由于技术进步等原因，确需加速折旧的，可以缩短折旧年限或者采取加速折旧的方法。

可以采取缩短折旧年限或者采取加速折旧方法的固定资产，包括：①由于技术进步，产品更新换代较快的固定资产；②常年处于强震动、高腐蚀状态的固定资产。

采取缩短折旧年限方法的，最低折旧年限不得低于规定折旧年限的60%；采取加速折旧方法的，可以采取双倍余额递减法或者年数总和法。

（6）在一个纳税年度内，居民企业技术转让所得不超过500万元的部分，免征企业所得税；超过500万元的部分，减半征收企业所得税。

（7）关于鼓励软件产业和集成电路产业发展的优惠政策：

① 软件生产企业实行增值税即征即退政策所退还的税款，由企业用于研究开发软件产品和扩大再生产，不作为企业所得税应税收入，不予征收企业所得税；

② 我国境内新办软件生产企业经认定后，自获利年度起，第一年和第二年免征企业所得税，第三年至第五年减半征收企业所得税（即"二免三减半"）；

③ 国家规划布局内的重点软件生产企业，如当年未享受免税优惠的，减按 10% 的税率征收企业所得税；

④ 软件生产企业的职工培训费用，可按实际发生额在计算应纳税所得额时扣除；

⑤ 企事业单位购进软件，凡符合固定资产或无形资产确认条件的，可以按照固定资产或无形资产进行核算，经主管税务机关核准，其折旧或摊销年限可以适当缩短，最短可为 2 年；

财税〔2012〕27号

⑥ 集成电路生产企业的生产性设备，经主管税务机关核准，其折旧年限可以适当缩短，最短可为 3 年；

⑦ 投资额超过 80 亿元人民币或集成电路线宽小于 0.25 微米的集成电路生产企业，可以减按 15% 的税率缴纳企业所得税，其中，经营期在 15 年以上的，从开始获利的年度起，五年免税、五年减半征收企业所得税（即"五免五减半"）；

⑧ 对生产线宽小于 0.8 微米（含）集成电路产品的生产企业，经认定后，自获利年度起，二年免税、三年减半征收企业所得税（即"二免三减半"）。

（二）鼓励基础设施建设

从事国家重点扶持的公共基础设施项目投资经营的所得，自项目取得第一笔生产经营收入所属纳税年度起，第一年至第三年免征企业所得税，第四年至第六年减半征收企业所得税。国家重点扶持的公共基础设施项目，是指《公共基础设施项目企业所得税优惠目录》规定的港口码头、机场、铁路、公路、城市公共交通、电力、水利等项目。不包括企业承包经营、承包建设和内部自建自用的项目。

财税〔2008〕116号

财税〔2008〕46号

（三）扶持农、林、牧、渔业发展

（1）企业从事下列项目的所得，免征企业所得税：① 蔬菜、谷物、薯类、油料、豆类、棉花、麻类、糖料、水果、坚果的种植；② 农作物新品种的选育；③ 中药材的种植；④ 林木的培育和种植；⑤ 牲畜、家禽的饲养；⑥ 林产品的采集；⑦ 灌溉、农产品初加工、兽医、农技推广、农机作业和维修等农、林、牧、渔服务业项目；⑧ 远洋捕捞。

（2）企业从事下列项目的所得，减半征收企业所得税：① 花卉、茶以及其他饮料作物和香料作物的种植；② 海水养殖、内陆养殖。

企业从事国家限制和禁止发展的项目，不得享受企业所得税优惠。

（四）支持环境保护、节能节水、资源综合利用、安全生产

（1）从事符合条件的环境保护、节能节水项目的所得，自项目取得第一笔生产经营收入所属纳税年度起，第一年至第三年免征企业所得税，第四年至第六年减半征收企业所得税。

环境保护、节能节水项目，包括公共污水处理、公共垃圾处理、沼气综合开发利用、节能减排技术改造、海水淡化等。

财税〔2008〕47号

（2）企业以《资源综合利用企业所得税优惠目录》规定的资源作为主要原材料并符合规定比例，生产国家非限制和禁止并符合国家和行业相关标准的产品取得的收入，可以在计算应纳税所得额时减按90%计入收入总额。

（3）企业购置用于环境保护、节能节水、安全生产等专用设备投资额的10%可以从企业当年的应纳税额中抵免；当年不足抵免的，可以在以后5个纳税年度结转抵免。

财税〔2008〕115号

财税〔2008〕48号

购置环境保护、节能节水、安全生产设备是指企业购置并实际使用《环境保护专用设备企业所得税优惠目录》《节能节水专用设备企业所得税优惠目录》和《安全生产专用设备企业所得税优惠目录》规定的专用设备。企业购置的专用设备在5年内转让、出租的，应当停止享受企业所得税优惠，并补缴已经抵免的企业所得税税款。

（五）促进公益事业和照顾弱势群体

（1）企业发生的公益性捐赠支出，在年度利润总额12%以内的部分，准予在计算应纳税所得额时扣除。

公益性捐赠，是指企业通过公益性社会团体或者县级以上人民政府及其部门，用于《中华人民共和国公益事业捐赠法》规定的公益事业的捐赠。年度利润总额，是指企业依照国家统一会计制度的规定计算的年度会计利润。

（2）企业安置残疾人员的，在按照支付给残疾职工工资据实扣除的基础上，按照支付给残疾职工工资的100%加计扣除。残疾人员的范围适用《中华人民共和国残疾人保障法》的有关规定。

（3）企业安置国家鼓励的其他就业人员所支付的工资，可以在计算应纳税所得额时加计扣除；国家鼓励安置的其他就业人员是指下岗失业人员、军队转业干部、城镇退役士兵、随军家属等。

（4）民族自治地方的自治机关对本民族自治地方的企业应缴纳的企

业所得税中属于地方分享的部分，可以决定减征或者免征。自治州、自治县决定减征或者免征的，须报省、自治区、直辖市人民政府批准。

（5）自2018年1月1日至2020年12月31日，将小型微利企业年应纳税所得额上限提高到100万，符合这一条件的小型微利企业所得减半计算应纳税所得额并按20%优惠税率缴纳企业所得税。

企业同时从事适用不同企业所得税待遇的项目的，其优惠项目应当单独计算所得，并合理分摊企业的期间费用；没有单独计算的，不享受企业所得税优惠。

财税〔2015〕99号

专题材料：免税单位与税收无关吗？

五、企业所得税的税率

我国企业所得税实行的是比例税率，从2008年起税法规定企业所得税税率为25%，同时对以下所得作了专门的规定。

（1）对符合条件的小型微利企业减按20%的税率征收。小型微利企业是指从事国家非限制和禁止行业，并符合下列条件的企业：工业企业，年度应纳税所得额不超过30万元，从业人数不超过100人，资产总额不超过3 000万元；其他企业，年度应纳税所得额不超过30万元，从业人数不超过80人，资产总额不超过1 000万元。

（2）在中国境内未设立机构、场所，或者虽设立机构、场所但取得的所得与其所设机构、场所没有实际联系的非居民企业的中国境内所得，减按10%的税率征收企业所得税。

【职业判断与业务操作】

一、计算利润总额

利润总额是指按会计准则核算计算的会计利润总额，数据可直接取自利润表。

利润总额＝营业收入－营业成本－税金及附加－期间费用－资产减值损失＋公允价值变动收益＋投资收益＋营业外收入－营业外支出

（一）计算营业收入

营业收入是指纳税人当期发生的，以货币形式和非货币形式从各种来源取得的收入，包括会计核算中的主营业务收入和其他业务收入。

（1）主营业务收入包括销售货物收入、提供劳务收入、让渡资产使用权收入和建造合同收入。

（2）其他业务收入包括材料销售收入、代购代销手续费收入、包装物出租收入和其他收入。

利用"预收账款"截留利润，偷逃企业所得税

（二）计算营业成本

营业成本是指纳税人经营主要业务和其他业务发生的实际成本总额，包括会计核算中的主营业务成本和其他业务成本。

（1）主营业务成本

包括销售货物成本、提供劳务成本、让渡资产使用权成本和建造合同成本。

（2）其他业务成本

包括材料销售成本、代购代销费用、包装物出租成本和其他支出。

（三）计算税金与附加

税金及附加是指企业发生的除企业所得税和允许抵扣的增值税以外的各项税金及其附加。包括消费税、城市维护建设税、资源税、土地增值税和教育费附加等。企业缴纳的房产税、车船税、土地使用税、印花税等已经计入管理费用的，属于期间费用，不在本项目计算。企业缴纳的增值税因其属于价外税，也不属于本项目。

（四）计算期间费用

期间费用是指企业在生产经营活动中发生的销售费用、管理费用和财务费用，已经计入成本的有关费用除外。

（1）销售费用是指纳税人在销售商品过程中发生的包装费、广告费等费用和为销售本企业商品而专设的销售机构的职工薪酬、业务费等经营费用。

（2）管理费用是指纳税人为组织和管理企业生产经营所发生的管理费用。

（3）财务费用是指纳税人为筹集生产经营所需资金等而发生的筹资费用。

（五）计算资产减值损失

资产减值损失是指纳税人计提的各项资产减值准备所形成的损失。

（六）计算公允价值变动收益

公允价值变动收益是指纳税人交易性金融资产、交易性金融负债以及采取公允价值模式计量的投资性房地产、衍生工具、套期保期业务等公允价值变动形成的应计入当期损益的利得或损失。

（七）计算投资收益

投资收益是指纳税人以各种方式对外投资所取得的收益或投资损失。企业持有的交易性金融资产处置和出让时，处置收益部分应当自"公允价值变动损益"项目转出，列入本项目，包括境外投资应纳税所得额。

（八）计算营业外收入

营业外收入是指纳税人发生的与其经营活动无直接关系的各项收入。

（九）计算营业外支出

营业外支出是指纳税人发生的与其经营活动无直接关系的各项支出。

根据情境引例计算： 【做中学】

利润总额＝4 000＋80－2 600－770－480－60－（160－120）－50＝80（万元）

二、计算应纳税所得额

应税所得额也称为应纳税所得额，是指纳税人每一纳税年度的收入总额减除不征税收入、免税收入、各项扣除以及允许弥补的以前年度亏损后的余额，是计算应纳所得税额的依据。实际工作中，一般在企业会计利润总额的基础上，加减纳税调整额及相关项目金额后计算出应纳税所得额。根据国家税务总局2017年12月公布的中华人民共和国企业所得税年度纳税申报表（A类）的规定，其计算公式为：

应纳税所得额＝利润总额－境外所得＋纳税调整增加额－纳税调整减少额－免税、减计收入及加计扣除＋境外应税所得抵减境内亏损－所得减免－抵扣应纳税所得额－弥补以前年度亏损

国家税务总局公告2017年54号

下面按顺序分析各项目的计算过程：

（一）计算境外所得额

境外所得是指纳税人发生的分国（地区）别取得的境外税后所得计入利润总额的金额。其金额为纳税人中国境外税前所得减去其来源于境外的股息、红利等权益性投资收益由外国企业在境外实际缴纳的所得税税额后的余额。

（二）计算纳税调整额

在计算应纳税所得额时，纳税人按照会计准则、会计制度核算与税收规定不一致的项目，应当进行纳税调整。根据国家税务总局2017年12月公布的纳税调整明细表的规定，纳税调整项目分为收入类调整项目、扣除类调整项目、资产类调整项目、特殊事项调整项目和特别纳税调整项目，每个项目涉及纳税调整增加和纳税调整减少的内容，现按照纳税调整明细表的顺序分别说明如下。

1. 确定收入类调整项目

（1）收入类纳税调整增加的项目。

国税函〔2008〕875号

① 视同销售收入。视同销售收入是指会计上不作为销售核算，而在税收上应作为应税收入缴纳企业所得税的收入。主要包括非货币性交换视同销售收入、用于市场推广或销售视同销售收入、用于交际应酬视同销售收入、用于职工奖励或福利视同销售收入、用于股息分配视同销售

收入、用于对外捐赠视同销售收入、用于对外投资项目视同销售收入、提供劳务视同销售收入和其他视同销售收入。

② 交易性金融资产初始投资调整。交易性金融资产初始投资调整是指纳税人根据税法规定确认交易性金融资产初始投资金额与会计核算的交易性金融资产初始投资账面价值的差额，调增纳税所得额。

（2）收入类纳税调整减少的项目。按权益法核算长期股权投资对初始投资成本调整确认收益是指纳税人采取权益法核算下，初始投资成本小于取得投资时应享有被投资单位可辨认净资产公允价值份额的，两者之间的差额会计核算中计入取得投资当期的营业外收入的金额。税收规定对这部分收入不征税，调减纳税所得额。

（3）收入类纳税调整视情况增减的项目。

① 未按权责发生制原则确认的收入。未按权责发生制原则确认的收入是指会计上按照权责发生制原则确认收入，计税时未按权责发生制确认的收入，如分期收款销售商品销售收入的确认、税收规定按收付实现制确认的收入、持续时间超过12个月的收入的确认、利息收入的确认、租金收入的确认等企业财务会计处理办法与税收规定不一致应进行纳税调整产生的时间性差异的项目数据。税收规定的收入大于会计核算确认的收入，其差额应调整增加纳税所得额；反之，则应调整减少纳税所得额。

② 投资收益。投资收益是指纳税人根据《中华人民共和国企业所得税法》及其实施条例以及企业会计制度、企业会计准则核算投资项目的持有收益、处置收益中，会计核算与税收的差异金额。会计核算确认的投资收益大于税收规定的收入，其差额应调整减少纳税所得额；反之，则应调整增加纳税所得额。

税法实施条例规定，对来自于所有非上市企业，以及连续持有上市公司股票12个月以上取得的股息、红利收入，给予免税，不再实行补税率差的做法；纳税人因收回、转让或清算处置股权投资发生的股权投资损失，可以在税前扣除，但在每一纳税年度扣除的股权投资损失，不得超过当年实现的股权投资收益和投资转让所得，超过部分可按规定向以后年度结转扣除。

③ 公允价值变动净收益。公允价值变动净收益是指企业以公允价值计量且其变动计入当期损益的金融资产、金融负债以及投资性房地产的公允价值，其税法规定的计税基础与会计处理不一致应进行纳税调整的金额。

当纳税人所有的按照公允价值计量且其变动进入当期损益的金融资

产、金融负债以及投资性房地产按照税收规定确认的期末与期初的差额大于根据会计准则核算的期末与期初的差额时，其差额应调整增加纳税所得额；反之，则应调整减少纳税所得额。

④ 不征税收入。不征税收入包括财政拨款、行政事业性收费、政府性基金及其他。

财税〔2008〕151号

财政拨款是指各级人民政府对纳入预算管理的事业单位、社会团体等组织拨付的财政资金，但国务院和国务院财政、税务主管部门另有规定的除外。

行政事业性收费是指依照法律行政法规等有关规定，按照国务院规定程序批准，在实施社会公共管理，以及在向公民、法人或者其他组织提供特定公共服务过程中，向特定对象收取并纳入财政管理的费用。

政府性基金是指纳税人依照法律、行政法规等有关规定，代政府收取的具有专项用途的财政资金。

其他不征税收入是指纳税人取得的，由国务院财政、税务主管部门规定专项用途并经国务院批准的财政性资金。财政性资金，是指企业取得的来源于政府及其有关部门的财政补助、补贴、贷款贴息，以及其他各类财政专项资金，包括直接减免的增值税和即征即退、先征后退、先征后返的各种税收，但不包括企业按规定取得的出口退税款。

纳税人符合税法规定不征税收入条件并作为不征税收入处理，且已计入当期损益的金额，应调减纳税所得额；纳税人以前年度取得财政性资金且已作为不征税收入处理，在5年（60个月）内未发生支出且未缴回财政部门或其他拨付资金政府部门的，应调增纳税所得额。

▲ 提示

企业的不征税收入用于支出所形成的费用，不得在计算应纳税所得额时扣除；企业的不征税收入用于支出所形成的资产，其计算的折旧、摊销不得在计算应纳税所得额时扣除。

⑤ 销售折扣、折让和退回。销售折扣、折让和退回是指不符合税收规定的销售折扣和折让应进行纳税调整的金额和发生的销售退回因会计处理与税法规定有差异需纳税调整的金额。税收规定对折扣额另开发票的，不得从销售额中减除折扣额，应调增纳税所得额；销货退回影响损益的跨期时间性差异，应调减纳税所得额。

⑥ 其他。其他是指纳税人其他因会计处理与税法规定有差异需纳税调整的收入类项目金额。

2. 确定扣除类调整项目

（1）扣除类纳税调整增加的项目。

① 业务招待费。业务招待费是指企业发生的与生产经营活动有关的业务招待费支出，按照发生额的60%扣除，但最高不得超过当年销售（营业）收入的5‰，超过部分应调增纳税所得额。

专题材料：业务招待费的范围
【做中学】

根据情境引例计算：

业务招待费应调增所得额 = 25 − 25 × 60% = 25 − 15 = 10（万元）

4 000 × 5‰ = 20（万元）> 25 × 60% = 15（万元）

② 捐赠支出。捐赠支出分为公益性捐赠支出和非公益性捐赠支出。公益性捐赠是指企业通过公益性社会团体或者县级以上人民政府及其部门，用于《中华人民共和国公益事业捐赠法》规定的公益事业的捐赠。

企业发生的公益性捐赠支出，不超过年度会计利润总额12%的部分，准予据实扣除。超过部分和非公益性捐赠支出不允许税前扣除，应调增纳税所得额。

财税〔2008〕160号

▲ **提示**

> 与流转税的关系：企业将自产货物用于捐赠，按公允价值交纳增值税；视同对外销售缴纳所得税；但会计上不确认收入和利润。

【做中学】

根据情境引例计算：

捐赠支出应调增所得额 = 30 − 80 × 12% = 20.4（万元）

③ 罚金、罚款和被没收财物的损失。纳税人的生产、经营因违反国家法律、法规和规章，被有关部门处以的罚款、被没收财物的损失以及因违反税法规定，被处以的滞纳金、罚金，不得扣除，应调增纳税所得额。但纳税人按照经济合同规定支付的违约金（包括银行罚息）、罚款和诉讼费，不属于行政性罚款，允许在税前扣除。

④ 税收滞纳金、加收利息。税收滞纳金、加收利息是指纳税人会计核算计入当期损益的税收滞纳金、加收利息。不得在税前扣除，应调增纳税所得额。

【做中学】

根据情境引例计算：

支付税收滞纳金应调增所得额：6万元。

⑤ 赞助支出。赞助支出是指纳税人会计核算计入当期损益的不符合税法规定的公益性捐赠的赞助支出的金额，包括直接向受赠人的捐赠、赞助支出等，应调增纳税所得额。不含广告性的赞助支出，如果属于广告性赞助支出，可参照广告费用的相关规定扣除。

⑥ 佣金和手续费支出。纳税人会计核算计入当期损益的佣金和手

续费金额扣除税法规定允许税前扣除的金额后的余额，应调增纳税所得额。

⑦ 不征税收入用于支出所形成的费用。不征税收入用于支出所形成的费用是指符合条件的不征税收入用于支出所形成的计入当期损益的费用化支出金额，应调增纳税所得额。

⑧ 与收入无关的支出。与收入无关的支出是指纳税人实际发生的与取得收入无关的支出。如企业已出售给职工个人住房的折旧费、维修管理费，应调增纳税所得额。

⑨ 境外所得分摊的共同支出。境外所得分摊的共同支出是指纳税人境外分支机构应合理分摊的总部管理费等有关成本费用和实际发生与取得境外所得有关但未直接计入境外所得应纳税所得的成本费用支出，应调增纳税所得额。

（2）扣除类纳税调整减少的项目。视同销售成本是指纳税人按税收规定计算的与视同销售收入对应的成本，每一笔被确认为视同销售的经济事项，在确认计算应税收入的同时，均有与此收入相配比的应税成本。主要包括非货币性交换视同销售成本、用于市场推广或销售视同销售成本、用于交际应酬视同销售成本、用于职工奖励或福利视同销售成本、用于股息分配视同销售成本、用于对外捐赠视同销售成本、用于对外投资项目视同销售成本、提供劳务视同销售成本和其他视同销售成本。

（3）扣除类纳税调整视情况增减的项目。

① 职工薪酬。包括工资薪金支出、职工福利费支出、工会经费支出、职工教育经费支出、各类基本社会保障性缴款、住房公积金、补充养老保险、补充医疗保险和其他。

财税〔2009〕27号

工资薪金支出是指纳税人每一纳税年度支付给在本企业任职或者受雇的员工的所有现金形式或者非现金形式的劳动报酬，包括基本工资、奖金、津贴、补贴、年终加薪、加班工资，以及与员工任职或者受雇有关的其他支出。企业发生的合理工资薪金支出，准予扣除，对明显不合理的工资、薪金，则不予扣除。

国税函〔2009〕第003号

纳税人实际支出的职工福利费、工会经费，分别按照工资薪金总额的14%、2%计算限额扣除，超过部分应调增纳税所得额；纳税人的职工教育经费按工资薪金总额的2.5%计算扣除（自2018年1月1日起，从2.5%提高8%），超过部分，准予在以后纳税年度结转扣除，本年度应调增纳税所得额；当本年度职工教育经费低于工资薪金总额的8%时，差额准予结转以前年度累计未扣除的职工教育经费金额，应调减纳税所得额。

国家税务总局公告2010年第24号

专题材料：职工教育经费超标需作纳税调整

▲ 提示

软件生产企业发生的职工教育经费中的职工培训费用，可以全额在企业所得税前扣除。

【做中学】

根据情境引例计算：
工会经费应调增所得额 = 5 - 200×2% = 1（万元）
职工福利费应调增所得额 = 31 - 200×14% = 3（万元）
职工教育经费应调增所得额 = 7 - 200×2.5% = 2（万元）

纳税人依照国务院有关主管部门或者省级人民政府规定的范围和标准为职工缴纳的基本养老保险费、基本医疗保险费、失业保险费、工伤保险费、生育保险费等基本社会保险费和住房公积金，准予扣除。超过规定范围和标准部分应调增纳税所得额。

纳税人为投资者或者职工支付的补充养老保险费、补充医疗保险费，在国务院财政、税务主管部门规定的范围和标准内，准予扣除。除纳税人依照国家有关规定为特殊工种职工支付的人身安全保险费和国务院财政、税务主管部门规定可以扣除的其他商业保险费外，纳税人为投资者或者职工支付的商业保险费，不得扣除，应调增纳税所得额。

② 广告费和业务宣传费支出。企业发生的符合条件的广告费和业务宣传费支出，除国务院财政、税务主管部门另有规定外，**不超过当年销售（营业）收入15%的部分，准予扣除；超过部分，准予在以后纳税年度结转扣除**，本年度调增纳税所得额。当本年度广告费和业务宣传费低于当年扣除限额时，差额准予结转以前年度累计未扣除的广告费和业务宣传费金额，应调减纳税所得额。纳税人因行业特点等特殊原因确需提高广告费扣除比例的，须报国家税务总局批准。**对化妆品制造、医药制造和饮料制造（不含酒类制造）企业发生的广告费和业务宣传费支出，不超过当年销售（营业）收入30%的部分，准予扣除；烟草企业的烟草广告费和业务宣传费支出，一律不得在计算应纳税所得额时扣除。**

✎ 专题材料：
广告宣传费纳税筹划

财税〔2009〕72号

▲ 提示

企业计算业务招待费、广告费和业务宣传费的扣除限额时，其计算基础均是"销售（营业）收入"，具体包括企业发生非货币性资产交换，以及将货物、财产、劳务用于捐赠、偿债、赞助、集资、广告、样品、职工福利或者利润分配等用途应当视同销售（营业）的收入额，也就是会计核算中所涉及的主营业务收入、其他业务收入和视同销售收入，但不包括"营业外收入"和"投资收益"。

根据情境引例计算：

广告费和业务宣传费应调增所得额 = 650 - 4 000 × 15%
                              = 650 - 600 = 50（万元）

③ 利息支出。在生产、经营期间，非金融企业向金融企业借款的利息支出、金融企业的各项存款利息支出和同业拆借利息支出、企业经批准发行债券的利息支出，按照实际发生数扣除；非金融企业向非金融企业借款的利息支出，不超过按照金融企业同期同类贷款利率计算的数额的部分，准予扣除。企业为购置、建造固定资产、无形资产和经过12个月以上的建造才能达到预定可销售状态的存货发生借款的，在有关资产购置、建造期间发生的合理的借款费用，应当作为资本性支出计入有关资产的成本，调增纳税所得额。纳税人从关联方取得的借款金额超过其注册资本50%的，超过部分利息支出，不论利率高低，全额不得在税前扣除，未超过的部分只能按金融机构同期利率计算扣除。此外，纳税人逾期归还银行贷款，向银行支付的加收罚息，不属于行政性罚款，允许在税前扣除。

比较会计与税法对利息支出的规定，两者的主要差异表现为向非金融企业和关联方借款利息支出的扣除规定。

④ 与未实现融资收益相关在当期确认的财务费用。具有融资性质的分期收款销售商品时，根据会计准则企业应当按照应收的合同或协议价款的公允价值确定收入金额，即按照其未来现金流量现值或商品现销价格计算确定，合同或协议价款与其公允价值之间的差额，应当在合同或协议期间内，按照实际利率法摊销，分期冲减财务费用。税收规定分期收款销售商品，按合同或协议确定的时间确认收入，不存在未实现融资收益抵减当期财务费用问题，企业发生与未实现融资收益相关在当期确认的财务费用时应调增纳税所得额。

⑤ 跨期扣除。跨期扣除是指纳税人维简费（即专项用于维持简单再生产的资金）、安全生产费用、预提费用、预计负债等跨期扣除项目调整情况。当纳税人按会计核算计入当期损益的跨期扣除项目金额大于按照税法规定允许税前扣除的金额时，其差额调增纳税所得额；反之，则调减纳税所得额。

⑥ 其他。其他是指纳税人因会计处理与税法规定有差异需要纳税调整的其他扣除类项目金额。

【做中学】

根据情境引例计算：

扣除类纳税调整增加合计 = 10 + 20.4 + 6 + 1 + 3 + 2 + 50 = 92.4（万元）

3. 确定资产类调整项目

（1）资产折旧、摊销。

① 固定资产。下列差异可能导致固定资产税法折旧额与会计折旧额不一致，在计算企业所得税应税所得额时，应作纳税调整。

a. 固定资产初始成本与计税基础的差异。税法规定，固定资产以历史成本为计税基础，企业会计准则规定固定资产一般应以历史成本为计量基础，因此，两者一般不存在差异。但下列情况可能导致固定资产初始成本与计税基础的差异。

一是超过正常信用条件购入固定资产。税法规定，外购固定资产以购买价款和支付的相关税费以及直接归属于使该资产达到预定用途发生的其他支出为计税基础；企业会计准则规定，超过正常信用条件购入固定资产，按应付购买价款的现值为固定资产的入账价值，应付购买价款与其现值之间的差额作为未确认融资费用。由此将造成固定资产的初始成本与计税基础之间的差异。

二是融资租入固定资产。税法规定，融资租入的固定资产，以租赁合同约定的付款总额和承租人在签订租赁合同过程中发生的相关费用为计税基础，租赁合同未约定付款总额的，以该资产的公允价值和承租人在签订租赁合同过程中发生的相关费用为计税基础；企业会计准则规定，融资租入固定资产，以租赁开始日租赁资产的公允价值与最低租赁付款额的现值两者中的较低者为基础确定租入固定资产的入账价值，以最低租赁付款额为长期应付款，其差额作为未确认融资费用。由此将造成固定资产的初始成本与计税基础之间的差异。

根据税法规定，准予税前扣除的固定资产折旧，是以按税法确定的固定资产计税基础为基数计算的计税折旧额，固定资产初始成本与计税基础的不同将直接导致会计折旧与计税折旧之间存在差异，从而导致应纳税所得额与会计利润的不同，必须进行纳税调整。

▲ 提示　企业固定资产投入使用后，由于工程款项尚未结清而未取得全额发票的，可暂按合同规定的金额计入固定资产计税基础计提折旧，待发票取得后进行调整。但该项调整应在固定资产投入使用后12个月内进行。

b. 固定资产折旧范围的差异。税法规定，除房屋建筑物以外未投入使用的固定资产、已足额提取折旧但仍继续使用的固定资产、与经营活动无关的固定资产和单独估价作为固定资产入账的土地不得计提折旧；企业会计准则规定，除已提足折旧继续使用的固定资产和单独估价作为固定资产入账的土地外，所有的固定资产均应计提折旧。

当税法规定的折旧范围与会计确定的折旧范围不一致时，必将造成计税折旧与会计折旧之间的差异，进而必须进行纳税调整。

c. 固定资产折旧方法的差异。税法规定，固定资产应采用直线法计提折旧，但特殊原因确需加速折旧的，可缩短折旧年限或采取加速折旧的方法。采取缩短折旧年限方法的，最低折旧年限不得低于企业所得税法规定折旧年限的60%；采取加速折旧方法的，可以采取双倍余额递减法或年数总和法。所谓"特殊原因"是指由于技术进步，产品更新换代较快；常年处于强震动、高腐蚀状态的原因；企业会计准则规定，企业应根据固定资产所包含的经济利益预期实现方式，合理选择固定资产折旧方法，如年限平均法、工作量法、双倍余额递减法和年数总和法等。

对生物药品制造业，专用设备制造业，铁路、船舶、航空航天和其他运输设备制造业，计算机、通信和其他电子设备制造业，仪器仪表制造业，信息传输、软件和信息技术服务业等6个行业的企业2014年1月1日后新购进的固定资产和轻工、纺织、机械、汽车4个领域重点行业的企业2015年1月1日后新购进的固定资产，可缩短折旧年限或采取加速折旧的方法。

当企业采用的折旧方法不符合税法规定时，就会造成会计折旧与计税折旧差异，进而必须进行纳税调整。

d. 固定资产折旧年限的差异。企业所得税法按不同种类固定资产分别规定了计算折旧的最低年限：房屋、建筑物为20年；飞机、火车、轮船、机器、机械和其他生产设备为10年；与生产经营活动有关的器具、工具、家具等为5年；飞机、火车、轮船以外的运输工具为4年；电子设备为3年；企业会计准则要求企业根据固定资产的性质和使用情况，合理确定固定资产的使用寿命，并按使用寿命分期计提折旧。

对2014年1月1日后新购进的下列固定资产，单位价值不超过100万元的，允许一次性计入当期成本费用在计算应纳税所得额时扣除，不再分年度计算折旧，单位价值超过100万元的，可缩短折旧年限或采取加速折旧的方法：所有行业企业专门用于研发的仪器、设备（2018年1月1日至2020年12月31日期间，单位价值上限从100万元提高到500万元）；生物药品制造业，专用设备制造业，铁路、船舶、航空航天和其他运输设备制造业，计算机、通信和其他电子设备制造业，仪器仪表制造业，信息传输、软件和信息技术服务业等6个行业和2015年1月1日以后购进的轻工、纺织、机械、汽车等4个领域重点行业的小型微利企业供研发和生产经营共用的仪器、设备。

财税〔2014〕75号

财税〔2015〕106号

自2014年1月1日起，对所有行业企业持有的单位价值不超过5 000元的固定资产，允许一次性计入当期成本费用在计算应纳税所得额时扣除，不再分年度计算折旧。

当税法规定的折旧年限与会计确定的折旧年限不一致时，必将造成计税折旧与会计折旧之间的差异，进而必须进行纳税调整。

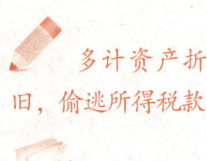

多计资产折旧，偷逃所得税款

国税发〔2009〕081号

e. 固定资产减值的差异。税法规定，不符合国务院财政、税务主管部门规定的各项资产减值准备、风险准备等准备金支出，不得在计算应纳税所得额时扣除。企业持有各项资产期间的资产增值或减值，除国务院财政、税务主管部门规定可以确认损益外，不得调整该项资产的计税基础；企业会计准则规定，在会计期末，当固定资产存在减值迹象，经测试可收回金额低于其账面价值的，应确认资产的减值损失，同时计提固定资产减值准备。计提减值准备后的固定资产，应当按照计提减值准备后的账面价值及尚可使用年限重新计算确定折旧率、折旧额。由此将造成其以后期间计税折旧和会计折旧的差异，进而必须进行纳税调整。

② 生产性生物资产折旧。生产性生物资产是指企业为生产农产品、提供劳务或者出租等而持有的生物资产，包括经济林、薪炭林、产畜和役畜等。生产性生物资产折旧当会计核算与税收规定不一致时，需要按税收规定进行纳税调整。

生产性生物资产按照以下方法确定计税基础：外购的生产性生物资产，以购买价款和支付的相关税费为计税基础；通过捐赠、投资、非货币性资产交换、债务重组等方式取得的生产性生物资产，以该资产的公允价值和支付的相关税费为计税基础。

生产性生物资产应当按照直线法计算折旧，企业应当自生产性生物资产投入使用月份的次月起计算折旧；停止使用的生产性生物资产，应当自停止使用月份的次月起停止计算折旧。企业应当根据生产性生物资产的性质和使用情况，合理确定生产性生物资产的预计净残值，预计净残值一经确定，不得变更。生产性生物资产计算折旧的最低年限如下：林木类生产性生物资产，为 10 年；畜类生产性生物资产，为 3 年。

③ 无形资产摊销。无形资产是指企业为生产产品、提供劳务、出租或者经营管理而持有的、没有实物形态的非货币性长期资产，包括专利权、商标权、著作权、土地使用权、非专利技术、特许权使用费等。无形资产摊销当会计核算与税收规定不一致时，需要按税收规定进行纳税调整。

无形资产按照以下方法确定计税基础：外购的无形资产，以购买价款和支付的相关税费以及直接归属于使该资产达到预定用途发生的其他支出为计税基础；自行开发的无形资产，以开发过程中该资产符合资本化条件后至达到预定用途前发生的支出为计税基础；通过捐赠、投资、非货币性资产交换、债务重组等方式取得的无形资产，以该资产的公允价值和支付的相关税费为计税基础。

无形资产按照直线法计算的摊销费用，准予扣除，摊销年限不得低于10年；作为投资或者受让的无形资产，有关法律规定或者合同约定了使用年限的，可以按照规定或者约定的使用年限分期摊销；外购商誉的支出，在企业整体转让或者清算时，准予扣除。

下列无形资产不得计算摊销费用扣除：自行开发的支出已在计算应纳税所得额时扣除的无形资产；自创商誉；与经营活动无关的无形资产；其他不得计算摊销费用扣除的无形资产。

④ 长期待摊费用的摊销。长期待摊费用是指不能全部计入当年损益，应当在以后年度内分期摊销的各项费用。包括固定资产的改建支出（含已足额提取折旧的固定资产的改建支出和租入固定资产改建支出）、固定资产的大修理支出和开办费等。长期待摊费用的摊销当会计核算与税收规定不一致时，需要按税收规定进行纳税调整。

固定资产的改建支出是指改变房屋或者建筑物结构、延长使用年限等发生的支出。已足额提取折旧的固定资产的改建支出按照固定资产预计尚可使用年限分期摊销；租入固定资产的改建支出按照合同约定的剩余租赁期限分期摊销。其他改建的固定资产延长使用年限的，应当适当延长折旧年限。

固定资产的大修理支出，是指同时符合下列条件的支出：修理支出达到取得固定资产时的计税基础50%以上；修理后固定资产的使用年限延长2年以上。

固定资产的大修理支出按照固定资产尚可使用年限分期摊销。

其他应当作为长期待摊费用的支出自支出发生月份的次月起，分期摊销，摊销年限不得低于3年。

（2）资产减值准备金。纳税人未经财政、税务部门核实的准备金，如坏账准备金、存货跌价准备金、短期投资跌价准备金、理赔费用准备金、固定资产减值准备金、长期投资减值准备金、无形资产减值准备金以及国家税收法规规定可提取的准备金之外的任何形式的准备金，不得扣除，应调增纳税所得额。企业按会计准则因价值恢复、资产转让等原因转回准备金时，调减纳税所得额。企业资产损失实际发生时，经报主管税务机关核定后，在实际发生年度按其发生额扣除。

（3）资产损失。企业在生产经营活动中发生的固定资产和存货的盘亏、毁损、报废损失，转让财产损失，呆账损失，坏账损失，自然灾害等不可抗力因素造成的损失以及其他损失，减除责任人赔偿和保险赔款后的余额，依照税务主管部门的规定扣除。企业已经作为损失处理的资产，在以后纳税年度又全部或部分收回时，应当计入当期收入。企业发生的各类财产损失的扣除额按以下原则确定。

① 货币资产损失。包括现金损失、银行存款损失和应收及预付款项损失等。

现金损失。企业清查出的现金短缺减除责任人赔偿后的余额，作为现金损失在计算应纳税所得额时扣除。

银行存款损失。企业将货币性资金存入法定具有吸收存款职能的机构，因该机构依法破产、清算，或政府责令停业、关闭等原因，确实不能收回的部分，作为存款损失在计算应纳税所得额时扣除。

应收及预付款项损失。企业除贷款类债权外的应收、预付账款符合下列条件之一的，减除可收回金额后确认的无法收回的应收、预付款项，可以作为坏账损失在计算应纳税所得额时扣除：债务人依法宣告破产、关闭、解散、被撤销，或被依法注销、吊销营业执照，其清算财产不足清偿的；债务人死亡，或依法被宣告失踪、死亡，其财产或遗产不足清偿的；债务人逾期3年以上未清偿，且有确凿证据证明已无力清偿债务的；与债务人达成债务重组协议或法院批准破产重整计划后，无法追偿的；因自然灾害、战争等不可抗力导致无法收回的；国务院财政、税务主管部门规定的其他条件。

② 非货币资产损失。包括存货损失、固定资产损失、无形资产损失、在建工程损失、生产性生物资产损失等。

对企业盘亏的固定资产或存货，以该固定资产的账面净值或存货的成本减除责任人赔偿后的余额，作为固定资产或存货盘亏损失在计算应纳税所得额时扣除；对企业毁损、报废的固定资产或存货，以该固定资产的账面净值或存货的成本减除残值、保险赔款和责任人赔偿后的余额，作为固定资产或存货毁损、报废损失在计算应纳税所得额时扣除；对企业被盗的固定资产或存货，以该固定资产的账面净值或存货的成本减除保险赔款和责任人赔偿后的余额，作为固定资产或存货被盗损失在计算应纳税所得额时扣除；企业因存货盘亏、毁损、报废、被盗等原因不得从增值税销项税额中抵扣的进项税额，可以与存货损失一起在计算应纳税所得额时扣除。

③ 投资损失。企业的股权投资符合下列条件之一的，减除可收回金额后确认的无法收回的股权投资，可以作为股权投资损失在计算应纳税所得额时扣除：被投资方依法宣告破产、关闭、解散、被撤销，或被依法注销、吊销营业执照的；被投资方财务状况严重恶化，累计发生巨额亏损，已连续停止经营3年以上，且无重新恢复经营改组计划的；对被投资方不具有控制权，投资期限届满或投资期限已超过10年，且被投资单位因连续3年经营亏损导致资不抵债的；被投资方财务状况严重恶化，

累计发生巨额亏损,已完成清算或清算期超过3年以上的;国务院财政、税务主管部门规定的其他条件。

企业的各项财产损失,应在损失发生当年申报扣除,不得提前或延后。非因计算错误或其他客观原因,企业未及时申报的财产损失,逾期不得扣除。确因税务机关原因未能按期扣除的,经税务机关批准后,应调整该财产损失发生年度的纳税申报表,并相应抵退税款,不得改变财产损失所属纳税年度。

(4)其他。其他是指纳税人因会计处理与税法规定有差异需要纳税调整的其他资产类项目金额。

4. 确定特殊事项调整项目

(1)企业重组。企业重组包括债务重组、股权收购、资产收购、企业合并、企业分立和其他等项目,发生企业重组的纳税人,按税法确认的所得(或损失)与按会计核算确认的损益金额的差额若大于0,应调增纳税所得额;反之,则调减纳税所得额。对于发生债务重组业务且选择特殊性税务处理(即债务重组所得可以在5个纳税年度均匀计入应纳税所得额)的纳税人,重组日所属纳税年度的以后纳税年度,也在本项目进行债务重组的纳税调整。

(2)政策性搬迁。企业政策性搬迁是指由于社会公共利益的需要,在政府主导下企业进行整体搬迁或部分搬迁。企业在搬迁期间发生的搬迁收入和搬迁支出,可以暂不计入当期应纳税所得额,而在完成搬迁的年度,对搬迁收入和支出进行汇总清算,进行纳税所得额的调整。

① 搬迁收入。包括搬迁过程中从本企业以外(包括政府或其他单位)取得的搬迁补偿收入,以及本企业搬迁资产处置收入等。搬迁补偿收入是指企业由于搬迁取得的货币性和非货币性补偿收入。具体包括对被征用资产价值的补偿;因搬迁、安置而给予的补偿;对停产停业形成的损失而给予的补偿;资产搬迁过程中遭到毁损而取得的保险赔款和其他补偿收入。搬迁资产处置收入是指企业由于搬迁而处置企业各类资产所取得的收入。企业由于搬迁处置存货而取得的收入,应按正常经营活动取得的收入进行所得税处理,不作为企业搬迁收入。

② 搬迁支出。包括搬迁费用支出以及由于搬迁所发生的企业资产处置支出。搬迁费用支出是指企业搬迁期间所发生的各项费用,包括安置职工实际发生的费用、停工期间支付给职工的工资及福利费、临时存放搬迁资产而发生的费用、各类资产搬迁安装费用以及其他与搬迁相关的费用。资产处置支出是指企业由于搬迁而处置各类资产所发生的支出,包括变卖及处置各类资产的净值、处置过程中所发生的税费等支出。

③ 搬迁所得或损失。企业的搬迁收入扣除搬迁支出后的余额，若大于0，为企业的搬迁所得，调增搬迁完成年度的纳税所得额；若小于0，则为搬迁损失，可选择一次性扣除或分期扣除的办法调减纳税所得额。

（3）特殊行业准备金。特殊行业的准备金包括保险公司的准备金、证券行业的风险基金、期货行业的风险准备金、金融行业的损失准备金、中小企业信用担保机构的赔偿准备金等。

特殊行业纳税人按会计核算计入当期损益的金额与按税法规定允许税前扣除的金额的差额若大于0，应调增纳税所得额；反之，则调减纳税所得额。

（4）房地产开发企业特定业务计算的纳税调整额。房地产开发企业特定业务计算的纳税调整额是指房地产企业销售未完工产品、未完工产品转完工产品特定业务按税法规定纳税调整的金额。

房地产企业销售未完工开发产品取得销售收入按税收规定计算的纳税调整额与房地产企业销售的未完工产品转完工产品按税法规定计算的纳税调整额的差额若大于0，应调增纳税所得额；反之，则调减纳税所得额。

5. 确定特别纳税调整项目

特别纳税调整是税务机关对各种避税行为进行特定纳税事项所作的调整，包括针对纳税人转让定价、资本弱化、避税港避税及其他情况所进行的税务调整。

（1）企业与其关联方之间的业务往来，不符合独立交易原则而减少企业或者其关联方应纳税收入或者所得额的，税务机关有权按照合理方法进行调整。

（2）企业与其关联方共同开发、受让无形资产，或者共同提供、接受劳务发生的成本，在计算应纳税所得额时应当按照独立交易原则进行分摊。企业与其关联方分摊成本时，应当按照成本与预期收益相配比的原则进行，并在税务机关规定的期限内，按照税务机关的要求报送有关资料。企业与其关联方分摊成本时违反独立交易原则或配比原则的，其自行分摊的成本不得在计算应纳税所得额时扣除。

（3）由居民企业，或者由居民企业和中国居民控制的设立在实际税负明显低于我国法定税率水平的国家（地区）的企业，即低于我国法定税率的50%，并非由于合理的经营需要而对利润不作分配或者减少分配的，上述利润中应归属于该居民企业的部分，应当计入该居民企业的当期收入。

（4）企业从其关联方接受的债权性投资与权益性投资的比例超过规定标准而发生的利息支出，不得在计算应纳税所得额时扣除。

企业实施其他不具有合理商业目的的安排而减少其应纳税收入或者所得额的，税务机关有权按照合理方法调整。税务机关作出纳税调整，需要补征税款的，应当补征税款，并按照规定加收利息。

税务机关根据规定对企业作出特别纳税调整的，自税款所属纳税年度的次年6月1日起至补缴税款之日止的期间，按日加收利息，并按照税款所属纳税年度中国人民银行公布的与补税期间同期的人民币贷款基准利率加5个百分点计算；企业按规定提供有关资料的，可以只按规定的人民币贷款基准利率计算利息。加收的利息，不得在计算应纳税所得额时扣除。

企业与其关联方之间的业务往来，不符合独立交易原则，或者企业实施其他不具有合理商业目的安排的，税务机关有权在该业务发生的纳税年度起10年内，进行纳税调整。

（三）计算免税、减计收入及加计扣除额

免税、减计收入及加计扣除额是指纳税人属于税法规定的免税收入、减计收入和加计扣除金额的合计。

1. 免税收入

免税收入是指纳税人本年度发生的根据税收规定免征企业所得税的收入和所得，具体包括国债利息收入，符合条件的居民企业之间的股息、红利等权益性投资收益，符合条件的非营利组织的收入和其他专项优惠。

（1）国债利息收入是指企业持有国务院财政部门发行的国债取得的利息收入，是指到期的利息收入，不是中途转让的收益。

（2）符合条件的居民企业之间的股息、红利等权益性投资收益是指居民企业直接投资于另一居民企业所取得的投资收益，不包括连续持有居民企业公开发行并上市流通的股票不足12个月取得的投资收益。税收政策规定对来自于所有非上市企业，以及连续持有上市公司股票12个月以上取得的股息、红利等投资收益，给予免税，不再补税率差。

（3）符合条件的非营利组织的收入是指同时符合下列条件的非营利组织的收入：依法履行非营利组织登记手续；从事公益性或者非营利性活动；取得的收入除用于与该组织有关的、合理的支出外，全部用于登记核定或者章程规定的公益性或者非营利性事业；财产及其孳息不用于分配；按照登记核定或者章程规定，该组织注销后的剩余财产用于公益性或者非营利性目的，或者由登记管理机关转赠给与该组织性质、宗旨相同的组织，并向社会公告；投入人对投入该组织的财产不保留或者享有任何财产权利；工作人员工资福利开支控制在规定的比例内，不变相分配该组织的财产。

我国相关管理办法规定，非营利组织一般不能从事营利性活动。因此，为规范此类组织的活动，防止其从事经营性活动可能带来的税收漏洞，《中华人民共和国企业所得税法实施条例》规定，对非营利组织的营利性活动取得的收入，不予免税。但国务院财政、税务主管部门另有规定的除外。

（4）其他专项优惠是指纳税人除上述已列明免税收入以外的，按税收规定可以免税的其他收入。如中国清洁发展机制基金取得的收入，证券投资基金从证券市场取得的收入，取得的地方政府债券利息所得或收入，受灾地区企业取得的救灾和灾后恢复重建款项等收入等。

"不征税收入"不同于"免税收入"

2. 减计收入

减计收入包括综合利用资源生产产品取得的收入和其他专项优惠。

（1）综合利用资源生产产品取得的收入是指纳税人以《资源综合利用企业所得税优惠目录》内的资源作为主要原材料，生产非国家限定并符合国家和行业相关标准的产品所取得的收入，减按90%计入收入总额。调减按政策规定减计10%收入的部分。

（2）其他专项优惠是指金融、保险等机构取得的涉农利息、保费收入和取得的中国铁路建设债券利息收入，对企业持有发行的中国铁路建设债券取得的利息收入，减半征收企业所得税，调减按政策规定减计50%收入的部分。

财税〔2008〕117号

3. 加计扣除

加计扣除主要包括开发新技术、新产品、新工艺发生的研究开发费用；安置残疾人员所支付的工资和国家鼓励安置的其他就业人员支付的工资等可以加计扣除的税收优惠政策。

（1）开发新产品、新技术、新工艺所发生的研究开发费用，包括新产品设计费、工艺流程制定费、设备调整费、原材料和半成品的试验费、技术图书资料费、未纳入国家计划的中间试验费、研究机构人员的工资、研究设备的折旧、与新产品的试制、技术研究有关的其他经费以及委托其他单位进行科研试制的费用，未形成无形资产的，可不受比例限制在据实扣除的基础上，按照研究开发费用的50%加计扣除，加计扣除部分已形成企业年度亏损，可以用以后年度所得弥补，但结转年限最长不超过5年；形成无形资产的，按照无形资产成本的150%摊销。

（2）企业安置残疾人员所支付的工资，在按照支付给残疾职工工资据实扣除的基础上，按照支付给残疾职工工资的100%加计扣除。残疾人员的范围适用《中华人民共和国残疾人保障法》的有关规定。

（3）企业安置国家鼓励的其他就业人员所支付的工资，可以在计算应纳税所得额时加计扣除；国家鼓励安置的其他就业人员是指下岗失业人员、军队转业干部、城镇退役士兵、随军家属等。

（四）计算境外应税所得抵减境内亏损额

境外应税所得抵减境内亏损是指纳税人在计算缴纳企业所得税时，其境外营业机构的盈利可以抵减境内营业机构的亏损。即当"利润总额"，加上"纳税调整增加额"，减去"境外所得""纳税调整减少额"和"免税、减计收入及加计扣除"后的余额为负数时，境外应税所得可以用于抵减境内亏损，最大不得超过企业当年的全部境外应税所得；若为正数时，如以前年度无亏损额，则不需要抵减；如以前年度有亏损额，则可以抵减以前年度亏损额，最大不得超过企业当年的全部境外应税所得。

（五）计算所得减免额

所得减免是指按照税法规定减征、免征企业所得税项目的所得。其主要包括农、林、牧、渔业项目，国家重点扶持的公共基础设施项目，符合条件的环境保护、节能节水项目，符合条件的技术转让项目和其他专项优惠项目。

（六）计算抵扣应纳税所得额

抵扣应纳税所得额是指创业投资企业采取股权投资方式投资于未上市的中小高新技术企业 2 年以上的，可以按照其投资额的 70% 在股权持有满 2 年的当年抵扣该创业投资企业的应纳税所得额；当年不足抵扣的，可以在以后纳税年度结转抵扣。

（七）计算弥补以前年度亏损额

弥补以前年度亏损是指纳税人按税收规定可以在税前弥补的以前年度亏损额。税法中的亏损称为应税亏损，是指对财务会计亏损按税法调整后的应纳税所得额为负数的金额。企业某一年度发生的亏损可以用下一年度的所得弥补；下一年度的所得不足以弥补的，可以逐年延续弥补，但最长不超过 5 年，自 2018 年 1 月 1 日起，高新技术企业和科技型中小企业亏损结转年限由 5 年延长至 10 年。亏损弥补应注意的问题：

（1）亏损弥补期是自亏损年度的下一个年度起连续 5 年不间断的计算，5 年内不论是盈利或亏损，都作为实际弥补期限计算。

（2）连续发生亏损，其亏损弥补期应按每个年度分别计算，按先先补的顺序弥补，不能将每个亏损年度的亏损弥补期相加。

（3）企业境外业务之间的盈亏可以互相弥补，但企业境外投资除合并、撤销、依法清算外形成的亏损不得用境内盈利弥补。

根据情境引例计算：

应纳税所得额 = 80 + 92.4 = 172.4（万元）

专题材料：
当年不计损益来年不再补提

【做中学】

▲ 提示　该盈利为税法中的盈利，即应纳税所得额为"正数"的情况，会计上有可能为亏损，但税法上有可能为盈利；反之则相反。

▲ 提示　企业自开始生产经营的年度，为开始计算企业损益的年度，企业从事生产经营之前进行筹办活动期间发生筹办费用支出，不得计算为当期的亏损。

三、计算应纳所得税额

（一）计算平时预缴所得税额

企业所得税实行按年计征、分月（季）预缴、年终汇算清缴、多退少补的办法，实行查账征收方式申报企业所得税的居民纳税人及在中国境内设立机构的非居民纳税人在月（季）度预缴企业所得税时可采用以下方法计算缴纳。

1. 据实预缴

本月（季）应缴所得税额 = 实际利润累计额 × 税率 − 减免所得税额 − 已累计预缴的所得税额

实际利润累计额是指纳税人按会计制度核算的利润总额，包括从事房地产开发企业按本期取得预售收入计算出的预计利润等。平时预缴时，先按会计利润计算，暂不作纳税调整，待会计年度终了再作纳税调整。

税率统一按照《中华人民共和国企业所得税法》规定的25%计算应纳所得税额。

减免所得税额是指纳税人当期实际享受的减免所得税额，包括享受减免税优惠过渡期的税收优惠、小型微利企业的税率优惠、高新技术企业的税率优惠及经税务机关审批或备案的其他减免税优惠。

2. 按照上一纳税年度应纳税所得额的平均额预缴

$$本月（季）应缴所得税额 = \frac{上一纳税年度应纳税所得额}{12（或4）} × 税率$$

按上一纳税年度应纳税所得额实际数除以12（或4）得出每月（或季）纳税所得额，上一纳税年度所得额中不包括纳税人的境外所得。税率统一按照25%计算。

除了以上两种方法计算预缴所得税外，还可以采用税务机关确定的其他方法。

（二）汇算清缴年度应纳所得税额

企业所得税纳税人在分月（季）预缴的基础上，实行年终汇算清缴、多退少补的办法。计算公式如下：

实际应纳所得税额 = 应纳税所得额 × 税率 – 减免所得税额 – 抵免所得税额 + 境外所得应纳所得税额 – 境外所得抵免所得税额

本年应补（退）的所得税额 = 实际应纳所得税额 – 本年累计实际已预缴的所得税额

应纳税所得额是指在企业会计利润总额的基础上，加减纳税调整等相关项目金额后计算得出，税率按 25% 计算。

1. 计算减免所得税额

减免所得税额是指纳税人按照税收优惠政策规定实际减免的企业所得税额，主要有：

（1）小型微利企业的减征税额。从事国家非限制和禁止行业并符合规定条件的小型微利企业享受 20% 的优惠税率。

小型微利企业的减征税额 = 应纳税所得额 ×（25% – 20%）

（2）高新技术企业的减征税额。国家需要重点扶持的高新技术企业，减按 15% 的税率征收企业所得税。

高新技术企业的减征税额 = 应纳税所得额 ×（25% – 15%）

（3）民族自治地方企业的减征额。民族自治地方的自治机关对本民族自治地方的企业应缴纳的企业所得税中属于地方分享的部分，可以决定减征或者免征。自治州、自治县决定减征或者免征的，须报省、自治区、直辖市人民政府批准。

（4）其他专项优惠减征额。其他专项优惠减征额是指除上述已列明减征额以外的，按税收规定可以减征的其他企业的减征金额。如经济特区和上海浦东新区新设立的高新技术企业，受灾地区损失严重的企业，符合条件的集成电路企业和软件企业等按税法规定可以减免所得税的金额。

2. 计算抵免所得税额

纳税人购置并实际使用《环境保护专用设备企业所得税优惠目录》、《节能节水专用设备企业所得税优惠目录》和《安全生产专用设备企业所得税优惠目录》规定的环境保护、节能节水、安全生产等专用设备的，该专用设备投资额的 10% 可以从企业当年的应纳税额中抵免；当年不足抵免的，可以在以后 5 个纳税年度结转抵免。

享受上述企业所得税优惠的企业，应当实际购置并自身实际投入使用规定的专用设备；企业购置上述专用设备在 5 年内转让、出租的，应当停止享受企业所得税优惠，并补缴已经抵免的企业所得税税款。

3. 计算境外所得应补税额

财税〔2009〕125号

居民纳税人应就其来源于境内外所得纳税，对来源于境外的所得已在境外缴纳的所得税税额，可以从其当期应纳税额中抵免。计算步骤如下：

境外所得应补税额 = 境外所得应纳所得税额 − 境外所得抵免所得税额

境外所得应纳所得税额 =（境外所得换算成含税收入的所得 − 弥补以前年度境外亏损 − 境外免税所得 − 境外所得弥补境内亏损）× 税率

境外所得抵免所得税额 = 本年可抵免的境外所得税款 + 本年可抵免以前年度所得税额

（1）境外所得应纳所得税额的计算。境外所得是指纳税人来源于境外的收入总额（包括生产经营所得和其他所得），扣除按税收规定允许扣除的境外发生的成本费用后的金额。若取得的所得为税后收入，则需将其换算为包含在境外缴纳企业所得税的所得，换算公式如下：

境外所得换算成含税收入的所得

= 适用所在国家或地区所得税税率的境外所得 ÷（1 − 适用所在国家或地区所得税税率）+ 适用所在国家预提所得税税率的境外所得 ÷（1 − 适用所在国家预提所得税税率）

弥补以前年度亏损是指纳税人境外所得按税收规定弥补以前年度的境外亏损额；免税所得是指境外所得中按税收规定予以免税的部分；境外所得弥补境内亏损是指境外所得按税收规定弥补境内的亏损额部分。

国家税务总局公告，2010年第1号

（2）境外所得抵免所得税额的计算。境外所得抵免所得税额包括本年可抵免的境外所得税款和本年可抵免以前年度所得税额两部分金额。

境外所得税款的抵免限额为该项所得依照我国税法规定计算的应纳税额，超过抵免限额的部分，可以在以后五个年度内，用每年度抵免限额抵免当年应抵税额后的余额进行抵补。除国务院财政、税务主管部门另有规定外，应当按分国（地区）不分项计算，公式如下：

抵免限额 = 中国境内、境外所得依照企业所得税法和条例的规定计算的应纳税总额 × 来源于某国（地区）的应纳税所得额 ÷ 中国境内、境外应纳税所得总额

纳税人来源于境外的所得在境外实际缴纳的所得税税款，低于依照税法计算的扣除限额的，可以从应纳税额中如数扣除，若有前五年境外

所得已缴税款未抵扣的余额，可在限额内扣除；高于扣除限额的，其超过部分不得在本年度的应纳税额中扣除，也不得列为费用支出，但可用以后年度税额扣除的余额补扣，补扣期限最长不得超过五年。

根据情境引例计算：

2015 年应纳企业所得税额 = 172.4 × 25% = 43.1（万元）

【做中学】

▲ 提示

企业按照规定计算的当期境内、境外应纳税所得总额小于零的，应以零计算当期境内、境外应纳税所得总额，其当期境外所得税的抵免限额也为零。

四、计算核定征收企业的应纳所得税额

为了加强企业所得税的征收管理，根据《税收征收管理法》的有关规定，可对部分中小企业采取核定征收的办法计算其应纳税额。

国税发〔2008〕30号

（一）确定所得税核定征收企业的范围

纳税人具有下列情形之一的，应采取核定征收方式征收企业所得税：

（1）依照税法规定可以不设账或应设而未设账的。

（2）只能准确核算收入总额或收入总额能够查实，但其成本费用支出不能准确核算。

（3）只能准确核算成本费用支出或成本费用支出能够查实，但其收入总额不能准确核算。

（4）收入总额、成本费用支出虽能正确核算，但未按规定保存有关凭证、账簿及纳税资料。

（5）虽然能够按规定设置账簿并进行核算，但未按规定保存有关凭证、账簿及纳税资料。

（6）未按规定期限办理纳税申报，经税务机关责令限期申报，逾期仍不申报的。

（二）选择核定征收的办法

核定征收方式包括定额征收和核定应税所得率征收两种方法。

（1）定额征收。定额征收是税务机关按照一定的标准、程序和方法，直接核定纳税人年度应纳所得税额，由纳税人按规定申报缴纳的办法。主管税务机关应对纳税人的有关情况进行调查研究、分类排队、认真测算，按年从高直接核定纳税人的应纳所得税额。

（2）核定应税所得率征收。核定应税所得率征收是税务机关按照一定的标准、程序和方法，预先核定纳税人的应税所得率，由纳税人根据纳税年度内的收入总额或成本费用等项目的实际发生额，按预先核定的

国税函〔2009〕第377号

应税所得率计算缴纳企业所得税的办法。

（三）选择应税所得率

应税所得率统一执行标准见表 5-1。

表5-1　应税所得率

行　　业	应税所得率（%）
农、林、牧、渔业	3 ~ 10
制造业	5 ~ 15
批发和零售贸易业	4 ~ 15
交通运输业	7 ~ 15
建筑业	8 ~ 20
饮食业	8 ~ 25
娱乐业	15 ~ 30
其他行业	10 ~ 30

企业经营多业时，不论其经营项目是否单独核算，均由主管税务机关根据其主营项目，核定其适用某一行业的应税所得率。

（四）计算应纳所得税额

应税所得额计算公式如下：

应税所得额 = 应税收入额 × 应税所得率

企业纳税综合计算案例

国税函〔2009〕第377号

或 $= \dfrac{成本费用支出额}{1-应税所得率} \times 应税所得率$

应税收入额 = 收入总额 - 不征税收入 - 免税收入

应纳所得税额 = 应税所得额 × 适用税率

【典型任务举例】

2016 年 3 月，会计专业应届毕业生陈某到黄河有限责任公司报税岗位进行顶岗实习，正值企业进行 2015 年度企业所得税年度汇算清缴工作。

该公司为居民企业，2015 年境内经营业务如下：

（1）取得销售收入 2 500 万元；

（2）销售成本 1 100 万元；

（3）发生销售费用 670 万元（其中广告费 450 万元），管理费用 480 万元（其中业务招待费 15 万元、新技术的研究开发费用为 40 万元），财务费用 60 万元；

（4）销售税金160万元（含增值税120万元）；

（5）营业外收入70万元，营业外支出50万元（含通过公益性社会团体向贫困山区捐款36.24万元，支付税收滞纳金6万元）；

（6）连续12个月以上的权益性投资收益34万元（已在投资方所在地按15%的税率缴纳了所得税）；

（7）计入成本、费用中的实发工资总额150万元，拨缴职工工会经费3万元，支出职工福利费23万元，职工教育经费6万元。

该公司2015年已预缴了企业所得税50万元。

该公司在A、B两国设有分支机构，在A国机构的税后所得为28万元，A国所得税税率为30%；在B国机构的税后所得为24万元，B国所得税税率为20%。在A、B两国已分别缴纳所得税12万元、6万元。假设在A、B两国应税所得额的计算与我国税法相同。

要求：分别进行相关项目的年度纳税调整，计算黄河有限责任公司2015年应补缴的企业所得税税额。

【操作步骤】

第一步，计算会计利润总额。

会计利润总额 = 2 500 − 1 100 − 670 − 480 − 60 − (160−120) + 70 − 50 + 34 + 28 + 24 = 256（万元）

第二步，计算纳税调整增加额。

（1）广告费和业务宣传费调增所得额 = 450 − 2 500 × 15%
$$= 450 − 375 = 75（万元）$$

（2）业务招待费调增所得额 = 15 − 15 × 60% = 15 − 9 = 6（万元）；
2 500 × 5‰ = 12.5（万元） > 9（万元）

（3）捐赠支出应调增所得额 = 36.24 − 256 × 12% = 5.52（万元）

（4）支付的税收滞纳金调增所得额 = 6（万元）

（5）职工福利费调增所得额 = 23 − 150 × 14% = 2（万元）

职工教育经费调增所得额 = 6 − 150 × 2.5% = 2.25（万元）

纳税调整增加额 = 75 + 6 + 5.52 + 6 + 2 + 2.25 = 96.77（万元）

第三步，计算纳税调整减少额。

（1）技术研究开发费用调减所得额 = 40 × 50% = 20（万元）

（2）权益性投资收益调减所得额 = 34（万元）

（3）境外税后所得在计算境内所得应纳税额时，予以调减 28 + 24 = 52（万元）

纳税调整减少额 = 20 + 34 + 52 = 106（万元）

第四步，计算应税所得额。

应税所得额 = 256 + 96.77 − 106 = 246.77（万元）

第五步，计算应纳所得税额。

（1）境内所得应纳所得税额 = 246.77 × 25% = 61.692 5（万元）

（2）境外所得应补缴的税额。境外所得换算为含税收入的所得：

A 国：28 ÷（1 − 30%）= 40（万元）

B 国：24 ÷（1 − 20%）= 30（万元）

境外所得应纳所得税额 =（40 + 30）× 25% = 17.5（万元）

抵扣限额：

A 国的抵扣限额 =（246.77 + 40 + 30）× 25% × 40 / 316.77 = 10（万元）

B 国的抵扣限额 =（246.77 + 40 + 30）× 25% × 30 / 316.77 = 7.5（万元）

在 A 国实际缴纳所得税 12 万元，高于抵扣限额，只能抵扣 10 万元，超过限额的 2 万元当年不得抵扣。

在 B 国实际缴纳所得税 6 万元，低于抵扣限额 7.5 万元，可全额抵扣。

境外所得应补缴的所得税额 = 17.5 − 10 − 6 = 1.5（万元）

注意：A、B 两国的抵扣限额不能合并计算。

（3）该公司 2015 年应补缴企业所得税额：

61.692 5 + 1.5 − 50 = 13.192 5（万元）

学习子情境二　企业所得税纳税申报

【工作过程与岗位对照图】

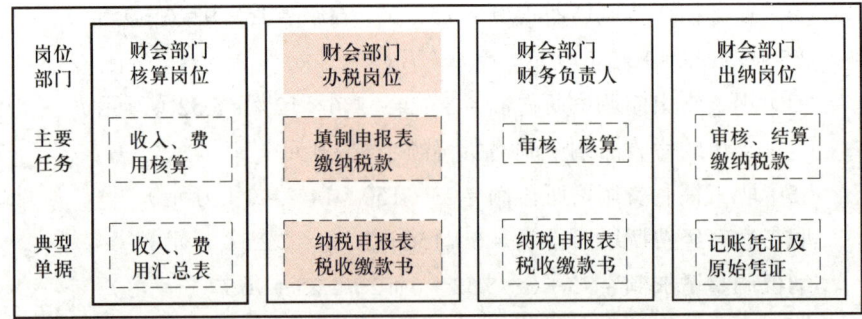

【知识准备】

一、征收方式

企业在每年第一季度应填列"企业所得税征收方式鉴定表"（表 5-2）一式三份，报主管税务机关审核。①~⑤项均合格的，实行纳税人自行申报、税务机关查账方式征收；若①④⑤项中有一项不合格或

②③项均不合格，实行定额征收；若②③项中有一项合格、一项不合格的，实行核定应税所得率办法征收。征收方式确定后，在一个纳税年度内一般不得变更。

表5-2 企业所得税征收方式鉴定表

纳税人识别号			
纳税人名称			
纳税人地址			
经济类型		所属行业	开业日期
开户银行		账　号	
邮政编码		联系电话	
上年收入总额		上年成本费用额	
上年应纳税所得额		上年所得税额	
行次	项目	纳税人自报情况	主管税务机关审核情况
1	账簿设置情况		
2	收入总额核算情况		
3	成本费用核算情况		
4	账簿凭证保存情况		
5	纳税义务履行情况		
征收方式：			
纳税人意见： 纳税人签章：（公章）　　　　　年　月　日			
税务机关审批意见：			
经办人签字： 　　年　月　日	科室负责人签字： （公章） 　　年　月　日		主管局长签字： （公章） 　　年　月　日

二、纳税期限

纳税年度一般为公历年度，即公历1月1日至12月31日为一个纳税年度；纳税人在一个纳税年度的中间开业，或由于合并、关闭等原因使该纳税年度的实际经营期不足12个月的，以其实际经营期为一个纳税年度；纳税人破产清算时，以清算期为一个纳税年度。

纳税人应当在月份或季度终了后15日内，向其所在地主管税务机关报送预缴所得税申报表，预缴税款。企业应当自年度终了之日起5个月内，无论盈利或亏损，均应向税务机关报送年度企业所得税纳税申报表、财务会计报告和其他有关资料并汇算清缴，结清应缴应退税款。少预缴的所得税额，应在下一年度内补缴；多预缴的所得税额，在下一年度内抵缴；抵缴后仍有结余，或下一年度发生亏损的，应及时办理退库。

企业在年度中间终止经营活动的，应当自实际经营终止之日起 60 日内，向税务机关办理当期企业所得税汇算清缴。

扣缴义务人每次代扣的税款，应当自代扣之日起 7 日内缴入国库，并向所在地的税务机关报送扣缴企业所得税报告表。

纳税人预缴所得税时，应按纳税期限的实际数预缴。按实际数预缴有困难的，可按上一年度应纳税所得额的 1/12 或 1/4，或经当地税务机关认可的其他方法预缴所得税。预缴方法一经确定，不得随意改变。

企业进行清算时，应当在办理注销工商登记之前，办理所得税申报。企业若在年度中间合并、分立、终止时，应当在停止生产经营之日起 60 日内，向当地税务机关办理当期所得税汇算清缴。

三、纳税地点

企业所得税纳税申报流程

企业所得税由纳税人向其所在地主管税务机关缴纳。居民企业以企业登记注册地为纳税地点，但登记注册地在境外的，以实际管理机构所在地为纳税地点；居民企业在中国境内设立不具有法人资格的营业机构的，应当汇总计算并缴纳企业所得税。

非居民企业在中国境内设立机构、场所取得的所得，以及发生在中国境外但与其所设机构、场所有实际联系的所得，应当以机构、场所所在地为纳税地点；非居民企业在中国境内未设立机构、场所，或者虽设立机构、场所但取得的所得与其所设机构、场所没有实际联系的，以扣缴义务人所在地为纳税地点；非居民企业在中国境内设立两个或者两个以上机构、场所的，经税务机关审核批准，可以选择由其主要机构、场所汇总缴纳企业所得税。

国税函〔2008〕044号

除国务院另有规定外，企业之间不得合并缴纳企业所得税。

【职业判断与业务操作】

一、填报企业所得税月（季）度预缴纳税申报表

企业所得税预缴纳税申报表及填表说明

查账征收企业所得税的居民纳税人及在中国境内设立机构的非居民纳税人在月（季）度预缴企业所得税时应填制"中华人民共和国企业所得税月（季）度预缴纳税申报表"（A类）（见表 5-3）；实行核定征收管理办法（包括核定应税所得率和核定税额征收方式）缴纳企业所得税的纳税人在月（季）度申报缴纳企业所得税时应填制"中华人民共和国企业所得税月（季）度预缴纳税申报表"（B类）（见表 5-4）。

表5-3　中华人民共和国企业所得税月（季）度预缴纳税申报表（A类）

税款所属期间：　　年　月　日至　　年　月　日

纳税人识别号：□□□□□□□□□□□□□□□

纳税人名称：　　　　　　　　　　　　　　　　　金额单位：人民币元（列至角分）

行次	项　目	本期金额	累计金额
1	一、按照实际利润额预缴		
2	营业收入		
3	营业成本		
4	利润总额		
5	加：特定业务计算的应纳税所得额		
6	减：不征税收入和税基减免应纳税所得额（请填附表1）		
7	固定资产加速折旧（扣除）调减额（请填附表2）		
8	弥补以前年度亏损		
9	实际利润额（4行＋5行－6行－7行－8行）		
10	税率（25%）		
11	应纳所得税额（9行×10行）		
12	减：减免所得税额（请填附表3）		
13	实际已预缴所得税额	—	
14	特定业务预缴（征）所得税额		
15	应补（退）所得税额（11行－12行－13行－14行）	—	
16	减：以前年度多缴在本期抵缴所得税额		
17	本月（季）实际应补（退）所得税额	—	
18	二、按照上一纳税年度应纳税所得额平均额预缴		
19	上一纳税年度应纳税所得额	—	
20	本月（季）应纳税所得额（19行×1/4或1/12）		
21	税率（25%）		
22	本月（季）应纳所得税额（20行×21行）		
23	减：减免所得税额（请填附表3）		
24	本月（季）实际应纳所得税额（22行－23行）		
25	三、按照税务机关确定的其他方法预缴		
26	本月（季）税务机关确定的预缴所得税额		
27	总分机构纳税人		
28	总机构	总机构分摊所得税额（15行或24行或26行×总机构分摊预缴比例）		
29		财政集中分配所得税额		
30		分支机构分摊所得税额（15行或24行或26行×分支机构分摊比例）		
31		其中：总机构独立生产经营部门应分摊所得税额		
32	分支机构	分配比例		
33		分配所得税额		

是否属于小型微利企业：是□　　否□

谨声明：此纳税申报表是根据《中华人民共和国企业所得税法》、《中华人民共和国企业所得税法实施条例》和国家有关税收规定填报的，是真实的、可靠的、完整的。

　　　　　　　　　　　　　　　　　　　　　　法定代表人（签字）：　　　　年　月　日

续表

纳税人公章：	代理申报中介机构公章：	主管税务机关受理专用章：
会计主管	经办人：	受理人：
填表日期：　　年　月　日	经办人执业证件号码： 代理申报日期：　　年　月　日	受理日期：　　年　月　日

国家税务总局监制

表5-4　中华人民共和国企业所得税月（季）度预缴纳税申报表（B类）

税款所属期间：　　年　月　日至　　年　月　日

纳税人识别号：□□□□□□□□□□□□□□□

纳税人名称：　　　　　　　　　　　　　　　　金额单位：人民币元（列至角分）

项　目			行次	累计金额
一、以下由按应税所得率计算应纳所得税额的企业填报				
应纳税所得额的计算	按收入总额核定应纳税所得额	收入总额	1	
		减：不征税收入	2	
		免税收入	3	
		其中：国债利息收入	4	
		地方政府债券利息收入	5	
		符合条件居民企业之间股息红利等权益性收益	6	
		符合条件的非营利组织收入	7	
		其他免税收入	8	
		应税收入额（1行－2行－3行）	9	
		税务机关核定的应税所得率（%）	10	
		应纳税所得额（9行×10行）	11	
	按成本费用核定应纳税所得额	成本费用总额	12	
		税务机关核定的应税所得率（%）	13	
		应纳税所得额[12行÷（100%－13行）×13行]	14	
应纳所得税额的计算		税率（25%）	15	
		应纳所得税额（11行×15行或14行×15行）	16	
应补（退）所得税额的计算		减：符合条件的小型微利企业减免所得税额	17	
		其中：减半征税	18	
		已预缴所得税额	19	
		应补（退）所得税额（16行－17行－19行）	20	
二、以下由税务机关核定应纳所得税额的企业填报				
税务机关核定应纳所得税额			21	
预缴申报时填报		是否属于小型微利企业：是□　否□		
年度申报时填报		所属行业	从业人数	
		资产总额	国家限制和禁止行业：是□　否□	

谨声明：此纳税申报表是根据《中华人民共和国企业所得税法》《中华人民共和国企业所得税法实施条例》和国家有关税收规定填报的，是真实的、可靠的、完整的。

法定代表人（签字）：　　年　月　日

纳税人公章：	代理申报中介机构公章：	主管税务机关受理专用章：
会计主管	经办人：	受理人：
填表日期：　　年　月　日	经办人执业证件号码： 代理申报日期：　　年　月　日	受理日期：　　年　月　日

国家税务总局监制

二、填报企业所得税年度纳税申报表

查账征收企业所得税的纳税人在年度汇算清缴时，无论盈利或亏损，都必须在规定的期限内进行纳税申报，填写企业基础信息表、企业所得税年度纳税申报表主表及其有关附表。

国家税务总局公告2017年54号

2017年12月修订后施行的企业所得税年度纳税申报表共有37张，除了1张基础信息表和1张主表外，还有附表35张，即6张收入费用明细表、13张纳税调整表、1张亏损弥补表、9张税收优惠表、4张境外所得抵免表、2张汇总纳税表。其中作为主表的附表15张，作为附表的附表20张。本学习子情境一的典型任务举例主要涉及以下主表和附表。

三、办理汇算清缴相关手续

纳税人应在5个月内办理企业所得税年度纳税申报，如实向税务机关报送下列有关资料：企业所得税年度纳税申报表及其附表；财务报表；备案事项相关资料；总机构及分支机构基本情况，分支机构征税方式，分支机构的预缴税情况；委托中介机构代理纳税申报的，应出具双方签订的代理合同，并附送中介机构出具的包括纳税调整的项目、原因、依据、计算过程、调整金额等内容的报告；涉及关联方业务往来的，同时报送"中华人民共和国企业年度关联业务往来报告表"；主管税务机关要求报送的其他有关资料。

纳税人采用电子方式办理企业所得税年度纳税申报的，应按照有关规定保存有关资料或附报纸质纳税申报资料。

主管税务机关受理纳税人年度纳税申报后，应对纳税人年度纳税申报表的逻辑性和有关资料的完整性、准确性进行审核。

四、开具税收通用缴款书结清税款

纳税人在纳税年度内预缴企业所得税税款少于应缴企业所得税税款的，应在汇算清缴期内结清应补缴的企业所得税税款；预缴税款超过应纳税款的，主管税务机关应及时按有关规定办理退税，或者经纳税人同意后抵缴其下一年度应缴企业所得税税款。

纳税人在规定期限内向税务机关指定为代理金库的银行缴纳税款时，应开具税收通用缴款书。税收通用缴款书共六联，纳税人缴纳税款后，以经国库经收处收款签章后的"收据联"作为完税凭证，证明纳税义务完成，并据此作为会计核算的依据。

【典型任务举例】

接学习子情境一的典型任务举例,黄河有限责任公司纳税人识别号:280602002234678,开户银行:工商银行东海市分行营业部,账号:18010011220100888。要求填报黄河有限责任公司 2015 年度纳税申报表及其附表办理,办理 2015 年年度企业所得税年度汇算清缴工作。

【操作步骤】

第一步,填报收入、成本、费用明细表(见表 5-5、表 5-6、表 5-7)。根据收入、支出的会计核算资料填写。

A101010 表5-5 一般企业收入明细表

行次	项　　目	金额
1	一、营业收入(2+9)	25 000 000
2	（一）主营业务收入(3+5+6+7+8)	25 000 000
3	1. 销售商品收入	25 000 000
4	其中:非货币性资产交换收入	
5	2. 提供劳务收入	
6	3. 建造合同收入	
7	4. 让渡资产使用权收入	
8	5. 其他	
9	（二）其他业务收入(10+12+13+14+15)	
10	1. 销售材料收入	
11	其中:非货币性资产交换收入	
12	2. 出租固定资产收入	
13	3. 出租无形资产收入	
14	4. 出租包装物和商品收入	
15	5. 其他	
16	二、营业外收入(17+18+19+20+21+22+23+24+25+26)	700 000
17	（一）非流动资产处置利得	700 000
18	（二）非货币性资产交换利得	
19	（三）债务重组利得	
20	（四）政府补助利得	
21	（五）盘盈利得	
22	（六）捐赠利得	
23	（七）罚没利得	

续表

行次	项目	金额
24	（八）确实无法偿付的应付款项	
25	（九）汇兑收益	
26	（十）其他	

A102010 表5-6 一般企业成本支出明细表

行次	项目	金额
1	一、营业成本（2+9）	11 000 000
2	（一）主营业务成本（3+5+6+7+8）	11 000 000
3	1. 销售商品成本	11 000 000
4	其中：非货币性资产交换成本	
5	2. 提供劳务成本	
6	3. 建造合同成本	
7	4. 让渡资产使用权成本	
8	5. 其他	
9	（二）其他业务成本（10+12+13+14+15）	
10	1. 材料销售成本	
11	其中：非货币性资产交换成本	
12	2. 出租固定资产成本	
13	3. 出租无形资产成本	
14	4. 包装物出租成本	
15	5. 其他	
16	二、营业外支出（17+18+19+20+21+22+23+24+25+26）	500 000
17	（一）非流动资产处置损失	77 600
18	（二）非货币性资产交换损失	
19	（三）债务重组损失	
20	（四）非常损失	
21	（五）捐赠支出	362 400
22	（六）赞助支出	
23	（七）罚没支出	60 000
24	（八）坏账损失	
25	（九）无法收回的债券股权投资损失	
26	（十）其他	

A104000　　　　　　　　表5-7　期间费用明细表

行次	项目	销售费用	其中：境外支付	管理费用	其中：境外支付	财务费用	其中：境外支付
		1	2	3	4	5	6
1	一、职工薪酬		*		*	*	*
2	二、劳务费					*	*
3	三、咨询顾问费						*
4	四、业务招待费		*		*	*	*
5	五、广告费和业务宣传费		*		*	*	*
6	六、佣金和手续费						
7	七、资产折旧摊销费		*		*	*	*
8	八、财产损耗、盘亏及毁损损失		*		*	*	*
9	九、办公费		*		*	*	*
10	十、董事会费		*		*	*	*
11	十一、租赁费					*	*
12	十二、诉讼费		*		*	*	*
13	十三、差旅费		*		*	*	*
14	十四、保险费		*				
15	十五、运输、仓储费					*	*
16	十六、修理费					*	*
17	十七、包装费		*			*	*
18	十八、技术转让费					*	*
19	十九、研究费用						
20	二十、各项税费		*		*	*	*
21	二十一、利息收支	*	*	*	*		
22	二十二、汇兑差额	*	*	*	*		
23	二十三、现金折扣	*	*	*	*		*
24	二十四、党组织工作经费						
25	二十五、其他						
26	合计（1+2+3+…24+25）	6 700 000		4 800 000		600 000	

注：表中期间费用明细项目的具体数值略。

第二步，填报纳税调整项目明细表（A105000）及附表。

先根据会计核算资料填写附表，本实例中，纳税调整项目明细表的附表主要有职工薪酬支出及纳税调整明细表（见表5-8）、广告费和业务宣传费跨年度纳税调整明细表（见表5-9）、捐赠支出及纳税调整明细表（见表5-10），再根据这些附表资料及会计核算资料填报纳税调整项目明细表（见表5-11）。

A105050　　　　　　　表5-8　职工薪酬支出及纳税调整明细表

行次	项目	账载金额	税收规定扣除率	以前年度累计结转扣除额	税收金额	纳税调整金额	累计结转以后年度扣除额
		1	2	3	4	5（1-4）	6（1+3-4）
1	一、工资薪金支出	1 500 000	*	*	1 500 000	0	*
2	其中：股权激励		*	*			*
3	二、职工福利费支出	230 000	14%	*	210 000	20 000	*
4	三、职工教育经费支出	60 000	*		37 500	22 500	22 500
5	其中：按税收规定比例扣除的职工教育经费	60 000	2.5%		37 500	22 500	22 500
6	按税收规定全额扣除的职工培训费用			*			*
7	四、工会经费支出	30 000	2%	*	30 000	0	*
8	五、各类基本社会保障性缴款		*	*			*
9	六、住房公积金		*	*			*
10	七、补充养老保险			*			*
11	八、补充医疗保险			*			*
12	九、其他		*				
13	合计（1+3+4+7+8+9+10+11+12）	1 820 000	*		1 777 500	42 500	22 500

A105060　　　　　　　表5-9　广告费和业务宣传费跨年度纳税调整明细表

行次	项目	金额
1	一、本年广告费和业务宣传费支出	4 500 000
2	减：不允许扣除的广告费和业务宣传费支出	
3	二、本年符合条件的广告费和业务宣传费支出（1-2）	4 500 000
4	三、本年计算广告费和业务宣传费扣除限额的销售（营业）收入	25 000 000
5	税收规定扣除率	15%
6	四、本企业计算的广告费和业务宣传费扣除限额（4×5）	3 750 000
7	五、本年结转以后年度扣除额（3＞6，本行=3-6；3≤6，本行=0）	750 000
8	加：以前年度累计结转扣除额	
9	减：本年扣除的以前年度结转额［3＞6，本行=0；3≤6，本行=8或（6-3）孰小值］	
10	六、按照分摊协议归集至其他关联方的广告费和业务宣传费（10≤3或6孰小值）	
11	按照分摊协议从其他关联方归集至本企业的广告费和业务宣传费	
12	七、本年广告费和业务宣传费支出纳税调整金额（3＞6，本行=2+3-6+10-11；3≤6，本行=2+10-11-9）	750 000
13	八、累计结转以后年度扣除额（7+8-9）	750 000

A105070　　　　　　　　　表5-10　捐赠支出及纳税调整明细表

行次	项目	账载金额	以前年度结转可扣除的捐赠额	按税收规定计算的扣除限额	税收金额	纳税调增金额	纳税调减金额	可结转以后年度扣除的捐赠额
		1	2	3	4	5	6	7
1	一、非公益性捐赠		*	*	*		*	*
2	二、全额扣除的公益性捐赠		*	*		*	*	*
3	三、限额扣除的公益性捐赠（4+5+6+7）	362400		307200	307200	55200		
4	前三年度（　　年）	*		*	*	*		*
5	前二年度（　　年）	*		*	*	*		*
6	前一年度（　　年）	*		*	*	*		*
7	本年（2015年）	362400	*	307200	307200	55200	*	
8	合计（1+2+3）	362400		307200	307200	55200		

A105000　　　　　　　　　表5-11　纳税调整项目明细表

行次	项目	账载金额	税收金额	调增金额	调减金额
		1	2	3	4
1	一、收入类调整项目（2+3+4+5+6+7+8+10+11）	*	*		
2	（一）视同销售收入（填写A105010）	*			*
3	（二）未按权责发生制原则确认的收入（填写A105020）				
4	（三）投资收益（填写A105030）				
5	（四）按权益法核算长期股权投资对初始投资成本调整确认收益	*	*	*	
6	（五）交易性金融资产初始投资调整	*	*		*
7	（六）公允价值变动净损益		*		
8	（七）不征税收入	*	*		
9	其中：专项用途财政性资金（填写A105040）	*	*		
10	（八）销售折扣、折让和退回				
11	（九）其他				
12	二、扣除类调整项目（13+14+15+16+17+18+19+20+21+22+23+24+26+27+28+29+30）	*	*	967 700	
13	（一）视同销售成本（填写A105010）	*		*	
14	（二）职工薪酬（填写A105050）	1 820 000	1 777 500	42 500	
15	（三）业务招待费支出	150 000	90 000	60 000	*
16	（四）广告费和业务宣传费支出（填写A105060）	*	*	750 000	
17	（五）捐赠支出（填写A105070）	362 400	307 200	55 200	*
18	（六）利息支出				
19	（七）罚金、罚款和被没收财物的损失		*		*
20	（八）税收滞纳金、加收利息	60 000	*	60 000	*
21	（九）赞助支出		*		*
22	（十）与未实现融资收益相关在当期确认的财务费用				
23	（十一）佣金和手续费支出				*
24	（十二）不征税收入用于支出所形成的费用	*	*		*
25	其中：专项用途财政性资金用于支出所形成的费用（填写A105040）	*	*		*

续表

行次	项　　目	账载金额	税收金额	调增金额	调减金额
		1	2	3	4
26	（十三）跨期扣除项目				
27	（十四）与取得收入无关的支出		＊		＊
28	（十五）境外所得分摊的共同支出	＊			＊
29	（十六）党组织工作经费				
30	（十六）其他				
31	三、资产类调整项目（31+32+33+34）	＊	＊		
32	（一）资产折旧、摊销（填写A105080）				
33	（二）资产减值准备金		＊		
34	（三）资产损失（填写A105090）				
35	（四）其他				
36	四、特殊事项调整项目（36+37+38+39+40+41+42）	＊	＊		
37	（一）企业重组（填写A105100）				
38	（二）政策性搬迁（填写A105110）	＊	＊		
39	（三）特殊行业准备金（填写A105120）				
40	（四）房地产开发企业特定业务计算的纳税调整额（填写A105010）	＊			
41	（五）有限合伙企业法人合伙方应分得的应纳税所得额				
42	（六）其他	＊	＊		
43	五、特别纳税调整应税所得	＊	＊		
44	六、其他	＊	＊		
45	合计（1+12+31+36+43+44）	＊	＊	967 700	

第二步，填报免税、减计收入及加计扣除优惠明细表（A107010）及附表。

先根据会计核算资料填写附表，本实例中，免税、减计收入及加计扣除优惠明细表的附表主要有研发费用加计扣除优惠明细表（见表5-12）、符合条件的居民企业之间的股息、红利等权益性投资收益优惠明细表（见表5-13），再根据这些附表资料及会计核算资料填报免税、减计收入及加计扣除优惠明细表（见表5-14）。

A107012　　　　　　表5-12　研发费用加计扣除优惠明细表

	基本信息	
1	□一般企业　　□科技型中小企业	科技型中小企业登记编号
2	本年可享受研发费用加计扣除项目数量	
	研发活动费用明细	
3	一、自主研发、合作研发、集中研发（4+8+17+20+24+35）	400000
4	（一）人员人工费用（5+6+7）	
5	1.直接从事研发活动人员工资薪金	
6	2.直接从事研发活动人员五险一金	

续表

	研发活动费用明细	
7	3. 外聘研发人员的劳务费用	
8	（二）直接投入费用（9+10+…+16）	
9	1. 研发活动直接消耗材料	
10	2. 研发活动直接消耗燃料	
11	3. 研发活动直接消耗动力费用	
12	4. 用于中间试验和产品试制的模具、工艺装备开发及制造费	
13	5. 用于不构成固定资产的样品、样机及一般测试手段购置费	
14	6. 用于试制产品的检验费	
15	7. 用于研发活动的仪器、设备的运行维护、调整、检验、维修等费用	
16	8. 通过经营租赁方式租入的用于研发活动的仪器、设备租赁费	
17	（三）折旧费用（18+19）	
18	1. 用于研发活动的仪器的折旧费	
19	2. 用于研发活动的设备的折旧费	
20	（四）无形资产摊销（21+22+23）	
21	1. 用于研发活动的软件的摊销费用	
22	2. 用于研发活动的专利权的摊销费用	
23	3. 用于研发活动的非专利技术（包括许可证、专有技术、设计和计算方法等）的摊销费用	
24	（五）新产品设计费等（25+26+27+28）	
25	1. 新产品设计费	
26	2. 新工艺规程制定费	
27	3. 新药研制的临床试验费	
28	4. 勘探开发技术的现场试验费	
29	（六）其他相关费用 (30+31+32+33+34)	
30	1. 技术图书资料费、资料翻译费、专家咨询费、高新科技研发保险费	
31	2. 研发成果的检索、分析、评议、论证、鉴定、评审、评估、验收费用	
32	3. 知识产权的申请费、注册费、代理费	
33	4. 职工福利费、补充养老保险费、补充医疗保险费	
34	5. 差旅费、会议费	
35	（七）经限额调整后的其他相关费用	
36	二、委托研发 [(37-38)×80%]	
37	委托外部机构或个人进行研发活动所发生的费用	
38	其中：委托境外进行研发活动所发生的费用	
39	三、年度研发费用小计 (3+36)	400000
40	（一）本年费用化金额	400000
41	（二）本年资本化金额	
42	四、本年形成无形资产摊销额	
43	五、以前年度形成无形资产本年摊销额	
44	六、允许扣除的研发费用合计（40+42+43）	400000
45	减：特殊收入部分	
46	七、允许扣除的研发费用抵减特殊收入后的金额 (44-45)	400000
47	减：当年销售研发活动直接形成产品（包括组成部分）对应的材料部分	
48	减：以前年度销售研发活动直接形成产品（包括组成部分）对应材料部分结转金额	
49	八、加计扣除比例	50%
50	九、本年研发费用加计扣除总额（46-47-48）×49	200000
51	十、销售研发活动直接形成产品（包括组成部分）对应材料部分结转以后年度扣减金额（当46-47-48≥0，本行=0；当46-47-48<0，本行=46-47-48的绝对值）	

学习情境5 企业所得税计算与申报

表5-13 符合条件的居民企业之间的股息、红利等权益性投资收益优惠明细表

A107011

行次	被投资企业	被投资企业统一社会信用代码（纳税人识别号）	投资性质	投资成本	投资比例	被投资企业利润分配确认金额		被投资企业清算确认金额				撤回或减少投资确认金额					合计
						被投资企业作出利润分配或转股决定时间	依决定归属于本公司的股息、红利等权益性投资收益金额	分得的被投资企业清算剩余资产	被清算企业累计未分配利润和累计盈余公积应享有部分		应确认的股息所得	从被投资企业撤回或减少投资取得的资产	减少投资比例	收回初始投资成本	取得资产中超过收回初始投资成本部分	撤回或减少投资应享有被投资企业累计未分配利润和累计盈余公积	应确认的股息所得	
	1	2	3	4	5	6	7	8	9		10（8与9孰小）	11	12	13（4×12）	14（11−13）	15	16（14与15孰小）	17（7+10+16）
1																		
2																		
3																		
4																		
5																		
6																		
7																		
8	合计																	340000
8	其中：股票投资—沪港通H股																	
9	股票投资—深港通H股																	

（注：被投资企业的具体资料略）

A107010　表5-14　免税、减计收入及加计扣除优惠明细表

行次	项　目	金额
1	一、免税收入（2+3+6+7+…+16）	340000
2	（一）国债利息收入	
3	（二）符合条件的居民企业之间的股息、红利等权益性投资收益免征企业所得税（填写A107011）	340000
4	其中：内地居民企业通过沪港通投资且连续持有H股满12个月取得的股息红利所得免征企业所得税（填写A107011）	
5	内地居民企业通过深港通投资且连续持有H股满12个月取得的股息红利所得免征企业所得税（填写A107011）	
6	（三）符合条件的非营利组织的收入免征企业所得税	
7	（四）符合条件的非营利组织（科技企业孵化器）的收入免征企业所得税	
8	（五）符合条件的非营利组织（国家大学科技园）的收入免征企业所得税	
9	（六）中国清洁发展机制基金取得的收入免征企业所得税	
10	（七）投资者从证券投资基金分配中取得的收入免征企业所得税	
11	（八）取得的地方政府债券利息收入免征企业所得税	
12	（九）中国保险保障基金有限责任公司取得的保险保障基金等收入免征企业所得税	
13	（十）中央电视台的广告费和有线电视费收入免征企业所得税	
14	（十一）中国奥委会取得北京冬奥组委支付的收入免征企业所得税	
15	（十二）中国残奥委会取得北京冬奥组委分期支付的收入免征企业所得税	
16	（十三）其他	
17	二、减计收入（18+19+23+24）	
18	（一）综合利用资源生产产品取得的收入在计算应纳税所得额时减计收入	
19	（二）金融、保险等机构取得的涉农利息、保费减计收入（20+21+22）	
20	1. 金融机构取得的涉农贷款利息收入在计算应纳税所得额时减计收入	
21	2. 保险机构取得的涉农保费收入在计算应纳税所得额时减计收入	
22	3. 小额贷款公司取得的农户小额贷款利息收入在计算应纳税所得额时减计收入	
23	（三）取得铁路债券利息收入减半征收企业所得税	
25	（四）其他	
25	三、加计扣除（26+27+28+29+30）	200000
26	（一）开发新技术、新产品、新工艺发生的研究开发费用加计扣除（填写A107012）	200000
27	（二）科技型中小企业开发新技术、新产品、新工艺发生的研究开发费用加计扣除（填写A107012）	
28	（三）企业为获得创新性、创意性、突破性的产品进行创意设计活动而发生的相关费用加计扣除	
29	（四）安置残疾人员所支付的工资加计扣除	
30	（五）其他	
31	合计（1+17+25）	540000

第四步，填报境外所得税收抵免明细表（A108000）及附表。

先根据会计核算资料填写附表，本实例中，境外所得税收抵免明细表的附表主要有境外所得纳税调整后所得明细表（见表5-15），再根据附表资料及会计核算资料填报境外所得税收抵免明细表（见表5-16）。

A108000

表5-15 境外所得纳税调整后所得明细表

行次	国家（地区）	境外税后所得								境外所得可抵免的所得税额				境外税前所得	境外分支机构收入与支出纳税调整额	境外分支机构调整分摊扣除的有关成本费用	境外所得调整对应的相关成本费用支出	境外所得纳税调整后所得
		分支机构营业利润所得	股息、红利等权益性投资所得	利息所得	租金所得	特许权使用费所得	财产转让所得	其他所得	小计	直接缴纳的所得税额	间接负担的所得税额	享受税收饶让抵免税额	小计					
	1	2	3	4	5	6	7	3	9(2+3+4+5+6+7+8)	10	11	12	13(10+11+12)	14(9+10+11)	15	16	17	18(14+15-16-17)
1	A		280 000						280 000		120 000		120 000	400 000				400 000
2	B		240 000						240 000		60 000		60 000	300 000				300 000
3																		
4																		
5																		
6																		
7																		
8																		
9																		
10	合计		520 000						520 000		180 000		180 000	700 000				700 000

表5-16 境外所得税收抵免明细表

A108010

行次	国家(地区)	境外税前所得	境外所得纳税调整后所得	弥补境外以前年度亏损	境外应纳税所得额 (3-4)	抵减境内亏损	抵减境内亏损后的境外应纳税所得额 (5-6)	税率	境外所得应纳税额 (7×8)	境外所得可抵免税额	境外所得抵免限额	本年可抵免境外所得税额	未超过境外所得抵免限额的余额 (11-12)	本年可抵免以前年度未抵免境外所得税税额	按简易办法计算			小计 (15+16+17)	境外所得抵免所得税额合计 (12+14+18)
															按低于12.5%的实际税率计算的抵免额	按12.5%计算的抵免额	按25%计算的抵免额		
		1	2	3	4	5	6	7	8	9	10	11	12	13	14	15	16	17	18	19
1	A	400 000	400 000		400 000		400 000	25%	100 000	120 000	100 000	100 000	0						100 000
2	B	300 000	300 000		300 000		300 000	25%	75 000	60 000	75 000	60 000	15 000						60 000
3																				
4																				
5																				
6																				
7																				
8																				
9																				
10	合计	700 000	700 000		700 000		700 000		175 000	180 000	175 000	160 000	15 000						160 000

第五步，填报企业所得税年度纳税申报表（A类，A100000）。

企业所得税年度纳税申报表（A类）是纳税申报表的主表（见表5-17），根据相关附表及会计核算资料填写。同时还要完成报表封面、填报表单目录和企业基础信息表等填报内容。

A100000　　　　表5-17　中华人民共和国企业所得税年度纳税申报表（A类）

类别	行次	项目	金额
利润总额计算	1	一、营业收入（填写A101010\101020\103000）	25 000 000
	2	减：营业成本（填写A102010\102020\103000）	11 000 000
	3	税金及附加	400 000
	4	销售费用（填写A104000）	6 700 000
	5	管理费用（填写A104000）	4 800 000
	6	财务费用（填写A104000）	600 000
	7	资产减值损失	
	8	加：公允价值变动收益	
	9	投资收益	860 000
	10	二、营业利润（1-2-3-4-5-6-7+8+9）	2 360 000
	11	加：营业外收入（填写A101010\101020\103000）	700 000
	12	减：营业外支出（填写A102010\102020\103000）	500 000
	13	三、利润总额（10+11-12）	2 560 000
应纳税所得额计算	14	减：境外所得（填写A108010）	520 000
	15	加：纳税调整增加额（填写A105000）	967 700
	16	减：纳税调整减少额（填写A105000）	
	17	减：免税、减计收入及加计扣除（填写A107010）	540 000
	18	加：境外应税所得抵减境内亏损（填写A108000）	
	19	四、纳税调整后所得（13-14+15-16-17+18）	2 467 700
	20	减：所得减免（填写A107020）	
	21	减：抵扣应纳税所得额（填写A107030）	
	22	减：弥补以前年度亏损（填写A106000）	
	23	五、应纳税所得额（19-20-21-22）	2 467 700
应纳税额计算	24	税率（25%）	25%
	25	六、应纳所得税额（23×24）	616 925
	26	减：减免所得税额（填写A107040）	
	27	减：抵免所得税额（填写A107050）	
	28	七、应纳税额（25-26-27）	616 925
	29	加：境外所得应纳所得税额（填写A108000）	175 000
	30	减：境外所得抵免所得税额（填写A108000）	160 000

续表

类别	行次	项　目	金额
应纳税额计算	31	八、实际应纳所得税额（28+29-30）	631 925
	32	减：本年累计实际已预缴的所得税额	500 000
	33	九、本年应补（退）所得税额（31-32）	131 925
	34	其中：总机构分摊本年应补（退）所得税额（填写A109000）	
	35	财政集中分配本年应补（退）所得税额（填写A109000）	
	36	总机构主体生产经营部门分摊本年应补（退）所得税额（填写A109000）	
附列资料	37	以前年度多缴的所得税额在本年抵减额	
	38	以前年度应缴未缴在本年入库所得税额	

第六步，办理相关汇算清缴工作，并缴纳税款。

黄河有限责任公司将企业所得税纳税申报表及附表、财务报表及其他相关材料送税务机关审核，根据税务机关审定的意见，在规定期限内向指定为代理金库的银行缴纳税款。

企业所得税网上申报课堂实训

【情境小结】

1. 平时预缴流程

企业发生经济业务 → 计算月（季）度会计利润（核定应税所得额）→ 确定适用税率 → 计算月（季）度应纳所得税额 → 填制所得税月（季）度预缴纳税申报表 → 办理月（季）度预缴所得税手续 → 缴纳所得税预缴税款。

2. 年度汇算清缴流程

计算会计利润总额 → 计算应纳所得税额 → 确定适用税率 → 计算年度应纳所得税额 → 填制所得税年度纳税申报表及相关附表 → 办理年度所得税汇算清缴手续 → 补缴所得税税款（或退还多缴的税款）。

3. 应纳所得税额的计算过程

（1）利润总额计算公式：

利润总额 = 营业收入 − 营业成本 − 税金及附加 − 销售费用 − 管理费用 − 财务费用 − 资产减值损失 + 公允价值变动收益 + 投资收益 + 营业外收入 − 营业外支出

（2）直接法计算应纳税所得额公式：

应纳税所得额 = 收入总额 − 不征税收入 − 免税收入 − 准予扣除项目 − 弥补以前年度亏损额

（3）间接法计算应纳税所得额公式：

应纳税所得额 = 利润总额 − 境外所得 + 纳税调整增加额 − 纳税调整减少额 − 免税、减计收入及加计扣除 + 境外应税所得弥补境内亏损 − 所得减免 − 抵扣应纳税所得 − 弥补以前年度亏损

（4）应纳所得税额计算公式：

实际应纳所得税额 = 应纳税所得额 × 税率 − 减免所得税额 − 抵免所得税额 + 境外所得应纳所得税额 − 境外所得抵免所得税额

（5）境外所得抵免税额计算公式：

抵免限额 = 中国境内、境外所得依照企业所得税法和条例的规定计算的应纳税额 × 来源于某国（地区）的应纳税所得额 ÷ 中国境内、境外应纳税所得总额

（6）核定征收所得税计算公式：

应税所得额 = 应税收入额 × 应税所得率
＝ 成本费用支出额 ÷（1 − 应税所得率）× 应税所得率

应纳所得税额 = 应税所得额 × 适用税率

【情境思考】

1. 在计算企业所得税时，首先要确定纳税人，如何划分居民企业纳税人与非居民企业纳税人？

2. 在计算应纳所得税额时，能否以企业的会计利润来代替应税所得额？企业所得税的应纳税所得额与企业的会计利润一致吗？

3. 在计算企业应税所得额时，需要对哪些项目进行调整？哪些费用不能在税前列支？

4. 在确定收入时，有些收入可以不计入应税所得额，如何区别免税收入与不征税收入？

5. 当企业有境外收入来源时，可否弥补境内经营的亏损？是否需要缴纳企业所得税，如果需要纳税，如何计算？如果当企业发生境外损失时，可否用境内经营收益弥补境外发生的亏损？

6. 企业所得税的税收优惠政策是所有税种中最多也是最为复杂的，如何运用这些优惠政策进行纳税筹划。

7. 年度终了5个月内进行企业所得税汇算清缴时，需要向税务机关提供哪些材料？办理哪些手续？

学习情境 6 个人所得税计算与申报

【职业能力目标】

专业能力

- 能根据学习情境设计的需要查阅有关资料
- 能准确判断居民纳税人和非居民纳税人
- 会根据业务资料计算纳税人应纳税所得额和应纳个人所得税款
- 会填制个人所得税扣缴报告表和个人所得税纳税申报表
- 能独立办理个人所得税纳税申报相关手续

社会能力和方法能力

- 能根据学习情境设计的需要查阅有关资料
- 能根据企业自身情况与税务部门沟通，积极争取税务部门的支持，获得税收优惠
- 能向企业员工宣传个人所得税法规政策，共同进行税收筹划
- 培养敬业精神、团队合作能力和良好的职业道德修养

【工作任务与学习子情境】

工作任务	学习子情境
计算工资、薪金所得应纳个人所得税	
计算个体工商户生产经营所得应纳个人所得税	
计算企事业单位承包、承租经营所得应纳个人所得税	
计算劳务报酬所得应纳个人所得税	
计算稿酬所得应纳个人所得税	个人所得税税款计算
计算特许权使用费所得应纳个人所得税	
计算财产租赁所得应纳个人所得税	
计算财产转让所得应纳个人所得税	
计算利息、股息、红利所得应纳个人所得税	
计算偶然所得应纳个人所得税	
填写扣缴个人所得税纳税申报表	个人所得税纳税申报
办理个人所得税纳税申报相关手续	

财政部个人所得税课题研究组 2009 年 6 月 18 日发布了《我国个人所得税基本情况》的报告，指出个人所得税已成为国内税收中的第四大税种，在部分地区已跃居地方税收收入的第二位；工薪阶层成为个人所得税的最大税源，比重约为 50%，其中，月工薪应纳税所得额在 5 000 元以下的缴纳税额占工薪所得总税额的 55% 以上；年收入 12 万元以上的高收入者缴纳的税额占个人所得税总收入的 35%。那么，到底应该如何看待个人所得税呢？个人所得税如何计算？应纳税金如何缴纳？

本部分内容将介绍个人所得税的税款计算与纳税申报。

学习子情境一　个人所得税税款计算

【情境引例】

王某是中国公民，2015 年度收入状况如下：月工资 6 300 元，年终奖金 20 000 元，单位已经代扣代缴个人所得税 2 100 元；业余时间为企业研发新产品，取得设计费 50 000 元，企业未扣缴个人所得税；王某参加商场购物抽奖活动，取得中奖收入 1 000 元，商场已经扣缴个人所得税。

以上关于个人所得税的处理有无错误？王某应该怎样做才符合个人所得税法的规定？

【工作过程与岗位对照图】

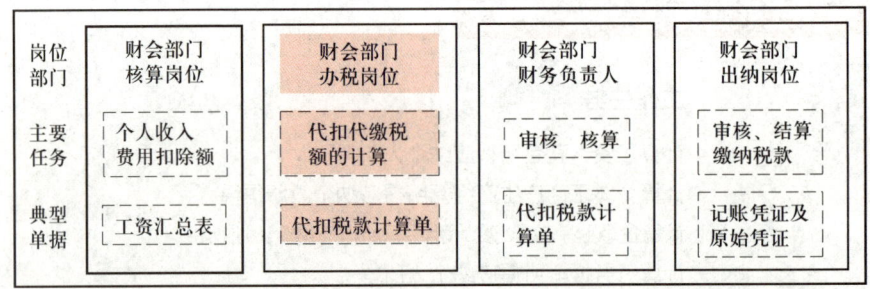

【知识准备】

一、基本概念

（一）个人所得税

个人所得税是以个人（自然人）取得的各项应税所得为征税对象所征收的一种税。我国于 1980 年 9 月 10 日公布了《中华人民共和国个人

所得税法》(以下简称《个人所得税法》),自公布之日起施行。之后,《个人所得税法》先后进行了六次修正。

我国目前个人所得税具有如下特点:

(1)实行分类征收;

(2)累进税率与比例税率并用;

(3)采取源泉扣税和申报纳税两种征税方法。

个人所得税
从英国走向世界

(二)应税所得额和费用扣除标准

应税所得额也称为应纳税所得额。个人所得税的应税所得额是个人的各项所得减除费用扣除标准后的部分。

费用扣除标准是指税法规定的准予在课税对象中扣除的免予征税的标准数额。在个人所得税法中,免予征税的部分是指"为取得收入所必需的费用"和"为了维持生计所必需的费用"。凡是规定有费用扣除标准的,对费用扣除标准以内部分不征税,仅就超过费用扣除标准的部分征税。

目前,我国个人所得税法中规定,工资薪金所得按月扣除 3 500 元的费用扣除标准,即纳税人月工资薪金收入中,有 3 500 元是不需要承担纳税义务的。

(三)超额累进税率

超额累进税率与"全额累进税率"相对应,是指对不同等级征税对象的数额每超过一个级距的部分,按照与之相适应的税率分别计算税额。其特点是同一个征税对象同时适用几个等级的税率,每超过一级,超过部分则按提高一级的税率征收,这样分别计算税额,各等级应纳税额之和,就是纳税人的应纳税额。它的累进程度比较缓和,纳税人的税负比全额累进税率要轻一些,避免了全额累进税率在课税对象级距的分界点附近出现税收增加额超过课税对象增加额的不合理现象,但超额累进税率在计算上比较复杂。

(四)应纳税额

个人所得税的应纳税额是个人的各项所得,扣减费用扣除标准后的余额(即应税所得额),乘以适用税率后的金额。应纳税额的多少,取决于应纳税所得额和适用税率两个因素。

二、个人所得税的纳税人和扣缴义务人

个人所得税的纳税人按照住所和居住时间两个标准划分为居民纳税人和非居民纳税人。

居民纳税人,是指在中国境内有住所,或者无住所而在中国境内居

国务院令
第519号

居民纳税人
判定标准的国际
惯例

住满1年的个人。居民纳税义务人负有无限纳税义务，应就其来源于中国境内和境外的应纳税所得额缴纳个人所得税。"住所"是指习惯性住所，是指因户籍、家庭、经济利益关系而在中国境内习惯性居住，而不是指实际居住地或某一特定时期内的居住地。"居住时间"是指个人在一国境内实际居住的日数。我国规定的居住时间是在一个纳税年度（即公历1月1日起至12月31日止）内在中国境内住满365天，即"居住满一年"。在居住期内临时离境不扣减居住天数。临时离境，是指在一个纳税年度内一次离境不超过30日或多次离境累计不超过90日。

非居民纳税义务人，是指在中国境内无住所又不居住，或无住所且居住不满1年的个人。非居民纳税义务人负有限纳税义务，应就其来源于中国境内的所得，向中国缴纳个人所得税。在现实生活中，非居民纳税义务人，实际上只能是在一个纳税年度中，没有在中国境内居住，或者在中国境内居住不满1年的外籍人员、华侨或香港、澳门、台湾同胞。

从2000年1月1日起，个人独资企业和合伙企业投资者也为个人所得税的纳税义务人。

我国个人所得税实行代扣代缴和个人申报纳税相结合的征收管理制度，凡支付应纳税所得的单位和个人，都是个人所得税的扣缴义务人。扣缴义务人在向纳税人支付各项应纳税所得（个体工商户的生产、经营所得除外）时，必须履行代扣代缴税款的义务。

▲ 提示

居民纳税人的暂免优惠政策：在中国境内无住所，但居住1年以上5年以下的个人，其来源于中国境外的所得，经主管税务机关批准，可以只就由中国境内公司、企业以及其他经济组织或个人支付的部分缴纳个人所得税；居住超过5年的个人，从第6年起，应当就其来源于中国境内外的全部所得缴纳个人所得税。上述所谓个人在中国境内居住满5年是指个人在中国境内连续居住满5年，即在连续5年中的每一纳税年度内均居住满1年。

▲ 提示

非居民纳税人的暂免优惠政策：在中国境内无住所，但在一个纳税年度中在中国境内连续或累计工作不超过90日的个人，或在税收协定规定期间内，在中国境内连续或累计居住不超过183日的个人，其来源于中国境内的所得，由境外雇主支付并且不由该雇主设在中国境内的机构、场所负担的工资、薪金所得，免缴个人所得税，仅就其实际在中国境内工作期间由中国境内企业或个人雇主支付或由中国境内机构负担的工资、薪金所得征税。

> 两个时间段计算的区别：① 判断非居民纳税人在华居住天数时，对个人入境、离境、往返或多次往返境内外的当天，均按一天计算在华逗留天数；② 计算非居民纳税人在华实际工作时间时，对个人入境、离境、往返或多次往返境内外的当天，均按半天计算在华工作天数。

▲ 提示

三、个人所得税的征税对象

个人所得税的征税对象是个人取得的应税所得，《个人所得税法》列举征税的个人所得共有 11 项，具体内容如下：

（一）工资、薪金所得

工资、薪金所得指个人因任职或者受雇而取得工资、薪金、奖金、年终加薪、劳动分红、津贴、补贴以及与任职或者受雇有关的其他所得。

国税发〔1994〕089号

对于一些不属于工资、薪金性质的补贴、津贴，不予征收个人所得税。这些项目包括：① 独生子女补贴；② 执行公务员工资制度未纳入基本工资总额的补贴、津贴差额和家属成员的副食品补贴；③ 托儿补助费；④ 差旅费津贴、误餐补助。其中，误餐补助是指按照财政部规定，个人因公在城区、郊区工作，不能在工作单位或返回就餐的，根据实际误餐顿数，按规定的标准领取的误餐费。单位以误餐补助名义发给职工的补助、津贴不能包括在内。

（二）个体工商户的生产、经营所得

个体工商户的生产、经营所得包括四个方面：

（1）个体工商户从事工业、手工业、建筑业、交通运输业、商业、饮食业、服务业、修理业及其他行业的生产、经营取得的所得。

（2）个人经政府有关部门批准，取得营业执照，从事办学、医疗、咨询以及其他有偿服务活动取得的所得。

（3）个体工商和个人取得的与生产、经营有关的各项应税所得。

（4）其他个人从事个体工商业生产、经营取得的所得。

个人独资企业和合伙企业比照个体工商户的生产经营所得项目征税。

个体工商户的生产、经营所得，以每一纳税年度的收入总额，减除成本、费用以及损失后的余额，为应纳税所得额。

（三）对企事业单位的承包经营、承租经营所得

对企事业单位的承包经营、承租经营所得，是指个人承包经营、承租经营以及转包、转租取得的所得，还包括个人按月或者按次取得的工

资、薪金性质的所得。

（四）劳务报酬所得

劳务报酬所得，是指个人从事设计、装潢、安装、制图、化验、测试、医疗、法律、会计、咨询、讲学、新闻、广播、翻译、审稿、书画、雕刻、影视、录音、录像、演出、表演、广告、展览、技术服务、中介服务等劳务报酬取得的收入。

如何区分劳务报酬所得和工资薪金所得，主要看是否存在雇佣与被雇佣关系。劳务报酬所得一般属于个人独立从事自由职业取得的所得或属于个人劳动所得，一般不存在雇佣关系；而工资、薪金所得是个人从事非独立劳动，从所在单位（雇主）领取的报酬，存在雇用与被雇用的关系。

（五）稿酬所得

稿酬所得是指个人因其作品以图书、报纸、杂志形式出版、发表而取得的所得。作品包括文学作品、书画作品、摄影作品，以及其他作品。作者去世后，财产继承人取得的遗作稿酬，也应征收个人所得税。

国税函
〔2002〕146号

▲ 提示

任职、受雇于报纸、杂志等单位的记者、编辑等专业人员，因在本单位的报纸、杂志上发表作品取得的所得，属于因任职、受雇而取得的所得，应与其当月工资收入合并，按"工资、薪金所得"项目征收个人所得税。

出版社的专业作者撰写、编写或翻译的作品，由该社以图书形式出版而取得的稿费收入，应按"稿酬所得"项目征收个人所得税。

（六）特许权使用费所得

特许权使用费所得，是指个人提供专利权、商标权、著作权、非专利技术以及其他特许权的使用权取得的所得。

▲ 提示

作者将自己的文字作品手稿原件或者复印件公开拍卖（竞价）取得的所得，应按"特许权使用费所得"项目征收个人所得税。

（七）利息、股息、红利所得

利息、股息、红利所得，是指个人拥有债权、股权而取得的利息、股息和红利所得。其中，利息一般是指存款、贷款和债券的利息。个人拥有股权取得的公司、企业分红，按照一定的比率派发的每股息金，称为股息；根据公司、企业应分配的超过股息部分的利润，按股派发的红股，称为红利。

（八）财产租赁所得

财产租赁所得，是指个人出租建筑物、土地使用权、机器设备、车船以及其他财产取得的所得。

（九）财产转让所得

财产转让所得，是指个人转让有价证券、股票、机器设备、建筑物、土地使用权、车船以及其他财产取得的所得。

国税函〔2005〕655号

▲提示

个人因购买和处置债权取得所得，应按"财产转让所得"项目缴纳个人所得税。

（十）偶然所得

偶然所得，是指个人得奖、中奖、中彩以及其他偶然性质的所得。得奖是指参加各种有奖竞赛活动，取得名次得到的奖金；中奖、中彩是指参加各种有奖活动，如有奖销售或者购买彩票，经过规定程序，抽中、摇中号码而取得的奖金。

财税〔2007〕34号

▲提示

个人取得单张有奖发票奖金所得不超过800元（含800元）的，暂免征收个人所得税；个人取得单张有奖发票奖金所得超过800元的，应全额按照"偶然所得"项目征收个人所得税。

（十一）其他所得

除上述列举的各项个人应税所得外，其他确有必要征税的个人所得，由国务院财政部门确定。个人取得的所得，难以界定应纳税所得项目的，由主管税务机关确定。

基尼系数

四、个人所得税的税率

（一）七级超额累进税率

工资、薪金所得适用七级超额累进税率。根据工资、薪金应纳税所得额不同，分别适用3%~45%的超额累进税率，如表6-1所示。

表6-1 工资、薪金所得税率

级数	全月应纳税所得额/(元·月⁻¹)		税率/%	速算扣除数/元
	含税级距	不含税级距		
1	不超过1 500元的	不超过1 455元的	3	0
2	超过1 500元至4 500元的部分	超过1 455元至4 155元的部分	10	105
3	超过4 500元至9 000元的部分	超过4 155元至7 755元的部分	20	555
4	超过9 000元至35 000元的部分	超过7 755元至27 255元的部分	25	1 005
5	超过35 000元至55 000元的部分	超过27 255元至41 255元的部分	30	2 755
6	超过55 000元至80 000元的部分	超过41 255元至57 505元的部分	35	5 505
7	超过80 000元的部分	超过57 505元的部分	45	13 505

注：① 本表所列含税级距与不含税级距，均为按照税法规定减除有关费用后的所得额；从2011年9月1日起执行。

② 含税级距适用于由纳税人负担税款的工资、薪金所得；不含税级距适用于由其他人（单位）负担税款的工资、薪金所得。

（二）五级超额累进税率

个体工商户（个人独资企业、合伙企业）生产经营所得适用五级超额累进税率。根据个体工商户的生产、经营所得年应纳税所得额不同，分别适用5%~35%的超额累进税率，如表6-2所示：

表6-2 个体工商户的生产、经营所得税率

级数	含税级距	不含税级距	税率/%	速算扣除数/元
1	不超过15 000元的	不超过14 250元的	5	0
2	超过15 000元至30 000元的部分	超过14 250元至27 750元的部分	10	750
3	超过30 000元至60 000元的部分	超过27 750元至51 750元的部分	20	3 750
4	超过60 000元至100 000元的部分	超过51 750元至79 750元的部分	30	9 750
5	超过100 000元的部分	超过79 750元的部分	35	14 750

注：① 本表所列含税级距与不含税级距，均为按照税法规定以每一纳税年度的收入总额减除成本、费用以及损失后的所得额；从2011年9月1日起执行。

② 含税级距适用于个体工商户的生产、经营所得和由纳税人负担税款的对企事业单位的承包经营、承租经营所得；不含税级距适用于由其他人（单位）负担税款的对企事业单位的承包经营、承租经营所得。

企事业单位承包经营、承租经营所得，如果承包方仅需上缴一定的承包费用，剩下的所得由承包人所有，按"承租承包经营所得"适用五级超额累进税率计算缴纳个人所得税；如果经营所得要全部上缴企业，承包人只是从企业取得固定的承包收入，按"工资、薪金所得"适用七级超额累进税率计算缴纳个人所得税。

国税发〔1994〕第179号

（三）比例税率

除上述三项以外，适用于以"次"计算应纳税额的其他八项所得项目均适用20%的比例税率。但具体运用时有些项目要加征，有些项目要减征。具体处理如下：

（1）劳务报酬所得按"次"计算缴纳个人所得税，适用20%的比例税率。一次收入畸高的，规定在适用20%比例税率的基础上，实行加成征收。所谓"劳务报酬所得一次收入畸高的"，是指个人一次取得劳务报酬，其应纳税所得额超过20 000元。劳务报酬所得加成征收采取超额累进办法，对每次应纳税所得额在20 000元以下的部分按20%税率征收；应纳税所得额在20 000元至50 000元之间的部分加征五成，按30%税率征税；应纳税所得额在50 000元以上的部分加征十成，按40%税率征税，如表6-3所示。

国务院令第519号

表6-3 劳务报酬所得税率

级数	含税级距/次	不含税劳务报酬收入额/次	税率/%	速算扣除数/元
1	不超过20 000元部分	不超过21 000元部分	20	0
2	超过20 000元至50 000元部分	超过21 000元至49 500元部分	30	2 000
3	超过50 000元部分	超过49 500元部分	40	7 000

注：①表中所列含税级距为按照税法规定减除有关费用后的所得额；不含税劳务报酬收入总额为没有减除税法规定有关费用前的收入总额。

②含税级距适用于由纳税人负担税款的劳务报酬所得；不含税劳务报酬收入额级距适用于由其他人（单位）负担税款的劳务报酬所得。

（2）稿酬所得适用比例税率，税率为20%，并按应纳税额减征30%，故其实际税率为14%。

财税〔2000〕125号

（3）自2001年1月1日起，对个人出租房屋取得的所得暂减按10%的税率征收个人所得税。

（4）国务院决定，自2007年8月15日起，储蓄存款利息按5%的税率征收个人所得税；2008年10月9日起，暂免征个人所得税。

财税〔2008〕132号

五、个人所得税的税收优惠

（一）免税项目

《个人所得税法》和相关法规政策规定，对下列各项个人所得，免征个人所得税：

（1）省级人民政府、国务院部委和中国人民解放军军以上单位，以及外国组织、国际组织颁发的科学、教育、技术、文化、卫生、体育、环境保护等方面的奖金。

（2）国债和国家发行的金融债券利息。

（3）按照国家统一规定发给的补贴、津贴。这是指按照国务院规定发给的政府特殊津贴、院士津贴、资深院士津贴和国务院规定免纳个人所得税的补贴、津贴。

（4）福利费、抚恤金、救济金。

（5）保险赔款。

（6）军人的转业费、复员费。

（7）按照国家统一规定发给干部、职工的安家费、退职费、退休工资、离休工资、离休生活补助费。

（8）依照我国有关法律规定应予免税的各国驻华使馆、领事馆的外交代表、领事官员和其他人员的所得。

（9）中国政府参加的国际公约、签订的协议中规定免税的所得。

（10）按照国家规定，单位为个人缴付和个人缴付的住房公积金、基本医疗保险费、基本养老保险费、失业保险费，从纳税人的应纳税所得额中扣除。

（11）按照国家有关城镇房屋拆迁管理办法规定的标准，被拆迁人取得的拆迁补偿款，免征个人所得税。

（12）经国务院财政部门批准免税的所得。

（二）减税项目

有下列情形之一的，经批准可以减征个人所得税：

（1）残疾、孤老人员和烈属的所得。

（2）因严重自然灾害造成重大损失的。

（3）其他经国务院财政部门批准减税的。

（三）暂免征税项目

（1）外籍个人以非现金形式或实报实销形式取得的住房补贴、伙食补贴、搬迁费、洗衣费。

（2）外籍个人按合理标准取得的境内、境外出差补贴。

（3）外籍个人取得的语言训练费、子女教育费等，经当地税务机关审核批准为合理的部分。

（4）外籍个人从外商投资企业取得的股息、红利所得。

（5）个人举报、协查各种违法、犯罪行为而获得的奖金。

（6）个人办理代扣代缴税款手续，按规定取得的扣缴手续费。

（7）个人转让自用达5年以上，并且是唯一的家庭生活用房取得的所得。

（8）对个人购买福利彩票、体育彩票，一次中奖收入在1万元以下的（含1万元）暂免征收个人所得税，超过1万元的全额征收个人所得税。

（9）达到离、退休年龄，但确因工作需要，适当延长离、退休年龄的高级专家（指享受国家发放的政府特殊津贴的专家、学者），其在延长离、退休期间的工资、薪金所得，视同离、退休工资免征个人所得税。

（10）对个人转让上市公司股票的所得，暂免征收个人所得税。

（11）从2015年9月8日起，对个人投资应从上市公司取得的股息、红利所得，持股期限在1个月以内（含1个月）的，其股息红利所得全额计入应纳税所得额，实际税负为20%；持股期限在1个月以上至1年（含1年）的，暂减按50%计入应纳税所得额，实际税负为10%；持股期限超过1年的，暂免征收个人所得税。

（12）自2008年10月9日起，对储蓄存款利息所得暂免征收个人所得税。

（13）凡符合下列条件之一的外籍专家取得的工资、薪金所得可免征个人所得税：① 根据世界银行专项贷款协议由世界银行直接派往我国工作的外国专家；② 联合国组织直接派往我国工作的专家；③ 为联合国援助项目来华工作的专家；④ 援助国派往我国专为该国无偿援助项目工作的专家；⑤ 根据两国政府签订文化交流项目来华工作两年以内的文教专家，其工资、薪金所得由该国负担的；⑥ 根据我国大专院校国际交流项目来华工作两年以内的文教专家，其工资、薪金所得由该国负担的；⑦ 通过民间科研协定来华工作的专家，其工资、薪金所得由该国政府机构负担的。

（14）自2009年5月25日起，以下情形的房屋产权无偿赠与，对当事双方不征收个人所得税：① 房屋产权所有人将房屋产权无偿赠与配偶、父母、子女、祖父母、外祖父母、孙子女、外孙子女、兄弟姐妹；② 房屋产权所有人将房屋产权无偿赠与对其承担直接抚养或者赡养义务的扶养人或者赡养人；③ 房屋产权所有人死亡，依法取得房屋产权的法定继承人、遗嘱继承人或者受遗赠人。

（四）税前扣除

个人将其所得通过中国境内的社会团体、国家机关向教育和其他社会公益事业以及遭受严重自然灾害地区、贫困地区的公益、救济性捐赠，捐赠额未超过纳税义务人申报的应纳税所得额30%的部分，准予从其应

纳税所得额中扣除。但是，纳税义务人未通过中国境内的社会团体、国家机关而直接向受益人的捐赠，不得扣除。

个人通过非营利性的社会团体和国家机关，向红十字事业、农村义务教育以及公益性青少年活动场所的捐赠，可以全额税前扣除。

【职业判断与业务操作】

一、计算工资薪金所得应纳个人所得税

我国个人所得税实行"分项征收、源泉扣税和纳税人自行申报相结合的纳税方法"。

（一）计算应纳税所得额

1. 正常工资薪金应纳税所得额的计算

自 2011 年 9 月 1 日起，《个人所得税法》对工资、薪金所得规定的普遍适用的减除费用标准为每月 3 500 元，工资、薪金所得实行按月计征的办法。因此，每月收入额减去 3 500 元费用后的余额为应纳税所得额。其计算公式为：

$$应纳税所得额 = 月工资、薪金收入 - 3\,500$$

【做中学】

根据情境引例计算：

王某月工资 6 300 元，应纳税所得额 = 6 300 - 3 500 = 2 800（元）

2. 特殊人员应纳税所得额的计算

✎ 如何设定个税免征额

对以下纳税义务人，税法规定每月再附加减除费用 1 300 元。其应纳税所得额的计算公式为：

$$应纳税所得额 = 月工资、薪金收入 - 3\,500 - 1\,300$$

附加减除费用适用的具体范围是：

（1）在中国境内的外商投资企业和外国企业中工作的外籍人员。

（2）应聘在中国境内企业、事业单位、社会团体和国家机关中工作的外籍专家。

（3）在中国境内有住所而在中国境外任职或受雇而取得工资、薪金的个人。

（4）财政部确定的其他人员。

此外，附加减除费用也适用于华侨和香港、澳门、台湾同胞。

个人自行购买符合规定的商业健康保险产品的，在不超过 200 元/月的标准内按月扣除。一年内保费金额超过 2 400 元的部分，不得税前扣除；单位统一组织为员工购买或者单位和个人共同负担购买符合规定的健康保险产品，单位负担部分应当实名计入个人工资薪金明细清单，

视同个人购买，并自购买产品次月起，在不超过 200 元／月的标准内按月扣除。一年内保费金额超过 2 400 元的部分，不得税前扣除。

3. 个人取得全年一次性奖金应纳税所得额的计算

纳税人取得全年一次性奖金，单独作为一个月工资、薪金所得计算纳税。如果在发放年终奖金的当月，纳税人工资、薪金低于税法规定的费用扣除额，应将全年一次性奖金减除纳税人当月工资薪金所得与费用扣除额的差额后的余额作为应纳税所得额。

国税发〔2005〕9号；国税函〔2005〕715号

在一个纳税年度内，对每一个纳税人，该计税办法只允许采用一次。

纳税人取得的除全年一次性奖金以外的其他各种名目奖金，如半年奖、季度奖、加班奖、考勤奖等，一律与当月工资、薪金收入合并，按税法规定计算缴纳个人所得税。

企业高级管理人员适用年薪制的，按同样的方法确定适用税率计算个人所得税。

4. 雇主为其雇员负担个人所得税应纳税所得额的计算

当纳税人的应纳税额由雇主代其缴纳时，应将纳税人的不含税收入换算为含税收入，计算应纳税所得额。

国税发〔1996〕第199号

（1）雇主全额为雇员负担税款的，计算公式为：

应纳税所得额 =（不含税收入额 - 费用扣除标准 - 速算扣除数）÷（1 - 税率）

式中，税率是指不含税所得按不含税级距——适用于由他人（单位）代付税款的工资、薪金所得——对应的税率。

（2）雇主为其雇员负担部分税款的，可分为定额负担部分税款和定率负担部分税款两种情况：

雇主为其雇员定额负担税款的，计算公式为：

应纳税所得额 = 雇员取得的工资 + 雇主代雇员负担的税款 - 费用扣除标准

雇主为其雇员负担一定比例的工资应纳的税款或者负担一定比例的实际应纳税款的，计算公式为：

应纳税所得额 =（未含雇主负担的税款的收入额 - 费用扣除标准 - 速算扣除数 × 负担比例）÷（1 - 税率 × 负担比例）

工资薪金发放纳税筹划案例

（二）计算应纳税额

1. 正常工资薪金应纳个人所得税额的计算

工资、薪金所得适用七级超额累进税率，税率表见表 6-1。

每月工资薪金收入定额扣除 3 500 或 4 800 元，以其余额作为应纳税所得额，按适用税率计算应纳税额。其计算公式为：

工资、薪金应纳税额 = 应纳税所得额 × 适用税率 − 速算扣除数
= （每月收入额 − 3 500 元或 4 800 元）×
适用税率 − 速算扣除数

【做中学】 根据情境引例计算：

王某月工资应纳个人所得税额 =（6 300 − 3 500）× 10% − 105 = 175（元）

全年应纳个人所得税额 = 175 × 12 = 2 100（元）

2. 个人取得全年一次性奖金应纳个人所得税额的计算

自 2005 年 1 月 1 日起，按以下计税办法，由扣缴义务人发放时代扣代缴：

（1）将纳税人当月内取得的全年一次性奖金，除以 12 个月，按其商数确定适用税率和速算扣除数。

如果在发放年终奖金的当月，纳税人工资、薪金低于税法规定的费用扣除额，应将全年一次性奖金减除纳税人当月工资薪金所得与费用扣除额的差额后的余额，确定适用的税率和速算扣除数。

（2）将纳税人当月取得的全年一次性奖金，按前项所确定的税率和速算扣除数，计算应缴纳个人所得税。计算公式如下：

应纳税额 = 纳税人当月取得的一次性奖金 × 适用税率 − 速算扣除数

或：

应纳税额 =（纳税人当月取得的一次性奖金 − 纳税人当月工资薪金
所得与费用扣除额的差额）× 适用税率 − 速算扣除数

【做中学】 根据情境引例计算：

王某月工资 6 300 元，超过费用扣除标准，故年终奖金 20 000 元全部为应纳税所得额。

年终奖适用个人所得税税率：20 000 ÷ 12 = 1 666.67 元，故适用 10% 税率，速算扣除数 105。

年终奖应纳个人所得税额 = 20 000 × 10% − 105 = 1 895（元）

综上可见，本情境引例中，单位代扣代缴工资薪金个人所得税 2 100 元是错误的。单位全年应该扣缴月工资个人所得税 2 100 元，年终奖金个人所得税 1 895 元，合计 3 995 元。

3. 雇主为其雇员负担个人所得税应纳税额的计算

在实际工作中，有的雇主常常为纳税人负担税款，即支付给纳税人的报酬为不含税的净所得，此时应将纳税人的不含税收入换算为含税收入先计算应纳税所得额，然后再据以计算应纳税额。

应纳税额 = 应纳税所得额 × 适用税率 − 速算扣除数

【做中学】 某中国公民每月取得工资 5 700 元，由任职单位代其缴纳个人所得税，则单位代其缴纳的个人所得税为：

应纳税所得额=(5 700-3 500-105)/(1-10%)=2 327.78(元)
应纳税额=2 327.78×10%-105=127.78(元)

二、计算个体工商户的生产、经营所得应纳个人所得税

（一）计算应纳税所得额

对于实行查账征收的个体工商户，其生产、经营的应纳税所得额是每一纳税年度的收入总额，减成本、费用、损失以及允许扣除的税金后的余额。计算公式为：

应纳税所得额=收入总额-允许扣除项目金额

允许扣除项目金额=成本+费用+损失+准予扣除的税金

需要注意的是，与企业所得税相关政策一样，以上允许扣除项目并不一定是全额允许扣除的。

1. 收入总额

个体工商户的收入总额，是指个体工商户从事生产、经营活动，按照权责发生制的原则确认的各项收入总和。

2. 允许扣除项目

（1）成本、费用是指个体工商户从事生产、经营所发生的各项直接支出和分配计入成本的间接费用以及销售费用、管理费用和财务费用。

（2）损失是指个体工商户在生产经营过程中发生的各项营业外支出，包括固定资产盘亏、报废和毁损的净损失、自然灾害或意外事故损失、公益和救济性捐赠、赔偿金和违约金等。

（3）税金是指个体工商户按规定缴纳的各种应由企业负担的税金，包括消费税、城市维护建设税、资源税、城镇土地使用税、房产税、车船税、印花税等。会计核算中已记入"管理费用"等账户中的税金，此处不可以重复扣除。

3. 允许在所得税前扣除项目的扣除标准

个体工商户允许在所得税前扣除项目的扣除标准与企业所得税的规定基本相同，所不同的主要有：

财税〔2008〕65号

（1）个体工商户在生产、经营过程中发生的与家庭生活混用的费用，由主管税务机关核定分摊比例，据此计算确定的属于生产、经营过程中的费用，允许在所得税前扣除。

（2）自2011年9月起，个体工商户业主的费用扣除标准统一确定为3 500元/月，个体工商户向其从业人员实际支付的合理工资、薪金支出，允许在税前据实扣除。

（3）个体工商户业主自行购买符合条件的商业健康保险产品的，在

不超过 2 400 元 / 年的标准内据实扣除。一年内保费金额超过 2 400 元的部分，不得税前扣除。

4. 不得在所得税前列支的项目

不得在所得税前列支的项目包括：① 资本性支出；② 被没收的财物、支付的罚款；③ 缴纳的个人所得税、税收滞纳金、罚款和罚金；④ 各种赞助支出；⑤ 自然灾害或意外事故损失有赔偿的部分；⑥ 分配给投资者的股利；⑦ 用于个人和家庭的支出；⑧ 个体工商户业主的工资支出；⑨ 与生产、经营无关的其他支出；⑩ 国家税务总局规定不允许扣除的其他支出。

（二）计算应纳税额

账证齐全的个体工商户按账核算征收个人所得税，适用五级超额累进税率。税率表如表6-2。

个体工商户年度应纳个人所得税额计算公式如下：

$$应纳税额 = 应纳税所得额 \times 适用税率 - 速算扣除数$$
$$= （全年收入总额 - 成本费用及损失）\times 适用税率 - 速算扣除数$$

三、计算企事业单位的承包、承租经营所得应纳个人所得税

（一）计算应纳税所得额

对企事业单位的承包、承租经营所得是以每一纳税年度的收入总额，减除必要费用后的余额为应纳税所得额。其中，"收入总额"是指纳税人按照承包经营、承租经营合同规定分得的经营利润和工资、薪金性质的所得。如果企业实行个人承包经营、承租经营后，承包、承租人按合同的规定只向发包、出租方交纳一定费用，企业经营成果归其所有的，承包、承租人的"必要费用"比照"个体工商户生产、经营所得"的确认方法；如果企业实行个人承包经营、承租经营后，承包、承租人对企业经营成果不拥有所有权，仅是按合同规定取得一定所得的，现行标准下，"必要费用"为 3 500 元 / 月。

企事业单位承包承租经营者自行购买符合条件的商业健康保险产品的，在不超过 2 400 元 / 年的标准内据实扣除。一年内保费金额超过 2 400 元的部分，不得税前扣除。

$$应纳税所得额 = 个人承包、承租经营收入总额 - （成本 + 费用 + 损失 + 准予扣除的税金）$$

或：
$$= 个人承包、承租经营收入总额 - 每月 3 500 元$$

（二）计算应纳税额

1. 适用五级超额累进税率

企业实行个人承包经营、承租经营后，承包、承租人按合同的规定只向发包、出租方交纳一定费用，企业经营成果归其所有的，承包、承租人取得的所得，按对企事业单位的承包经营、承租经营所得计算缴纳个人所得税。

20××年1月1日王某与某商店签订承包合同，约定承包期限一年，王某每年上交承包金20 000元，其余经营所得归王某所有。该年商店实现经营利润88 000元。

【做中学】

问题：计算王某应纳个人所得税额。

分析：该年商店实现经营利润88 000元，按合同约定，王某可以分得扣除20 000元承包金后的余额部分。另外，个体工商户业主费用扣除标准调整为3 500元/月。故允许扣除的费用合计为42 000元（3 500×12）

应纳税所得额 = 88 000 - 20 000 - 42 000 = 26 000（元）

应纳个人所得税额 = 26 000 × 10% - 750 = 1 850（元）

2. 适用七级超额累进税率

企业实行个人承包经营、承租经营后，承包、承租人对企业经营成果不拥有所有权，仅是按合同规定取得一定所得的，其所得按工资、薪金所得计算缴纳个人所得税，适用3%~45%的七级超额累进税率。

假设前例中，合同约定，王某对该商店的经营成果不拥有所有权，仅可以每月取得固定工资4 500元。

【做中学】

问题：计算王某该年应纳个人所得税额。

分析：此类中王某从承包中取得的固定收入，实际相当于是工资、薪金收入，按七级超额累进税率计算，按月缴纳个人所得税。

每月应纳税所得额 = 4 500 - 3 500 = 1 000（元）

月应纳个人所得税额 = 1 000 × 3% = 30（元）

全年应纳个人所得税 = 30 × 12 = 360（元）

四、计算劳务报酬所得应纳个人所得税

（一）计算应纳税所得额

劳务报酬所得以个人每次取得的收入，定额或定率减除规定的费用后的余额为应纳税所得额。每次收入不超过4 000元的，定额减除费用800元；每次收入在4 000元以上的，定率减除20%的费用。

连续性劳务报酬所得的个人自行购买符合规定的商业健康保险产品的，在不超过200元/月的标准内按月扣除。一年内保费金额超过2 400

元的部分，不得税前扣除。

劳务报酬所得一般具有不固定性、不经常性，不便于按月计算，所以税法规定按次计算确定应纳税所得额。凡属一个项目连续性收入的，以一个月内取得的收入为一次，据以确定应纳税所得额（当月跨地区的劳务报酬所得应分别计算）。

【做中学】根据情境引例计算：

王某业余时间为企业研发新产品取得设计费，属于劳务报酬所得。一次取得劳务报酬 50 000 元，超过 4 000 元，扣除 20%，余额为应纳税所得额。

应纳税所得额 = 50 000 × (1 - 20%) = 40 000（元）

应当注意的是：在计算应纳税所得额和应纳税额时，如果单位和个人为纳税人负担税款的，应当将纳税人取得的不含税收入额换算为应纳税所得额，再计算应纳税款。计算公式为：

（1）不含税收入额为 3 360 元（即含税收入额为 4 000 元）以下的：

应纳税所得额 = (不含税收入额 - 800) ÷ (1 - 税率)

（2）不含税收入额为 3 360 元以上的：

应纳税所得额 = (不含税收入额 - 速算扣除数) × (1 - 20%) ÷ [1 - 税率 × (1 - 20%)]

式中，"税率"，是指不含税收入按不含税级距对应的税率。

（二）计算应纳税额

劳务报酬所得适用 20% 的比例税率。如果纳税人一次取得的应税劳务报酬所得超过 20 000 元，应实行加成征收，其应纳税总额应依据相应税率和速算扣除数计算。劳务报酬所得适用税率表如表 6-3 所示。

劳务报酬所得应纳个人所得税额计算公式为：

（1）每次收入不足 4 000 元的：

应纳税额 = 应纳税所得额 × 适用税率
= (每次收入额 - 800) × 20%

（2）每次收入超过 4 000 元的：

应纳税额 = 应纳税所得额 × 适用税率 - 速算扣除数
= 每次收入额 × (1 - 20%) × 适用税率 - 速算扣除数

【做中学】根据情境引例计算：

王某应税劳务报酬所得额为 50 000 元，应该加成征收，适用 30% 的税率和 2 000 元的速算扣除数。

应纳税额 = 每次收入额 × (1 - 20%) × 适用税率 - 速算扣除数
= 50 000 × (1 - 20%) × 30% - 2 000 = 10 000（元）

✏️ 讲学报酬纳税筹划案例

五、计算稿酬所得应纳个人所得税

（一）计算应纳税所得额

稿酬所得以个人每次取得的收入，定额或定率扣除规定费用后的余额为应纳税所得额。费用扣除标准与劳务报酬所得相同。

国税发〔1994〕089号

"每次取得的收入"是指以每次出版、发表作品取得的收入为一次，确定应纳税所得额。具体规定如下：

（1）个人以出版图书、报刊方式出版同一作品，不论出版单位是预付还是分笔支付稿酬，或者加印该作品后再付稿酬，均应合并为一次征税。

（2）在两处以上出版、发表或再版同一作品而取得的稿酬，则可以分别各处取得的所得或再版所得分次征税。

（3）个人的同一作品在报刊连载，应合并其因连载而取得的所得为一次。连载后又出书取得稿酬的，或先出书后连载取得稿酬的，应视同再版稿酬分次征税。

（4）作者去世后，对取得的其遗作稿酬的个人，按稿酬所得征税。

（二）计算应纳税额

稿酬所得适用20%的比例税率，并按规定减征30%。其计算公式为：

（1）每次收入不足4 000元的：

$$应纳税额 = 应纳税所得额 \times 适用税率 \times (1-30\%)$$
$$= (每次收入额 - 800) \times 20\% \times (1-30\%)$$

（2）每次收入在4 000元以上的：

$$应纳税额 = 应纳税所得额 \times 适用税率 \times (1-30\%)$$
$$= 每次收入额 \times (1-20\%) \times 20\% \times (1-30\%)$$

作家王某取得一本书的稿酬收入16 800元。王某应纳个人所得税计算如下：

【做中学】

$$应纳税额 = 16\,800 \times (1-20\%) \times 20\% \times (1-30\%) = 1\,881.60（元）$$

六、计算特许权使用费所得应纳个人所得税

（一）计算应纳税所得额

特许权使用费所得以个人每次取得的收入，定额或定率减除规定费用后的余额为应纳税所得额。费用减除标准与劳务报酬所得相同。

对个人从事技术转让中所支付的中介费，若能提供有效合法凭证，允许从其所得中扣除。

（二）计算应纳税额

特许权使用费所得适用20%的比例税率，其应纳税额的计算公式为：

$$应纳税额 = 应纳税所得额 \times 适用税率$$

七、计算财产租赁所得应纳个人所得税

（一）计算应纳税所得额

国税函〔2009〕第639号

财产租赁所得以一个月内取得的收入为一次。在确定应纳税所得额时，允许依次扣除以下费用：

（1）纳税人在出租财产过程中缴纳的税金和教育费附加；

（2）能够提供有效凭证，证明纳税人负担的该出租财产实际开支的修缮费用（以每次800元为限，一次扣除不完的，准予在下一次继续扣除，直到扣完为止）；

（3）税法规定的费用扣除标准（每次收入不超过4 000元，定额减除费用800元；每次收入在4 000元以上，定率减除20%的费用）。

应纳税所得额的计算公式：

（1）每次收入不足4 000元的：

应纳税所得额 = 每次（月）收入额 − 财产租赁有关税费 − 修缮费用 − 800

（2）每次收入在4 000元以上的：

应纳税所得额 = [每次（月）收入额 − 财产租赁有关税费 − 修缮费用] × (1 − 20%)

式中，每次（月）修缮费用以800元为限。

（二）计算应纳税额

财产租赁所得适用20%的比例税率，其计算公式为：

应纳税额 = 应纳税所得额 × 适用税率

个人出租居住用房暂减按10%计算征收个人所得税。

"营改增"试点后，个人出租房屋的个人所得税应税收入不含增值税，计算房屋出租所得可扣除的税费不包括本次出租缴纳的增值税；个人转租房屋的，其向房屋出租方支付的租金及增值税额，在计算转租所得时予以扣除。免征增值税的，确定计税依据时，租金收入不扣减增值税额。

【做中学】

2016年6月1日，市民李某将其自有住房出租，租期一年，每月租金3 800元。6月该房屋漏水发生维修费用1 200元。已取得合法有效的支出凭证。

问题：计算2016年6—7月份李某应纳个人所得税额（不考虑其他税费）。

分析：一是个人出租住房月租金收入不超过3万元，可享受小微企业免征增值税优惠政策，因而租金收入也不扣减增值税；二是该房屋当月发生维修费用1 200元，本月允许扣除800元，其余部分允许在以后期间内继续扣除，允许扣除的维修费用应以合法凭证为前提；一次收入不足4 000元，可以同时扣除费用800元。

$$应纳个人所得税额 = (3\,800 - 800 - 800) \times 10\% + (3\,800 - 400 - 800) \times 10\%$$
$$= 480（元）$$

假设上例中，李某就取得的租金收入按税法规定缴纳了房产税、城市维护建设税和教育费附加，在计算应纳税额时，也应一并扣除。

八、计算财产转让所得应纳个人所得税

（一）计算应纳税所得额

财产转让所得以个人每次转让财产取得的收入额减除财产原值和转让财产发生的相关税费后的余额为应纳税所得额。其中，"每次"是指以一件财产的所有权一次转让取得的收入为一次。

$$应纳税所得额 = 每次收入额 - 财产原值 - 合理税费$$

（二）应纳税额的计算

财产转让所得适用 20% 的比例税率，其应纳税额的计算公式为：

$$应纳税额 = 应纳税所得额 \times 20\%$$

"营改增"试点后，个人转让房屋的个人所得税应税收入不含增值税，其取得房屋时所支付价款中包含的增值税计入财产原值，计算转让所得时可扣除的税费不包括本次转让缴纳的增值税。

【做中学】

刘某于 2016 年 6 月份转让营业用房一套，取得收入 31.5 万元（含增值税）。该套营业用房取得成本 22 万元，缴纳增值税 1.5 万元，城市维护建设税、教育费附加等税费 0.2 万元。

问题：计算刘某应缴纳的个人所得税额。

分析：该营业用房的取得成本以及支付的相关税费允许从转让收入中扣除，其余额为应纳税所得额。财产转让所得适用 20% 税率。

$$应纳税所得额 = 315\,000 \div (1 + 5\%) - 220\,000 - 2\,000 = 78\,000（元）$$
$$应纳税额 = 78\,000 \times 20\% = 15\,600（元）$$

九、计算利息、股息、红利所得，偶然所得，其他所得应纳个人所得税

利息、股息、红利，偶然所得和其他所得，以每次收入额为应纳税所得额，不扣除任何费用。其应纳税额的计算公式为：

$$应纳税额 = 应纳税所得额 \times 适用税率$$

王某于 2015 年 2 月份购买福利彩票，取得中奖收入 50 000 元。

问题：计算王某应纳个人所得税。

分析：中奖所得属于偶然所得，按全额的 20% 计算缴纳个人所得税。

王某应纳个人所得税 = 50 000 × 20% = 10 000（元），该笔税款应由奖金

【做中学】

旧机动车买卖纳税筹划案例

发放单位代扣代缴。

【典型任务举例】

公民李某是高校教授，2015年取得以下各项收入（不考虑其他税费因素）：

（1）每月取得工资4 500元，12月份取得全年奖金12 000元。

（2）2月1日，给企业提供自己的专利权取得租金收入30 000元。

（3）3月份为A公司讲学，取得酬金2 000元，A公司并未代扣代缴应纳的个人所得税。

（4）4月份出版一本专著，取得稿酬40 000元。

（5）5月份为B公司进行营销筹划，取得报酬35 000元，该公司决定为李某负担个人所得税。

（6）7月份出访美国，在美国举办讲座取得酬金收入1 000美元，主办方扣缴了个人所得税50美元（汇率1∶6.4）。

（7）12月20日取得当年1月1日投资的股息收入5 000元。

请帮助李教授计算2015年应纳个人所得税金额，并说明应纳税额的缴纳方法。

【操作步骤】

第一步，计算李教授工资应纳个人所得税额。

月工资应纳个人所得税 =（4 500 - 3 500）× 3% = 30（元）

全年应纳个人所得税 = 30 × 12 = 360（元）

第二步，计算全年奖金应纳个人所得税额。

12 000/12 = 1 000，适用3%税率，速算扣除数0。

全年奖金应纳个人所得税 = 12 000 × 3% = 360（元）

第三步，计算特许权使用费应纳个人所得税额。

30 000 ×（1 - 20%）× 20% = 4 800（元）

第四步，计算讲学酬金应纳个人所得税额。

（2 000 - 800）× 20% = 240（元）

第五步，计算稿酬应纳个人所得税额。

40 000 ×（1 - 20%）× 20% ×（1 - 30%）= 4 480（元）

第六步，计算营销筹划B公司应负担的个人所得税额。

应纳税所得额 =（35 000 - 2 000）×（1 - 20%）÷ [1 - 30% ×（1 - 20%）]
= 34 736.84（元）

应纳个人所得税额 = 34 736.84 × 30% - 2 000 = 8 421.05（元）

第七步，计算讲学应纳个人所得税额。

$1\,000 \times 6.4 \times (1-20\%) \times 20\% = 1\,024$（元），已扣 $50 \times 6.4 = 320$（元），回国需补 704 元。

第八步，计算投资股息收入应纳个人所得税额。

$5\,000 \times 20\% = 1\,000$（元）

第九步，李某全年应纳税额合计：

$360 + 360 + 4\,800 + 240 + 4\,480 + 8\,421.05 + 1\,024 + 1\,000$
$= 20\,685.05$（元）

其中，B公司代为负担 8 421.05 元，国外已纳 320（50×6.4）元，国内应交 11 944 元。

学习子情境二　个人所得税纳税申报

【工作过程与岗位对照图】

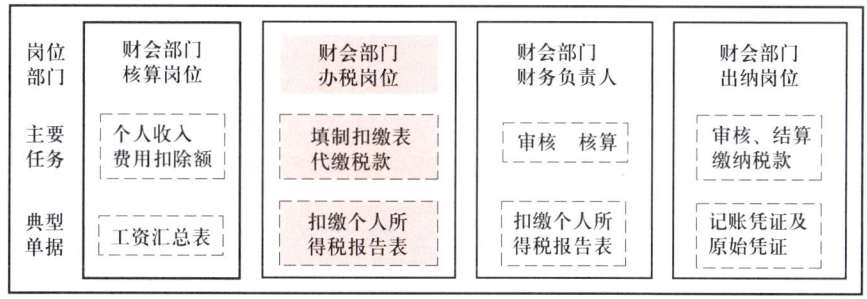

单位代扣代缴个人所得税流程图

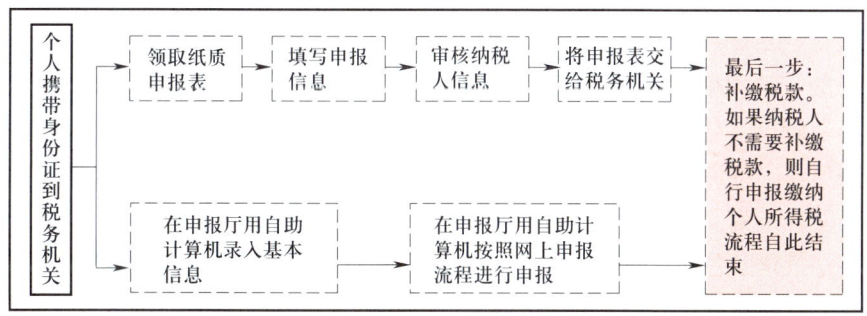

纳税人自行申报个人所得税流程图

【知识准备】

一、税款征收方式

我国个人所得税采取由支付单位源泉扣缴和纳税人自行申报缴纳两

种征收方法。

（一）支付单位源泉扣缴方法

个人所得税以所得人为纳税人，以支付所得的单位或者个人为代扣代缴义务人。扣缴义务人向个人支付应税款项（包括现金形式支付、实物形式支付以及其他各种形式支付）时，应当依照税法规定代扣代缴税款。

国税发〔2005〕205号

凡支付个人应纳税所得的企业（公司）、事业单位、机关、社团组织、军队、驻华机构、个体户等单位或者个人，为个人所得税的扣缴义务人。税务机关应根据扣缴义务人所扣缴的税款，付给2%的手续费，由扣缴义务人用于代扣代缴费用开支和奖励代扣代缴工作做得较好的办税人员。

纳税义务人的11个应税所得项目中，除个体工商户的生产、经营所得之外，均属代扣代缴范围。

（二）纳税人自行申报缴纳方法

纳税人有下列情形之一的，应当按照规定到主管税务机关进行自行申报：

（1）年所得12万元以上的。

（2）从中国境内两处或两处以上取得工资、薪金所得的。

（3）从中国境外取得所得的。

（4）取得应税所得，没有扣缴义务人的。

（5）国务院规定的其他情形。

国税函〔2007〕1087号

上述第（1）项所称"年所得12万元以上的"，无论取得的各项所得是否已足额缴纳了个人所得税，均应当按照规定，于纳税年度终了后向主管税务机关办理纳税申报。

"年所得12万元以上"，是指纳税人在一个纳税年度取得以下各项所得的合计数额达到12万元。包括工资、薪金所得，个体工商户的生产、经营所得，对企事业单位的承包经营、承租经营所得，劳务报酬所得，稿酬所得，特许权使用费所得，利息、股息、红利所得，财产租赁所得，财产转让所得，偶然所得和经国务院财政部门确定征税的其他所得，不包括税法规定的各项免税所得，但不得减除税法规定允许扣除的各项费用。

二、个人所得税纳税期限

（1）扣缴义务人每月所扣的税款，应当在次月15日内缴入国库。

（2）年所得12万元以上的纳税人，在纳税年度终了后3个月内向主管税务机关办理纳税申报。

（3）个体工商户和个人独资、合伙企业投资者取得的生产、经营所得应纳的税款，分月预缴的，纳税人在每月次月15日内办理纳税申报；

分季预缴的，纳税人在每个季度终了后 15 日内办理纳税申报。纳税年度终了后，纳税人在 3 个月内进行汇算清缴。

（4）纳税人年终一次性取得对企事业单位的承包经营、承租经营所得的，自取得所得之日起 30 日内办理纳税申报；在一个纳税年度内分次取得承包经营、承租经营所得的，在每次取得所得后的次月 15 日内申报预缴，纳税年度终了后 3 个月内汇算清缴。

（5）从中国境外取得所得的纳税人，在纳税年度终了后 30 日内向中国境内税务机关办理纳税申报。

（6）纳税人取得其他各项所得须申报纳税的，在取得所得的次月 15 日内向主管税务机关办理纳税申报。

纳税人、扣缴义务人不能按期办理纳税申报或者报送代扣代缴、代收代缴税款报告表的，经税务机关核准，可以延期申报。

三、纳税申报地点

（1）年所得 12 万元以上的纳税人，纳税申报地点分别为：

① 在中国境内有任职、受雇单位的，向任职、受雇单位所在地主管税务机关申报。

② 在中国境内有两处或者两处以上任职、受雇单位的，选择并固定向其中一处单位所在地主管税务机关申报。

③ 在中国境内无任职、受雇单位，年所得项目中有个体工商户的生产、经营所得或者对企事业单位的承包经营、承租经营所得（以下统称生产、经营所得）的，向其中一处实际经营所在地主管税务机关申报。

④ 在中国境内无任职、受雇单位，年所得项目中无生产、经营所得的，向户籍所在地主管税务机关申报。在中国境内有户籍，但户籍所在地与中国境内经常居住地不一致的，选择并固定向其中一地主管税务机关申报。在中国境内没有户籍的，向中国境内经常居住地主管税务机关申报。

（2）从两处或者两处以上取得工资、薪金所得的，选择并固定向其中一处单位所在地主管税务机关申报。

（3）从中国境外取得所得的，向中国境内户籍所在地主管税务机关申报。在中国境内有户籍，但户籍所在地与中国境内经常居住地不一致的，选择并固定向其中一地主管税务机关申报。在中国境内没有户籍的，向中国境内经常居住地主管税务机关申报。

（4）个体工商户向实际经营所在地主管税务机关申报。

（5）个人独资、合伙企业投资者兴办两个或两个以上企业的，区分不同情形确定纳税申报地点：

① 兴办的企业全部是个人独资性质的，分别向各企业的实际经营管理所在地主管税务机关申报。

② 兴办的企业中含有合伙性质的，向经常居住地主管税务机关申报。

③ 兴办的企业中含有合伙性质，个人投资者经常居住地与其兴办企业的经营管理所在地不一致的，选择并固定向其参与兴办的某一合伙企业的经营管理所在地主管税务机关申报。

（6）除以上情形外，纳税人应当向取得所得所在地主管税务机关申报。

纳税人不得随意变更纳税申报地点，因特殊情况变更纳税申报地点的，须报原主管税务机关备案。

【职业判断与业务操作】

一、填报代扣代缴个人所得税纳税申报表

纳税义务人的 11 个应税所得项目中，除个体工商户的生产、经营所得之外，均属代扣代缴范围。针对不同的个人所得税应税项目，地方税务机关采用不同的纳税申报表格。

扣缴个人所得税报告表如表 6-5 所示。

未按规定代扣代缴案

个人所得税网上申报现场操作

个人所得税自行申报流程

个人所得税自行申报操作案例

二、填制自行申报个人所得税纳税申报表

符合纳税人自行申报情形的，纳税人必须按税法规定自行填报个人所得税纳税申报表。

个人所得税纳税申报表分为："适用于年所得 12 万元以上的纳税人申报"的纳税申报表（见表 6-6），"适用于查账征收的纳税人申报"的纳税申报表，"适用于定率征收的纳税人申报"的纳税申报表，"适用于两处或两处以上取得工资薪金所得或取得所得没有扣缴义务人等纳税人申报"的纳税申报表，"适用于特定行业人员年度申报"的纳税申报表，"取得境外所得的纳税人年度申报"的纳税申报表，"转让房屋个人所得税自行申报"的纳税申报表等。

三、办理税款缴纳手续

扣缴义务人应当自扣缴个人所得税义务发生之日起 10 日内，设置代扣代缴个人所得税账簿。按规定的期限，于次月 15 日前向税务机关报送"扣缴个人所得税报告表"、代扣代收税款凭证以及支付个人收入明细表。

扣缴义务人在代扣税款时，必须向纳税人开具税务机关统一印制的代扣

代收税款凭证，并详细注明纳税人姓名、工作单位、家庭住址和居民身份证或护照号码等个人情况。对工资、薪金所得和利息、股息、红利所得等，因纳税人数众多、不便一一开具代扣代收税款凭证的，经主管税务机关同意，可不开具代扣代收税款凭证，但应通过一定形式告知纳税人已扣缴税款。

纳税人采用电子方式办理个人所得税纳税申报的，应按照有关规定保存有关资料或附报纸质纳税申报资料。

四、缴纳税款，取得"税收缴款书"

承担代扣代缴义务企业将扣缴个人所得税报告表等相关材料送税务机关审核，根据税务机关审定的意见，在规定期限内向指定代理金库的银行缴纳税款时，取得税务机关开具的税收缴款书。

纳税人按规定自行申报个人所得税并且按规定缴纳税款的，税务机关向纳税人出具个人所得税完税证明。纳税人所在单位实行了全员全额扣缴明细申报的，由税务机关在年度终了后进行集中开具，并委托邮政部门寄递纳税人本人。个人所得税完税证明票样见图6-1。

个人所得税纳税申报课堂实训

【典型任务举例】

大连滨江有限公司系一家小型商贸企业，2015年10月份工资计算表如表6-4所示，请为该公司填写扣缴个人所得税报告表。

表6-4　大连滨江有限公司工资计算表
2015年10月

部门	姓名	身份证号码	基本工资	岗位工资	奖金	应领工资	公积金	医疗保险	养老保险	工会经费	个人所得税	实发工资
管理部门	张艺	210211×××1111	4 500	1 500	500	6 500	650	130	520	65	58.50	5 076.50
管理部门	王尔	210202×××1212	3 500	1 500	500	5 500	550	110	440	55	25.35	4 319.65
营销人员	赵晓	210212×××0202	2 500	0	2 500	5 000	500	100	400	50	13.50	3 936.50
营销人员	黄兴	210202×××0205	2 500	0	2 300	4 800	480	96	384	48	8.76	3 783.24
营销人员	肖钰	210204×××3369	2 500	0	1 800	4 300	430	86	344	43	0	3 397.00
营销人员	震东	210203×××5233	2 500	0	1 200	3 700	370	74	296	37	0	2 923.00
营销人员	董冬	210201×××1159	2 500	0	1 600	4 100	410	82	328	41	0	3 239.00
营销人员	刘畅	210202×××0862	2 500	0	1 900	4 400	440	88	352	44	0	3 476.00
合计			23 000	3 000	12 300	38 300	3 830	766	3 064	383	106.11	30 150.89

【操作步骤】

第一步，填报扣缴个人所得税报告表（见表6-5）。

表6-5 扣缴个人所得税报告表

扣缴义务人名称（章）：

申报日期：2015年11月3日　　单位：元（列至角分）

申报类型：√ 1.正常申报　2.补充申报　3.专项检查　4.查前提醒　5.纳税评估（评估编号：　）

本期单位人数		8	本期纳税人总数	38 300	减免税额合计	0
其中特定行业计税办法人数		0	其中：纳税人收入总额	21 800	本期实缴税额合计	106.11
其中本单位人数		4	"三险一金"总额	7 660		
本期非本单位人数		0	应纳税所得额合计	3 222	缴款书号码	

序号(1)	姓名(1)	证照类型(2)	证照号码(3)	国籍或地区(4)	是否雇员(5)	职业(6)	职务(7)	所得项目(8)	所得起始日期(9)	所得终止日期(10)	税款负担形式(11)	收入额(12)	"三险一金"合计(13)	其他扣除项目额(14)	应纳税所得额(15)	税率(16)	应纳税额(17)	本期已缴(扣)税额(18)	减免税额(19)	实际应纳税额(20)
1	张艺	身份证	210211×××1111	中国	是	负责人	高层	工资薪金	2015.10.01	2015.10.31	雇员负担	6 500	1 300	3 565	1 635	10%	58.50	0	0	58.50
2	王尔	身份证	210202×××1212	中国	是	办事人员	中层	工资薪金	2015.10.01	2015.10.31	雇员负担	5 500	1 100	3 555	845	3%	25.35	0	0	25.35
3	赵晓	身份证	210212×××0202	中国	是	购销人员	普通	工资薪金	2015.10.01	2015.10.31	雇员负担	5 000	1 000	3 550	450	3%	13.50	0	0	13.50
4	黄兴	身份证	210202×××0205	中国	是	购销人员	普通	工资薪金	2015.10.01	2015.10.31	雇员负担	4 800	960	3 548	292	3%	8.76	0	0	8.76
5	肖钰	身份证	210204×××3369	中国	是	购销人员	普通	工资薪金	2015.10.01	2015.10.31	雇员负担	4 300	860	3 543		0		0	0	0
6	震东	身份证	210203×××5233	中国	是	购销人员	普通	工资薪金	2015.10.01	2015.10.31	雇员负担	3 700	740	3 537		0		0	0	0
7	董冬	身份证	210201×××1159	中国	是	购销人员	普通	工资薪金	2015.10.01	2015.10.31	雇员负担	4 100	820	3 541		0		0	0	0
8	刘旸	身份证	210202×××0862	中国	是	购销人员	普通	工资薪金	2015.10.01	2015.10.31	雇员负担	4 400	880	3 544		0		0	0	0

扣缴人声明：本单位的纳税申报表是根据《中华人民共和国个人所得税法》的有关规定填报的，我确信它是真实的、可靠的、完整的。

法定代表人（负责人）签字：　　　财务负责人签字：　　　填表人签字：

授权人声明：现授权　　　为本纳税人的代理申报人，其法人代表、电话　　　，任何与申报有关的往来文件，都可寄此代理人，委托代理合同号码：　　　授权人签字：　　　年　月　日

代理人声明：本纳税申报表是按照国家税法和税务机关有关规定填报，我确信它是真实的、合法的。
代理人（法定代表人）签字：　　　经办人签字：　　　（代理人盖章）　　　年　月　日

受理人：　　　受理时间：　年　月　日　　　受理申报机关：

注：本表一式二份，经税务机关受理后，退纳税人一份，税务机关留存一份。

第二步，缴纳税款。

大连滨江有限公司将扣缴个人所得税报告表等相关材料送税务机关审核，根据税务机关审定的意见，在规定期限内向指定为代理金库的银行缴纳税款时，取得税务机关开具的税收缴款书。

纳税人所在单位实行全员全额扣缴明细申报的，由税务机关在年度终了后进行集中开具，并委托邮政部门寄递至纳税人本人。

【典型任务举例】

程丞（身份证号码：210201××××5355），是大连白云旅游公司业务经理，单位地址：大连市西岗区滨海路 32 号，邮编：116000，联系电话：84340000，税务代码：214049。20××年度每月固定工资 6 500 元，所在单位按 10% 扣缴住房公积金、按 2% 扣缴医疗保险、按 8% 扣缴养老保险。单位已经全额代扣代缴个人所得税。20××年，程丞为其他单位设计一份图纸，取得劳务报酬所得 50 000 元，接受劳务方未代扣个人所得税；购买福利彩票中奖收入 30 000 元，已代扣代缴个人所得税 6 000 元。

【操作步骤】

第一步，填报个人所得税纳税申报表（表6-6）。

第二步，补缴个人所得税，取得完税凭证（图6-1）。

图6-1 个人所得税完税证明

表6-6 个人所得税纳税申报表

（适用于年所得12万元以上的纳税人申报）

所得年份：20××年度　　　　填表日期：20××年2月15日　　　　金额单位：人民币元

纳税人姓名	程丞	国籍（地区）	中国	身份证照类型	身份证	身份证照号码	210201×××××××5355
任职、受雇单位	大连白云旅游公司	任职受雇单位税务代码	214029	任职受雇单位所属行业	服务业	职务	业务经理
在华天数	365	境内有效联系地址	大连市西岗区滨海路32号	境内有效联系地址邮编	116000	联系电话	84340000

此行由取得经营所得的纳税人填写　　经营单位纳税人名称　　　　经营单位/纳税人识别号

所得项目	年所得额			应纳税所得额	应纳税额	已缴（扣）税额	抵扣税额	减免税额	应补税额	应退税额	备注
	境内	境外	合计								
1. 工资、薪金所得	78 000		78 000	20 400	780	780	—	—	0	—	
2. 个体工商户的生产、经营所得											
3. 对企事业单位的承包经营、承租经营所得											
4. 劳务报酬所得	50 000		50 000	40 000	10 000				10 000		
5. 稿酬所得											
6. 特许权使用费所得											
7. 利息、股息、红利所得											
8. 财产租赁所得											
9. 财产转让所得											
其中：股票转让所得				—	—	—			—	—	
个人房屋转让所得											
10. 偶然所得	30 000		30 000	30 000	6 000	6 000			0		
11. 其他所得											
合计	158 000		158 000	90 400	16 780	6 780			10 000		

我声明，此纳税申报表是根据《中华人民共和国个人所得税法》及有关法律、法规的规定填报的，我保证它是真实的、可靠的、完整的。　纳税人（签字）：程丞

代理人（签字）：　　　　　　　　　　　　　　　　　　　　　　　　　联系电话：　　　　　　　　　受理申报税务机关名称（盖章）：

税务机关受理时间：　　年　月　日　　　　　　　　　　　　　　　　　　　　　　　　　　　　　　　受理申报人（签字）：

【情境小结】

1. 工资、薪金所得应纳个人所得税的计算

（1）一般情况。

应纳税所得额＝月工资、薪金收入－费用扣除标准（3 500元或4 800元）

应纳税额＝应纳税所得额×适用税率－速算扣除数

（2）全年一次性奖金。

①纳税人当月工资薪金所得高于（或等于）税法规定的费用扣除额时，按下列步骤计算：

步骤一，找税率。将纳税人当月内取得的全年一次性奖金除以12，按其商数确定适用税率和速算扣除数。

步骤二，算税额。

应纳税额＝纳税人当月取得全年一次性奖金×适用税率－速算扣除数

②纳税人当月工资薪金所得低于税法规定的费用扣除额时，按下列步骤计算：

步骤一，找税率。将全年一次性奖金减除"纳税人当月工资薪金所得与费用扣除额的差额"后的余额除以12，按其商数确定全年一次性奖金的适用税率和速算扣除数。

步骤二，算税额。应纳税额＝（纳税人当月取得全年一次性奖金－纳税人当月工资薪金所得与费用扣除额的差额）×适用税率－速算扣除数

2. 劳务报酬所得应纳个人所得税的计算

应纳税所得额＝每次收入－800，或＝每次收入×(1－20%)

应纳税额＝应纳税所得额×适用税率－速算扣除数

3. 稿酬所得应纳个人所得税的计算

应纳税所得额＝每次收入－800

或　　　　　＝每次收入×(1－20%)

应纳税额＝应纳税所得额×适用税率×(1－30%)

或　　　　　＝应纳税所得额×14%

4. 特许权使用费所得应纳个人所得税的计算

应纳税所得额＝每次收入－800

或　　　　　＝每次收入×(1－20%)

应纳税额＝应纳税所得额×适用税率（20%）

5. 财产租赁所得应纳个人所得税的计算

①每次（月）收入不超过4 000元的：

应纳税所得额=（每次（月）收入额－财产租赁有关税费－修缮费用（800元为限）－800）

②每次（月）收入超过4 000元的：

应纳税所得额=［每次（月）收入额－财产租赁有关税费－修缮费用（800元为限）］×（1－20%）

应纳税额=应纳税所得额×适用税率

6. 财产转让所得应纳个人所得税的计算

应纳税所得额=每次收入额－财产原值－合理税费

应纳税额=应纳税所得额×适用税率（20%）

7. 利息、股息、红利所得，偶然所得，其他所得应纳个人所得税的计算

应纳税额=每次收入额×税率（20%）

8. 个体工商户生产经营所得应纳个人所得税的计算

全年应纳税额=全年应纳税所得额×适用税率－速算扣除数

9. 对企事业单位承包经营、承租经营所得应纳个人所得税的计算

应纳税所得额=个人承包、承租经营收入总额－（成本+费用+损失+准予扣除的税金）

应纳税额=应纳税所得额×适用税率－速算扣除数

个人所得税计算与申报教师手册

个人所得税计算与申报课件

个人所得税相关法规

个人所得税纳税相关用表及填表说明

个人所得税计算与申报试题库

【情境思考】

1. 某人既有工资收入，又有个体工商户生产经营所得、稿酬所得、财产租赁所得和偶然所得，他应该如何计算应纳个人所得税额？

2. 如果某员工由企业负担个人所得税，那么企业应该如何填制扣缴个人所得税报告表？

3. 如果企业有外籍人员，扣缴个人所得税报告表的填制方法有何不同？

4. 哪些人需要自行申报个人所得税？申报个人所得税是否意味着需要缴纳个人所得税？

5. 单位代扣代缴个人所得税一般需要提供哪些资料？

6. 个人如何自行申报缴纳个人所得税？

7. 个人年所得12万元以上，需要自行申报缴纳个人所得税，是否意味着要缴纳个人所得税税款？

学习情境 7 其他税费计算与申报

【职业能力目标】

专业能力

- 能确定城市维护建设税、印花税、车船税、房产税、契税、城镇土地使用税、土地增值税、资源税和财政规费的纳税人及其适用税费率
- 会根据业务资料计算城市维护建设税、印花税、车船税、房产税、契税、城镇土地使用税、土地增值税、资源税和财政规费等税费金额
- 会根据业务资料填制城市维护建设税、印花税、车船税、房产税、契税、城镇土地使用税、土地增值税、资源税和财政规费等税费的纳税申报表，能办理上述税费缴纳工作

社会能力和方法能力

- 能根据学习情境设计的需要查阅有关资料
- 能根据企业的经营情况与税务部门沟通，积极争取税务部门的支持，获得税收优惠
- 能向其他财会人员宣传城市维护建设税、印花税、车船税、房产税、契税、城镇土地使用税、土地增值税、资源税和财政规费等税费法规政策，共同进行纳税筹划
- 培养敬业精神、团队合作能力和良好的职业道德修养

【工作任务与学习子情境】

工作任务	学习子情境	工作任务
计算城市维护建设税	城市维护建设税的计算与申报	
计算印花税	印花税的计算与申报	
计算车船税	车船税的计算与申报	填报申报表
计算房产税	房产税的计算与申报	
计算契税	契税的计算与申报	
计算城镇土地使用税	城镇土地使用税的计算与申报	
计算土地增值税	土地增值税的计算与申报	缴纳税费
计算资源税	资源税的计算与申报	
计算财政规费	财政规费的计算与申报	

在税费大家庭中，除了前面分情境阐述的大税种外，还有许多小税种和具有财政性质的规费，它们分布广泛、大多是地方性税费。主要有：以流转税额为计税依据并与流转税一起缴纳的城市维护建设税等特定目的类税收；以经济交往中书立、使用、领受具有法律效力的凭证作为征税对象的印花税等行为类税收；以拥有或支配的财产作为征税对象的车船税、房产税和契税等财产类税收；以开发、利用或占有国有自然资源为征税对象的城镇土地使用税、土地增值税和资源税等资源类税收；以及水利建设基金、残疾人就业保障基金等财政性规费。虽然是小税种和规费，但不能忽视，因为它们普遍存在，其应缴金额之和在某些企业也相当可观，甚至超过"大税种"，而且其税费计算和申报也各有特点，在本课程中是不可或缺的内容。

学习子情境一　城市维护建设税的计算与申报

【情境引例】

长江实业有限责任公司是一家中型生产型企业，地处江州市中山路26号，主要生产销售甲、乙产品，2016年6月公司应纳增值税额100 000元（其中进口商品应纳增值税 15 000 元），消费税额 20 000元，城市维护建设税税率为7%。

要求：计算该公司当月应纳城市维护建设税，填报城市维护建设税纳税申报表。

【工作过程与岗位对照图】

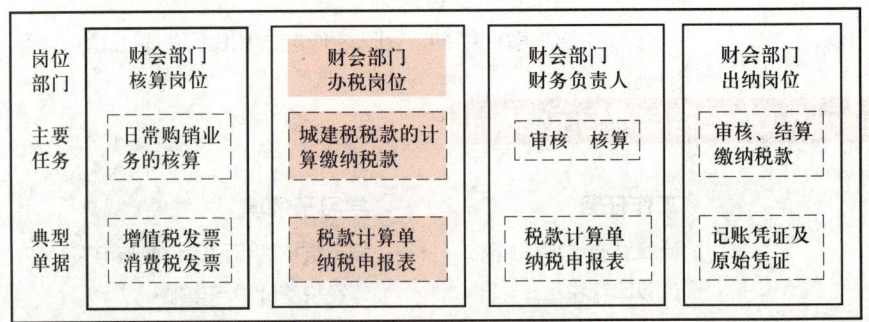

【知识准备】

一、基本概念

城市维护建设税（以下简称城建税）是国家对缴纳增值税和消费税

（简称"二税"）的单位和个人就其实际缴纳的"二税"税额为计税依据而征收的一种税。城建税属于特定目的税，是国家为加强城市公用事业和公共设施的维护和建设，扩大和稳定城市维护建设资金的来源而采取的一项税收措施，具有两大特征：

国发〔1985〕第019号

（1）具有附加税性质。即城建税以纳税人实际缴纳的"二税"税额为计税依据，附加于"二税"税额，本身没有特定的、独立的征税对象。

（2）具有特定目的。城建税税款专门用于城市的公用事业和公共设施的维护和建设。

二、城建税的纳税人

城建税的纳税人，是指负有缴纳"二税"业务的单位和个人。包括国有企业、集体企业、私营企业、股份制企业、其他企业和行政单位、事业单位、军事单位、社会团体、其他单位，以及个体工商户及其他个人。自2010年12月1日起，外商投资企业、外国企业和外籍人员开始征收城建税。

财税〔2010〕103号

三、城建税的优惠政策

城建税原则上不单独减免，但因城建税具有附加税性质，当主税发生减免时，城建税相应发生减免。具体来说有以下几种情况：

（1）城建税按减免后实际缴纳的"二税"税额计征，即随"二税"的减免而减免。

（2）对于因减免税而需进行"二税"退库的，城建税也同时退库。

（3）海关对进出口产品代征的增值税、消费税，不征收城建税。

（4）对"二税"实行先征后返、先征后退、即征即退办法的，除另有规定外，对随"二税"附征的城建税和教育费附加，一律不予退（返）还。

财税〔2005〕72号

四、城建税的税率

城建税按纳税人所在地不同，设置三档差别比例税率，即：

（1）纳税人所在地为城市市区，税率为7%；

（2）纳税人所在地为县城、建制镇的，税率为5%；

（3）纳税人所在地不在市区、县城或镇的，税率为1%。

另外，在确定适用税率时，要注意以下几种情况，区别对待：① 由受托方代扣代缴、代收代缴"二税"的单位和个人，其代扣代缴、代收代缴的城建税按受托方所在地适用税率执行；② 流动经营等无固定纳税地点的单位和个人，在经营地缴纳"二税"的，其城建税的缴纳按经营地适用税率执行；③县政府设在城市市区，其在市区设立的企业，按照市区规定税率计算纳税；④纳税人所在地为工矿区的，应根据工矿区所属行政区划适用的税率计算纳税。

【职业判断与业务操作】

一、计算城建税税额

（一）计税依据的确定

城建税的计税依据是纳税人实际缴纳的"二税"税额。纳税人因违反"二税"有关税法而加收的滞纳金和罚款，不作为城建税的计税依据，但纳税人在被查补"二税"和被处以罚款时，应同时对其偷漏的城建税进行补税、征收滞纳金和罚款。

城建税以"二税"税额为计税依据并同时征收，二税减免则该税也减免。但对出口产品退还的增值税、消费税，不退还已纳的城建税。

（二）应纳税额的计算

城建税应纳税额的计算比较简单，计税方法基本上与"二税"一致，其计算公式如下：

$$应纳税额 = 纳税人实际缴纳的增值税、消费税税额之和 \times 适用税率$$

【做中学】 根据情境引例计算：

长江实业有限责任公司 2016 年 6 月应纳城建税额为：

（1）计税依据 = 100 000 - 15 000 + 20 000 = 105 000（元）

（2）应纳城建税额 = 105 000 × 7% = 7 350（元）

二、城建税的纳税申报

（一）纳税地点与纳税期限

1. 纳税义务发生时间

城建税以纳税人实际缴纳的"二税"为计税依据，分别与"二税"同时缴纳，说明城建税纳税义务发生时间基本上与"二税"纳税义务发生时间一致，应该按照"销售货物或者提供应税劳务，为收讫销售款或者取得索取销售款凭据的当天"的原则确定。

2. 纳税地点

纳税人缴纳"二税"地点就是该纳税人缴纳城建税的地点。有特殊情况的，按下列原则和办法确定纳税地点：

（1）代扣代缴、代收代缴"二税"的单位和个人，同时也是城建税的代扣代缴、代收代缴义务人，其纳税地点为代扣代收地。

（2）跨省开采的油田，下属生产单位与核算单位不在同一省内的，其生产的原油，在油井所在地缴纳增值税，其应纳税额由核算单位按照各油井的产量和规定税率，计算汇拨各油井缴纳。所以，各油井应纳的城建税，应由核算单位计算，随同增值税一并汇拨油井所在地，由油井在缴纳增值税的同时，一并缴纳城建税。

（3）对管道局输油部分的收入，由取得收入的各管道局于所在地缴纳营业税。所以，其应纳的城建税，也应由取得收入的各管道局于所在地缴纳营业税时一并缴纳城建税。

（4）对流动经营等无固定纳税地点的单位和个人，应随同"二税"在经营地按适用税率缴纳。

（5）中国铁路总公司等实行汇总缴纳"二税"的纳税人，城建税在汇总地与"二税"同时缴纳。

3. 纳税期限

城建税的纳税期限与"二税"的纳税期限一致，分别为1日、3日、5日、10日、15日或者1个月。具体由税务机关根据纳税人应纳税额的大小分别核定；不能按期纳税的，可以按次纳税。需要说明的是，由于增值税和消费税是由国家税务局征收，而城建税由地方税务局征收，因此，在缴税入库的时间上不一定完全一致。

（二）纳税申报与缴纳

纳税人在申报"二税"的同时，填报"城市维护建设税纳税申报表"（见表7-1），在缴纳"二税"的同时缴纳城建税，取得税收缴款书。

【典型任务举例】

承接学习子情境一的情境引例，长江实业有限责任公司的纳税人识别号：430182387267367，开户银行：工商银行江州市分行营业部，账号：1902783726173727362；会计主管：张力，办税员：陈新。要求填报长江实业有限责任公司2016年6月城建税纳税申报表。

【操作步骤】

第一步，计算并确定城建税应纳税额。

长江实业有限责任公司在缴纳增值税和消费税的同时缴纳城建税，2016年6月份该公司应纳城建税税额7 350元。

第二步，填报城建税纳税申报表。

长江实业有限责任公司应按照城建税暂行条例的有关规定，及时办理纳税申报，并如实填写"城市维护建设税纳税申报表"（见表7-1）。

表7-1 城市维护建设税纳税申报表

填表日期：2016年7月10日

纳税人识别号	4	3	0	1	8	2	3	8	7	2	6	7	3	6	7	金额单位：元（列至分）	
纳税人名称	长江实业有限责任公司															税款所属时期	2016.6.1—6.30
纳税人开户行	工商银行江州市分行营业部															账号	19027837261737 27362

计税依据	计税金额	税率	应纳税额	已纳税额	应补（退）税额
1	2	3	4=2×3	5	6=4-5
增值税	85 000	7%	5 950		5 950
消费税	20 000	7%	1 400		1 400
合计			7 350		7 350

如纳税人填报，由纳税人填写以下各栏		如委托代理人填报，由代理人填写以下各栏		备注
会计主管（签章）	纳税人（公章）	代理人名称	代理人（签章）	
		代理人地址		
		经办人姓名	电话	
以下由税务机关填写				
收到申报表日期		接收人		

第三步，缴纳城建税税款。

长江实业有限责任公司将城建税纳税申报表及其他相关材料送主管税务机关审核，根据主管税务机关审定的意见，在规定期限内向指定代理金库的银行缴纳税款，取得税收缴款书。

学习子情境二 印花税的计算与申报

【情境引例】

长江实业有限责任公司是一家中型生产型企业，地处江州市中山路

26号，主要生产销售甲、乙产品，公司2016年1月发生如下经济业务：

（1）2日，公司为扩大规模增加注册资本100万元。

（2）3日，签订房屋租赁合同1份，租让给某公司办公楼一栋，合同记载应收取租赁金额共计100万元。

（3）5日，向中国工商银行申请3年期的借款，签订合同取得借款金额800万元，年利率为7%。

（4）8日，将自有价值500万元的房屋换入价值700万元的房屋，支付给对方差价款200万元，并签订房屋产权交换合同1份，合同记载金额为700万元。

（5）10日，签订购销合同3份，共记载金额800万元。

（6）13日，启用新的记载库存现金和银行存款日记账各1本，总分类账簿1本，存货明细分类账簿2本。

（7）15日，签订转让专利权合同1份，合同上记载金额为200万元。

（8）18日，签订加工合同1份，为某企业加工产品一批，对方提供原材料价值100万元，合同记载加工费金额为40万元。

（9）20日，与保险公司签订财产保险合同1份，合同记载的保险费为5万元。

（10）22日，与某铁路运输公司签订运输合同1份，合同记载运费金额共20万元。

（11）25日，与某建筑公司签订房屋建筑合同1份，合同记载建筑承包金额为2 000万元。

（12）30日，领取土地使用证1份，房屋产权证1份，专利证书1份。

要求：计算该公司2016年1月应纳印花税额，公司采取按月汇贴办法缴纳印花税。填报印花税纳税申报表，并缴纳当月的印花税额。

【工作过程与岗位对照图】

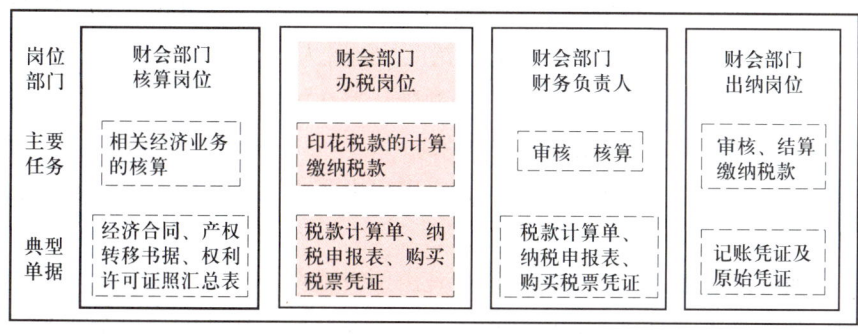

【知识准备】

一、基本概念

印花税是对经济活动和经济交往中书立、使用、领受具有法律效力的凭证的单位和个人征收的一种税。印花税是一种具有行为税性质的凭证税，凡发生书立、使用、领受应税凭证的行为，就必须依照印花税法有关规定履行纳税义务。印花税具有覆盖面广、税率低、税负轻、纳税人自行完税等特点。我国现行印花税法规是国务院1988年8月颁布、同年10月1日起施行的《中华人民共和国印花税暂行条例》和财政部、国家税务总局颁发的《印花税暂行条例施行细则》以及陆续发布的有关印花税的规定。

> 国务院令〔1988〕第11号；财税〔1988〕255号

二、印花税的纳税人

印花税的纳税人是在中国境内书立、使用、领受印花税法所列举的凭证并应依法履行纳税义务的单位和个人。所称单位和个人，是指国内各类企业、事业、机关、团体、部队以及中外合资企业、合作企业、外资企业、外国公司和其他经济组织及其在华机构等单位和个人。

印花税起源趣谈

根据书立、使用、领受应税凭证的不同，印花税纳税人分别为立合同人、立据人、立账簿人、领受人和使用人五种。

（1）立合同人是指合同当事人，即对凭证有直接权利义务关系的单位和个人，但不包括合同的担保人、证人、鉴定人。各类合同包括购销、加工承揽、建设工程承包、财产租赁、货物运输、仓储保管、借款、财产保险、技术合同或具有合同性质的凭证。

（2）立据人是指书立产权转移书据的单位和个人。

（3）立账簿人是指开立并使用营业账簿的单位和个人。如果企业因生产需要，设立了若干营业账簿，该企业即为印花税的纳税人。

（4）领受人是指领取并持有权利、许可证照的单位和个人。如领取房屋产权证的单位和个人，即为印花税的纳税人。

（5）使用人是指在国外书立、领受，但在国内使用应税凭证的单位和个人，其使用人为印花税的纳税人。

（6）各类电子应税凭证的签订人即以电子形式签订的各类应税凭证的当事人。

值得注意的是，对应税凭证，凡由两方或两方以上当事人共同书立的，其当事人都是印花税的纳税人，应各就其所持凭证的计税金额履行纳税义务。

▲ 提示

在境外书立、领受但在国内使用的、在我国境内具有法律效力、受我国法律保护的凭证，也是印花税应税凭证，其使用人为纳税人。

三、印花税的征税范围

印花税的征税范围包括五大类：

（1）合同或具有合同性质的凭证，包括购销合同、加工承揽合同、建设工程勘察设计合同、建筑安装工程承包合同、财产租赁合同、货物运输合同、仓储保管合同、借款合同、财产保险合同和技术合同10种。

（2）产权转移书据，包括财产所有权和版权、商标专用权、专利权、专有技术使用权等转移书据。对土地使用权出让合同、土地使用权转让合同、商品房销售合同按产权转移书据征收印花税。

（3）营业账簿，指单位或者个人记载生产经营活动的财务会计核算账簿。按其反映内容的不同，可分为记载资金的账簿和其他账簿。记载资金的账簿，指反映生产经营单位资本金数额增减变化的账簿；其他账簿，指除上述账簿以外的账簿，包括日记账簿和各明细分类账簿。

（4）权利许可证照，包括政府部门发给的房屋产权证、工商营业执照、商标注册证、专利证、土地使用证等。

（5）财政部确定的其他应税凭证。

四、印花税的优惠政策

（1）对已缴纳印花税凭证的副本或者抄本免税，但以副本或者抄本视同正本使用的，则应另贴印花。

（2）对财产所有人将财产赠给政府、社会福利单位、学校所立的书据免税。这里所说的"社会福利单位"是指扶养孤老伤残的社会福利单位。

（3）对国家指定的收购部门与村民委员会、农民个人书立的农副产品收购合同免税。

（4）对无息、贴息贷款合同免税。

（5）对外国政府或者国际金融组织向我国政府及国家金融机构提供优惠贷款所书立的合同免税。

（6）对房地产管理部门与个人签订的用于生活居住的租赁合同免税。

（7）对农牧业保险合同免税。

（8）对特殊货运凭证免税。这类凭证有：① 军事物资运输凭证，即附有军事运输命令或使用专用的军事物资运费结算凭证；② 抢险救灾物资运输凭证，即附有县级以上（含县级）人民政府抢险救灾物资运输证明文件的运费结算凭证；③新建铁路的工程临管线运输凭证，即为新建铁路运输施工所需物料，使用工程临管线专用的运费结算凭证。

（9）自2018年11月1日至2020年12月31日，金融机构与小型、微型企业签订的借款合同免征印花税。

（10）自2018年5月1日起，对纳税人设立的资金账簿按实收资本和资本公税合计金额征收的印花税减半，对按件征收的其他账簿免征印花税。

五、印花税的税目、税率

印花税共13个税目，采用比例税率和定额税率两种形式。比例税率分为0.05‰、0.3‰、0.5‰、1‰四档，定额税率为每件5元，具体如表7-2所示。

表7-2 印花税税目税率表

税目	范围	税率	纳税人	说明
1. 购销合同	包括供应、预购、采购、购销结合及协作、调剂、补偿、贸易等合同	按购销金额0.3‰贴花	立合同人	
2. 加工承揽合同	包括加工、定做、修缮、修理、印刷、广告、测绘、测试等合同	按加工或承揽收入0.5‰贴花	立合同人	
3. 建设工程勘察设计合同	包括勘察、设计合同	按收取费用0.5‰贴花	立合同人	
4. 建筑安装工程承包合同	包括建筑、安装工程承包合同	按承包金额0.3‰贴花	立合同人	
5. 财产租赁合同	包括租赁房屋、船舶、飞机、机动车辆、机械、器具、设备等合同	按租赁金额1‰贴花 税额不足1元，按1元贴花	立合同人	
6. 货物运输合同	包括民用航空、铁路运输、海上运输、公路运输和联运合同	按运输收取的费用0.5‰贴花	立合同人	含作为合同使用的单据
7. 仓储保管合同	包括仓储、保管合同	按仓储收取的保管费用1‰贴花	立合同人	含作为合同使用的仓单、栈单
8. 借款合同	银行及其他金融组织与借款人（不包括银行同业拆借）所签订的合同	按借款金额0.05‰贴花	立合同人	含作为合同使用的单据
9. 财产保险合同	包括财产、责任、保证、信用社保险合同	按收取的保险费收入1‰贴花	立合同人	含作为合同使用的单据
10. 技术合同	包括技术开发、转让、咨询、服务合同	按所记载金额0.3‰贴花	立合同人	
11. 产权转移书据	包括财产所有权和版权、商标专用权、专利权、专有技术使用权等转移书据和土地使用权出让合同、土地使用权转让合同、商品房销售合同	按所记载金额0.5‰贴花	立据人	

续表

税目	范围	税率	纳税人	说明
12. 营业账簿	生产经营用账册	记载资金账簿,按实收资本和资本公积合计金额0.5‰贴花。其他账簿按件贴花5元	立账簿人	
13. 权利、许可证照	包括政府部门发给的房屋产权证,工商营业执照、商标注册证、土地使用权证、专利证	按件贴花5元	领受人	

注：因证券交易税暂未开征,现行A股、B股股权转让,以证券市场当日实际成交价格计算的金额,由卖出方按1‰（2008年9月19日起）的税率缴纳印花税。

【职业判断与业务操作】

一、计算印花税税额

（一）计税依据的确定

1. 一般规定

印花税的计税依据为各种应税凭证上所记载的计税金额。具体规定为：

（1）购销合同的计税依据为合同记载的购销金额。

（2）加工承揽合同的计税依据是加工或承揽收入的金额。具体规定：① 对于由受托方提供原材料的加工、定做合同,凡在合同中分别记载加工费金额和原材料金额的,应分别按"加工承揽合同""购销合同"计税,两项税额相加数,即为合同应贴印花；若合同中未分别记载,则应就全部金额依照加工承揽合同计税贴花；② 对于由委托方提供主要材料或原料,受托方只提供辅助材料的加工合同,无论加工费和辅助材料金额是否分别记载,均以辅助材料与加工费的合计数,依照加工承揽合同计税贴花。对委托方提供的主要材料或原料金额不计税贴花。

（3）建设工程勘察设计合同的计税依据为收取的费用。

（4）建筑安装工程承包合同的计税依据为承包金额。

（5）财产租赁合同的计税依据为租赁金额；经计算,税额不足1元的,按1元贴花。

（6）货物运输合同的计税依据为取得的运输费金额（即运费收入),不包括所运货物的金额、装卸费和保险费等。

（7）仓储保管合同的计税依据为收取的仓储保管费用。

（8）借款合同的计税依据为借款金额。

（9）财产保险合同的计税依据为支付（收取）的保险费，不包括所担保财产的金额。

（10）技术合同的计税依据为合同所载的价款、报酬或使用费。为了鼓励技术研究开发，对技术开发合同，只就合同所载的报酬金额计税，研究开发经费不作为计税依据。单对合同约定按研究开发经费一定比例作为报酬的，应按一定比例的报酬金额计税贴花。

（11）产权转移书据的计税依据为所载金额。

（12）营业账簿税目中记载资金的账簿的计税依据为"实收资本"与"资本公积"两项的合计金额。实收资本，包括现金、实物、无形资产和材料物资。现金按实际收到或存入纳税人开户银行的金额确定。实物，指房屋、机器等，按评估确认的价值或者合同、协议约定的价格确定。无形资产和材料物资，按评估确认的价值确定。

资本公积，包括接受捐赠、法定财产重估增值、资本折算差额、资本溢价等，如果是实物捐赠，则按同类资产的市场价格或者有关凭证确定。

其他账簿的计税依据为应税凭证件数。

（13）权利、许可证照的计税依据为应税凭证件数。

2. 特殊规定

（1）上述凭证以"金额""收入""费用"作为计税依据的，应当全额计税，不得做任何扣除。

（2）同一凭证，载有两个或两个以上经济事项而适用不同税目税率，如分别记载金额的，应分别计算应纳税额，相加后按合计税额贴花；如未分别记载金额的，按税率高的计税贴花。

（3）按金额比例贴花的应税凭证，未标明金额的，应按照凭证所载数量及国家牌价计算金额；没有国家牌价的，按市场价格计算金额，然后按规定税率计算应纳税额。

（4）应税凭证所载金额为外币的，应按照凭证书立当日国家外汇管理局公布的外汇牌价折合成人民币，然后计算应纳税额。

（5）应纳税额不足1角的，免纳印花税；1角以上的，其税额尾数不满5分的不计，满5分的按1角计算。

（6）有些合同，在签订时无法确定计税金额，如技术转让合同中的转让收入，是按销售收入的一定比例收取或是按实现利润分成的；财产租赁合同，只是规定了月（天）租金标准而无租赁期限的。对这类合同，可在签订时先按定额5元贴花，以后结算时再按实际金额计税，补贴印花。

（7）应税合同在签订时纳税义务即已产生，应计算应纳税额并贴花。

所以，不论合同是否兑现或是否按期兑现，均应贴花。

对已履行并贴花的合同，所载金额与合同履行后实际结算金额不一致的，只要双方未修改合同金额，一般不再办理完税手续。

（8）对有经营收入的事业单位，凡属由国家财政拨付事业经费，实行差额预算管理的单位，其记载经营业务的账簿，按其他账簿定额贴花，不记载经营业务的账簿不贴花；凡属经费来源实行自收自支的单位，其营业账簿，应对记载资金的账簿和其他账簿分别计算应纳税额。

（9）商品购销活动中，采用以货换货方式进行商品交易签订的合同，是反映既购又销双重经济行为的合同。对此，应按合同所载的购、销合计金额计税贴花。合同未列明金额的，应按合同所载购、销数量依照国家牌价或者市场价格计算应纳税额。

（10）施工单位将自己承包的建设项目，分包或转包给其他施工单位所签订的分包合同或转包合同，应按新的分包合同或转包合同所载金额计算应纳税额。

（11）对股票交易征收印花税，目前实行单向征收，由卖出方在出售时纳税，买入方不纳税。

（12）对国内各种形式的货物联运，凡在起运地统一结算全程运费的，应以全程运费作为计税依据，由起运地运费结算双方缴纳印花税；凡分程结算运费的，应以分程的运费作为计税依据，分别由办理运费结算的各方纳税。

印花税票为有价证券，其票面金额以人民币为单位，分为1角、2角、5角、1元、2元、5元、10元、50元、100元九种。

（二）应纳税额的计算

（1）实行比例税率的凭证，印花税应纳税额的计算公式为：

$$应纳税额 = 应税凭证计税金额 \times 比例税率$$

（2）实行定额税率的凭证，印花税应纳税额的计算公式为：

$$应纳税额 = 应税凭证件数 \times 定额税率$$

（3）营业账簿中记载资金的账簿，印花税应纳税额的计算公式为：

$$应纳税额 = (实收资本 + 资本公积) \times 0.5‰$$

（4）其他账簿按每件贴花，每件5元。

根据情境引例计算： 【做中学】

长江实业有限责任公司2016年1月应纳印花税额为：

（1）增加注册资本应缴纳印花税额 = 1 000 000 × 0.5‰ = 500（元）

（2）因签订房屋租赁合同应缴纳印花税额 = 1 000 000 × 1‰ = 1 000（元）

（3）取得银行借款应缴纳印花税额 = 8 000 000 × 0.05‰ = 400（元）

（4）签订房屋产权交换合同应缴纳印花税额 = 7 000 000 × 0.5‰
= 3 500（元）

（5）因签订购销合同应缴纳印花税额 = 8 000 000 × 0.3‰ = 2 400（元）

（6）启用新账簿应缴纳印花税额 = 4 × 5 = 20（元）

（7）签订转让专利权合同应缴纳印花税额 = 2 000 000 × 0.5‰ = 1 000（元）

（8）签订加工合同应缴纳印花税额 = 400 000 × 0.5‰ = 200（元）

（9）签订财产保险合同应缴纳印花税额 = 50 000 × 1‰ = 50（元）

（10）签订运输合同应缴纳印花税额 = 200 000 × 0.5‰ = 100（元）

（11）签订房屋建筑合同应缴纳印花税额 = 20 000 000 × 0.3‰ = 6 000（元）

（12）领取有关权利证照应缴纳印花税额 = 3 × 5 = 15（元）

合计应纳印花税额 = 500 + 1 000 + 400 + 3 500 + 2 400 + 20 +
1 000 + 200 + 50 + 100 + 6 000 + 15
= 15 185（元）

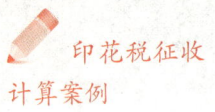
印花税征收计算案例

二、印花税的纳税申报

（一）纳税期限与纳税地点

1. 纳税义务发生时间

印花税应当在书立或领受时贴花。具体是指在合同签订时、账簿启用时和证照领受时贴花。如果合同是在国外签订，并且不便在国外贴花的，应在将合同带入境时办理贴花纳税手续。

2. 纳税地点

印花税一般实行就地纳税。对于全国性商品物资订货会（包括展销会、交易会等）上所签订合同应纳的印花税，由纳税人回其所在地后及时办理贴花完税手续；对地方主办、不涉及省际关系的订货会、展销会上所签合同的印花税，其纳税地点由各省、自治区、直辖市人民政府自行确定。

3. 纳税期限

税法规定，印花税应税凭证应在书立、领受时即行贴花完税，不得延至凭证生效日期贴花，同一种类应纳印花税凭证若需要频繁贴花的，纳税人可向当地税务机关申请近期汇总缴纳印花税，经税务机关核准发给许可证后，按税务机关确定的限期（最长不超过1个月）汇总计算纳税。

（二）纳税申报与缴纳

1. 缴纳方法

印花税按照应纳税额大小、纳税次数多少以及税源控管需要，分别采用自行贴花、汇贴或汇缴、委托代征三种征收办法。

（1）自行贴花办法。自行贴花办法，一般适用于应税凭证较少或者贴花次数较少的纳税人。纳税人书立、领受或者使用印花税法列举的应税凭证的同时，纳税义务即已产生，应当根据应纳税凭证的性质和适用的税目税率，自行计算应纳税额，自行购买印花税票，自行一次贴足印花税票并加以注销或划销，纳税义务才算全部完成。这也就是通常所说的"三自"纳税办法。

对已贴花的凭证，修改后所载金额增加的，其增加部分应当补贴印花税票。凡多贴印花税票者，不得申请退税或者抵用。

（2）汇贴或汇缴办法。汇贴或汇缴办法，一般适用于应纳税额较大或者贴花次数频繁的纳税人。

一份凭证应纳税额超过 500 元的，应向当地税务机关申请填写缴款书或者完税凭证，将其中一联粘贴在凭证上或者由税务机关在凭证上加注完税标记代替贴花。这就是通常所说的"汇贴"办法。

同一类应税凭证，需频繁贴花的，纳税人可以根据实际情况自行决定是否采取按期汇总缴纳印花税的方式，汇总纳税的期限为 1 个月。采用按期汇总缴纳方式的纳税人应事先告知主管税务机关。缴纳方式一经选定，1 年内不得改变。凡汇总缴纳印花税的凭证，应加注税务机关指定的汇缴戳记、编号并装订成册后，将已贴印花或者缴款书的一联粘贴附册后，盖章注销，保存备查。

（3）委托代征办法。委托代征办法主要是通过税务机关的委托，经由发放或者办理应纳税凭证的单位代为征收印花税税款。税务机关应与代征单位签订代征委托书。所谓发放或者办理应纳税凭证的单位，是指发放权利、许可证照的单位和办理凭证的鉴证、公证及其他有关事项的单位，如工商行政管理机关等。

2. 纳税申报与税额缴纳

采用汇缴办法的印花税纳税人应按照印花税暂行条例的有关规定及时办理纳税申报，并如实填写"印花税纳税申报表"（见表7-3）。

【典型任务举例】

承接学习子情境二的情境引例，长江实业有限责任公司的纳税人识别号：430182387267367，开户银行：工商银行江州市分行营业部，账号：1902783726173727362；会计主管：张力，办税员：陈新；长江实业有限责任公司采用汇缴办法缴纳印花税，请填报 2016 年 1 月份印花税纳税申报表。

【操作步骤】

第一步，计算并确定印花税应纳税额。

经主管税务机关同意，长江实业有限责任公司采用按期汇总缴纳方式缴纳印花税，2016年1月份该公司应纳印花税税额15 185元。

第二步，填报印花税纳税申报表。

长江实业有限责任公司应按照印花税暂行条例的有关规定，及时办理纳税申报，并如实填写"印花税纳税申报表"（见表7-3）。

表7-3 印花税纳税申报表

填表日期：2016年2月14日

纳税人识别号	4	3	0	1	8	2	3	8	7	2	6	7	3	6	7	金额单位：元（列至角分）		
纳税人名称					长江实业有限责任公司								税款所属时期			2016.1.1—2016.1.31		

应税凭证名称	件数	计税金额	适用税率	应纳税额	已纳税额	应补（退）税额	购花贴花情况			本期结存
							上期结存	本期购进	本期贴花	
1	2	3	4	5=2×4或5=3×4	6	7=5-6	8	9	10	11=8+9-10
增加注册资金		1 000 000	0.5‰	500		500			500	
财产租赁合同		1 000 000	1‰	1 000		1 000			1 000	
借款合同		8 000 000	0.05‰	400		400			400	
产权转让书据		9 000 000	0.5‰	4 500		4 500			4 500	
购销合同		8 000 000	0.3‰	2 400		2 400			2 400	
启用营业账簿	4		5	20		20			20	
加工承揽合同		400 000	0.5‰	200		200			200	
财产保险合同		50 000	1‰	50		50			50	
货物运输合同		200 000	0.5‰	100		100			100	
建筑安装合同		2 000 000	0.3‰	6 000		6 000			6 000	
权利许可证照	3		5	15		15			15	
合计						15 185			15 185	

如纳税人填报，由纳税人填写以下各栏		如委托代理人填报，由代理人填写以下各栏		备注
会计主管（签章）	纳税人（公章）	代理人名称	代理人（签章）	
		代理人地址		
		经办人姓名	电话	
以下由税务机关填写				
收到申报表日期			接收人	

第三步，缴纳印花税税款。

长江实业有限责任公司将印花税纳税申报表及其他相关材料送主管税务机关审核，根据主管税务机关审定的意见，在规定期限内向指定代理金库的银行缴纳税款，取得税收缴款书。

学习子情境三　车船税的计算与申报

【情境引例】

长江实业有限责任公司是一家中型生产型企业，地处江州市中山路26号，主要生产销售甲、乙产品，2015年12月公司账面拥有车辆情况如下：客车5辆，其中商用客车1辆，2.4升乘用车2辆，1.6升小型客车2辆，单位税额分别为900元、700元、500元；拥有商用货车6辆，其中3辆每辆整备质量吨位为9.4吨，另3辆每辆整备质量吨位为19.7吨，单位税额分别为40元、80元。当地政府规定车船税采取按年计征，在购买交通事故责任强制保险时缴纳，定于每年3月份为缴纳当年车船税的时间。

要求：计算该公司2016年应纳车船税额，并缴纳当年的车船税。

【工作过程与岗位对照图】

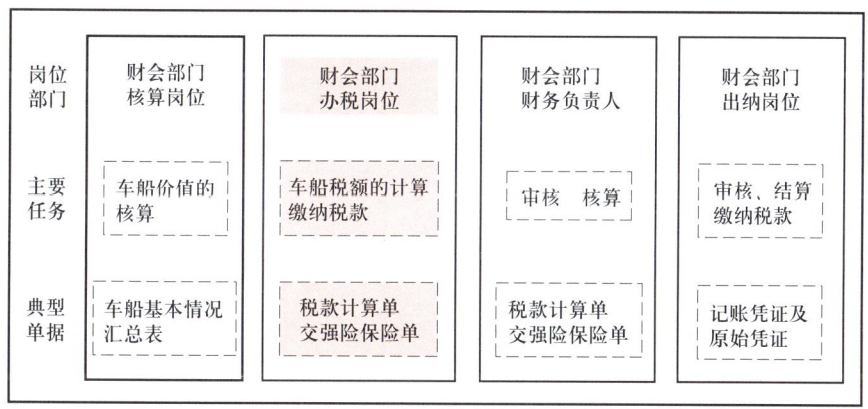

【知识准备】

一、基本概念

车船税是指对在中华人民共和国境内的车辆（包括乘用车、商用车、挂车、摩托车和其他车辆）、船舶（包括机动船舶和游艇）依法征收的一种税。我国车船税基本法规是国务院2006年年底修订颁布、2007年1

 主席令第43号

月1日起施行的《中华人民共和国车船税暂行条例》。2011年2月25日第十一届全国人大第十九次常务会议通过了《中华人民共和国车船税法》（以下简称《车船税法》），自2012年1月1日起施行，原《中华人民共和国车船税暂行条例》同时废止。

二、车船税的纳税人

车船税的纳税人是指在中华人民共和国境内，车辆、船舶（以下简称车船）的所有人或管理人。其中，所有人是指在我国境内拥有车船的单位和个人；管理人是指对车船具有管理使用权，但不具有所有权的单位。上述所称的单位包括国有企业、集体企业、私营企业、股份制企业、外商投资企业、外国企业以及其他企业和事业单位、社会团体、国家机关、军队以及其他单位；所称的个人，包括个体工商户以及其他个人。

一般情况下，拥有与使用车船的单位和个人是同一的，纳税人既是车船使用人，又是车船拥有人。如存在租赁关系，车船拥有人与使用人不一致时则应由租赁双方协商确定纳税人；租赁双方未商定的，由车船的使用人纳税。

从事机动车第三者责任强制保险业务的保险机构为机动车车船税的扣缴义务人，在销售机动车交通事故责任强制保险时代收车船税，并出具代收税款凭证。

 提示

车船的所有人或者管理人未缴纳车船税的，使用人应当代为缴纳车船税。

三、车船税的征税范围

车船税的征税范围为在我国境内使用的车船（除规定减免的车船外），分为车辆和船舶两大类。

（1）车辆为机动车，即依靠燃油、电力等能源作为动力运行的车辆，包括乘用车、商用客车、商用货车、挂车、摩托车、专项作业车和轮式专用机械车。

（2）船舶为机动船、非机动驳船和游艇，机动船指依靠燃料等能源作为动力运行的船舶，包括客船、货船、气垫船、拖船等；非机动驳船是指依靠其他力量运行的驳船。

在机场、港口、铁路站场内部行驶或者作业的车船，自车船税法实

施之日起 5 年内免征车船税。

四、车船税的优惠政策

（一）法定减免

（1）非机动车船（不包括非机动驳船）。非机动车是指以人力或者畜力驱动的车辆，以及符合国家有关标准的残疾人机动轮椅车、电动自行车等车辆；非机动船是指自身没有动力装置，依靠外力驱动的船舶。

（2）拖拉机。拖拉机是指在农业（农业机械）管理部门登记为拖拉机的车辆。

（3）捕捞、养殖渔船。捕捞、养殖渔船是指在渔业船舶管理部门登记为捕捞船或者养捞船或者养殖船的渔业船舶。不包括在渔业船舶管理部门登记为捕捞船或者养殖船以外类型的渔业船舶。

（4）军队、武警部队专用的车船。军队、武警专用的车船是指按照规定在军队、武警车船管理部门登记，并领取军用牌照、武警牌照的车船。

（5）警用车船。警用车船是指公安机关、国家安全机关、监狱、劳动教养管理机关和人民法院、人民检察院领取警用牌照的车辆和执行警务的专用船舶。

（6）依照我国有关法律规定应当予以免税的外国驻华使馆、领事馆和国际组织驻华机构及其有关人员的车船。

（7）对节约能源、使用新能源的车船可以减征或免征车船税。

（8）对受严重自然灾害影响纳税困难以及有其他特殊原因确需减、免税的，可以减征或免征车船税。

（二）特定减免

省、自治区、直辖市人民政府根据当地实际情况，可以对公共交通车船，农村居民拥有并主要在农村地区使用的摩托车、三轮汽车和低速载货汽车定期减征或免征车船税。

自 2015 年 5 月 7 日起，对符合标准的节约能源的乘用车、商用车，减半征收车船税；对使用符合标准的新能源的车辆（指纯电动商用车、插电式混合动力汽车、燃料电池商用车），免征车船税；纯电动乘用车和燃料电池乘用车不属于车船税征税范围，对其不征车船税。

五、车船税的税目、税率

车船税实行幅度定额税率，即对各类车船分别规定税目和税额幅度，各省、自治区、直辖市人民政府在规定的税额幅度内，根据当地实际情况，确定具体的适用税额。车船税税目税额（2012年1月1日起执行）见表7-4。

表7-4 车船税税目税额表

税 目		计税单位	每年税额	备 注
一、乘用车	1.0升（含，发动机汽缸排气量，下同）以下	每辆	60元至360元	核定载客人数9人（含）以下
	1.0升以上至1.6升（含）的	每辆	300元至540元	
	1.6升以上至2.0升（含）的	每辆	360元至660元	
	2.0升以上至2.5升（含）的	每辆	660元至1 200元	
	2.5升以上至3.0升（含）的	每辆	1 200元至2 400元	
	3.0升以上至4.0升（含）的	每辆	2 400元至3 600元	
	4.0升以上的	每辆	3 600元至5 400元	
二、商用车	客车	每辆	480元至1 440元	核定载客人数9人以上，包括电车
	货车	整备质量每吨	16元至120元	包括半挂牵引车、三轮汽车和低速载货汽车等
三、挂车		整备质量每吨	按照货车税额的50%计算	
四、其他车辆	专用作业车	整备质量每吨	16元至120元	不包括拖拉机
	轮式专用机械车	整备质量每吨	16元至120元	不包括拖拉机
五、摩托车		每辆	36元至180元	
六、船舶	机动船舶	净吨位每吨	3元至6元	拖船和非机动驳船分别按机动船舶税额的50%计算
	游艇	艇身长度每米	600元至2 000元	

【职业判断与业务操作】

一、计算车船税应纳税额

（一）计税依据的确定

车船税的计税依据按车船种类和性能，分别确定辆、整备质量吨位、净吨位和艇身长度四种，具体规定如下：

（1）乘用车、商用客车、摩托车按辆计税。

（2）商用货车、挂车、专业作业车、轮式专用机械车按整备质量吨位计税。

（3）机动船舶按净吨位计税，拖船按照发动机功率每 1 千瓦折合净吨位 0.67 吨计税。

（4）游艇按艇身长度计税。

需要说明的是：

（1）这里所涉及的整备质量吨位、净吨位、艇身长度等计税标准，以车船管理部门核发的车船登记证书或者行驶证书相应项目所载数额为准。纳税人未按照规定到车船管理部门办理登记手续的，上述计税标准以车船出厂合格证明或者进口凭证相应项目所载数额为准；不能提供车船出厂合格证明或者进口凭证的，由主管地方税务机关根据车船自身状况并参照同类车船核定。整备质量也就是人们常说的一辆汽车的自重，即汽车在正常条件下准备行驶时，尚未载人（包括驾驶员）、载物时的空车重量。

（2）车辆整备质量尾数在 0.5 吨以下（含 0.5 吨）的，按照 0.5 吨计算；超过 0.5 吨的，按照 1 吨计算。整备质量不超过 1 吨的车辆，按照 1 吨计算。船舶净吨位尾数在 0.5 吨以下（含 0.5 吨）的不予计算，超过 0.5 吨的按照 1 吨计算。净吨位不超过 1 吨的船舶，按照 1 吨计算。

（二）应纳税额的计算

车船税的计算按照计税依据不同，其计算方法有以下几种：

（1）乘用车、商用客车、摩托车应纳税额 = 车辆数 × 适用单位税额

（2）商用货车、专业作业车、轮式专用机械车应纳税额 = 整备质量吨位 × 适用单位税额

（3）挂车应纳税额 = 整备质量吨位 × 适用单位税额 × 50%

（4）机动船舶应纳税额 = 净吨位 × 适用单位税额

（5）拖船、非机动驳船应纳税额 = 净吨位 × 适用单位税额 × 50%

（6）游艇应纳税额 = 艇身长度 × 适用单位税额

新购置的车船自购置使用当月起按月计算。

根据情境引例计算：

【做中学】

长江实业有限责任公司 2016 年应纳车船税额为：

① 载客汽车应纳税额 = 1 × 900 + 2 × 700 + 2 × 500 = 3 300（元）

② 载货汽车应纳税额 = 3 × 9.5 × 40 + 3 × 20 × 80 = 5 940（元）

合计应纳车船税额 = 3 300 + 5 940 = 9 240（元）

二、车船税的申报

（一）纳税期限与纳税地点

1. 纳税期限

车船税的纳税义务发生时间为车船管理部门核发的车船登记证书或

者行驶证书所记载日期的当月，纳税人未按照规定到车船管理部门办理应税车船登记手续的，以车船购置发票开具时间的当月作为车船税的纳税义务发生时间。对未办理车船登记手续且无法提供车船购置发票的，由主管地方税务机关核定纳税义务发生时间。

车船税按年申报缴纳。纳税年度是指自公历1月1日起至12月31日止，具体申报纳税期限由省、自治区、直辖市人民政府确定。

2. 纳税地点

车船税由地方税务机关征收。纳税地点为车船的登记地或者车船税扣缴义务人所在地；依法不需要办理登记的车船，车船税的纳税地点为车船的所有人或者管理人所在地。

（二）纳税申报与税款缴纳

车船税纳税人在购买机动车交通事故责任强制保险的同时缴纳车船税，由从事机动车交通事故责任强制保险业务的保险机构在销售机动车交通事故责任强制保险时代收代缴，纳税人不得拒绝，对扣缴义务人代收代缴税款有异议的，可以向纳税所在地的主管地方税务机关提出。

纳税人在购买机动车交通事故责任强制保险时缴纳车船税的，不再向地方税务机关申报纳税。扣缴义务人在代收车船税时，应当在机动车交通事故责任强制保险的保险单上注明已收税款的信息，作为纳税人完税的证明。除另有规定外，扣缴义务人不再给纳税人开具代扣代缴税款凭证。纳税人如有需要，可以持注明已收税款信息的保险单，到主管地方税务机关开具完税凭证。

扣缴义务人应及时解缴代收代缴的税款，并向地方税务机关申报。解缴税款的具体期限由各省、自治区、直辖市地方税务机关依法律、行政法规的规定确定。地方税务机关应按照规定及时支付扣缴义务人代收代缴车船税的手续费。手续费标准由国务院财政部门、税务主管部门制定。

在一个纳税年度内，已完税的车船被盗抢、报废、灭失的，纳税人可以凭有关管理机关出具的证明和完税证明，向纳税所在地的主管地方税务机关申请退还自被盗抢、报废、灭失月份起至该年度终了期间的税款，已办理退税的被盗抢车船失而复得的，从公安机关出具相关证明的当月起纳税。

【典型任务举例】

承接学习子情境三的情境引例，长江实业有限责任公司2016年3月份向中国人民财产保险股份有限公司长江市分公司购买2016年3月31日至2017年3月31日交通事故责任强制保险，支付保险费38 420元，同时缴纳 2016 年度车船税，单位组织代码：430182387267367，开户银行：工商银行江州市分行营业部，账号：1902783726173727362；会计主管：张力。

【操作步骤】

第一步，计算并确定车船税应纳税额。

车船税以年为单位一次性缴纳，2016 年共计应纳车船税额 9 240 元。

第二步，缴纳车船税款。

长江实业有限责任公司 2016 年 3 月份在向从事机动车交通事故责任强制保险业务的保险机构购买机动车交通事故责任强制保险的同时缴纳车船税，并取得注明代收车船税金额的保险业务专用发票（表 7-5）。

表7-5　中国人民财产保险股份有限公司

保险业务专用发票

INSURANCE TRADE INVOICE

发票联

INVOICE

开票日期：2016年3月25日　　　　　　　　　　　　　　发票号码：××××

付款人：Payer	长江实业有限责任公司（430182387267367）		
承保险种：Coverage	机动车交通事故责任强制保险		
保险单号：Policy No. ××××××××××		批单号：End.No. ××××××××××	
保险费金额（大写）：Premium Amount（In Words）	叁万捌仟肆佰贰拾元整	（小写）：（In Figures）	￥38 420.00
代收车船税（小写）：Vehicle &Vessel Tax（In Figures）	￥9 240.00	滞纳金（小写）：Overdue fine（In Figures）	
合计（大写）：Consist（In Words）	肆万柒仟陆佰陆拾元整	（小写）：（In Figures）	￥47 660.00
附注：Remarks			

保险公司名称：中国财保长江分公司　　　复核：　　经手人：
Insurance Company　　　　　　　　　　Checked by　　Handler

保险公司盖章：　　　　　　　　　　　　地址：　　电话：
Stamped Insurance Company　　　　　　Add　　　　Tel

学习子情境四　房产税的计算与申报

【情境引例】

长江实业有限责任公司是一家中型生产型企业，地处江州市中山路 26 号，主要生产销售甲、乙产品，2015 年 12 月公司账面拥有办公楼 2 栋，总价值为 800 万元，生产车间 4 间，总价值 1 000 万元，临街商业门面 3 间，总价值 600 万元，办公楼和生产车间均自用，临街门面于 2016 年 7 月 1 日全部出租给某商场经营，合同约定年租金为 63 万元（含增值税），当地政府规定房产原值扣除率为 30%，并采取按年计征，分半年缴纳方式征收。

要求：计算该公司 2016 年应纳房产税额，填报房产税纳税申报表并缴纳 2016 年上半年应纳房产税款。

【工作过程与岗位对照图】

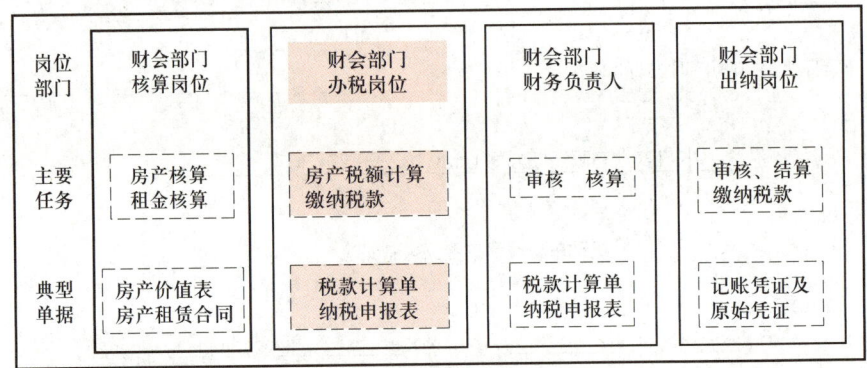

【知识准备】

我国房产税溯源

国发〔1986〕90 号

一、基本概念

房产税是以房产为征税对象，按照房产的计税价值或房产租金收入向房产所有人或经营管理人征收的一种税。我国现行房产税法规是国务院 1986 年 9 月颁布、同年 10 月 1 日起施行的《中华人民共和国房产税暂行条例》（以下简称条例）及国家财政、税务部门陆续发布的有关房产税的规定。

二、房产税的纳税人

房产税的纳税人是指在我国城市、县城、建制镇和工矿区内拥有房屋产权的单位和个人，具体包括产权所有人、承典人、房产代管人或者使用人。其中：

（1）产权属于国家所有的，由经营管理单位纳税；产权属于集体和个人所有的，由集体单位和个人纳税。

所称单位，包括国有企业、集体企业、私营企业、股份制企业、外商投资企业、外国企业以及其他企业和事业单位、社会团体、国家机关、军队以及其他单位；所称个人，包括个体工商户以及其他个人。

（2）产权出典的，由承典人纳税。产权出典，是指产权所有人将房屋、生产资料等的产权，在一定期限内典当给他人使用，而取得资金的一种融资业务。由于在房屋出典期间，产权所有人已无权支配房屋，因此，税法规定由对房屋具有支配权的承典人为纳税人。

（3）产权所有人、承典人不在房地产所在地的，由房产代管人或者使用人纳税。

（4）产权未确定及租典纠纷未解决的，由房产代管人或者使用人纳税。

（5）纳税单位和个人无租使用房产管理部门、免税单位及纳税单位的房产，应由使用人代为缴纳房产税。

财税〔2009〕3号

▲ 提示

外商投资企业、外国企业、华侨和中国香港、中国澳门、中国台湾同胞投资兴办的企业以及外籍人员和港澳台同胞等在内地拥有的房产，自2009年1月1日起征收房产税，在此以前不征房产税，而征收城市房地产税。

三、房产税的征税对象和征税范围

（一）征税对象

房产税以房产为征税对象。所谓房产，是指有屋面和围护结构（有墙或两边有柱），能够遮风避雨，可供人们在其中生产、学习、工作、娱乐、居住或贮藏物资的场所。房地产开发企业建造的商品房，在出售前，不征收房产税；但对出售前房地产开发企业已使用或出租、出借的商品房应按规定征收房产税。

从2006年1月1日起，具备房屋功能的地下建筑，包括与地上房屋相连的地下建筑（如房屋的地下室、地下停车场、商场的地下部分）以及完全建在地面以下的建筑、地下人防设施等，均应当依照有关规定征收房产税。

财税〔2005〕181号

（二）征税范围

房产税的具体征税范围为：城市、县城、建制镇和工矿区。

（1）城市是指国务院批准设立的市。

（2）县城是指县人民政府所在的地区。

（3）建制镇是指经省、自治区、直辖市人民政府批准设立的建制镇。

（4）工矿区是指工商业比较发达、人口比较集中、符合国务院规定的建制镇标准但尚未设立建制镇的大中型工矿企业所在地。开征房产税的工矿区须经省、自治区、直辖市人民政府批准。

房产税的征税范围不包括农村，坐落在农村的房屋不征收房产税。独立于房屋之外的建筑物，如围墙、烟囱、水塔、菜窖、室外游泳池等不征房产税。

四、房产税的优惠政策

目前房产税的税收优惠政策主要有：

（1）国家机关、人民团体、军队自用的房产免征房产税。但上述免税单位的出租房产以及非自身业务使用的生产、经营用房，不属于免税范围。

（2）由国家财政部门拨付事业经费的单位，如学校、医疗卫生单位、托儿所、幼儿园、敬老院、文化、体育、艺术等实行全额或差额预算管理的事业单位所有的，本身业务范围内使用的房产免征房产税。

由国家财政部门拨付事业经费的单位，其经费来源实行自收自支后，从事业单位实行自收自支的年度起，免征房产税3年。

上述单位所属的附属工厂、商店、招待所等不属于单位公务、业务的用房，应照章纳税。

（3）宗教寺庙、公园、名胜古迹自用的房产免征房产税。但宗教寺庙、公园、名胜古迹中附设的营业单位，如影剧院、饮食部、茶社、照相馆等使用的房产及出租的房产，不属于免税范围，应照章纳税。

（4）个人所有非营业用的房产免征房产税。但个人拥有的营业用房或者出租的房产，不属于免税房产，应照章纳税。

▲ 提示

自2011年1月28日起，在上海、重庆等省市开始对某些个人住房试征房产税。

（5）对行使国家行政管理职能的中国人民银行总行（含国家外汇管理局）所属分支机构自用的房产，免征房产税。

（6）经财政部批准免税的其他房产，主要有：

① 损坏不堪使用的房屋和危险房屋，经有关部门鉴定，在停止使用后，可免征房产税。

② 纳税人因房屋大修导致连续停用半年以上的，在房屋大修期间免征房产税。

③ 在基建工地为基建工地服务的各种工棚、材料棚、休息棚和办公室、食堂、茶炉房、汽车房等临时性房屋，在施工期间，一律免征房产税。但工程结束后，施工企业将这种临时性房屋交还或估价给基建单位的，应从基建单位接收的次月起，照章纳税。

④ 为鼓励利用地下人防设施，暂不征收房产税。

⑤ 从1998年1月1日起，对房管部门经租的居民住房，在房租调整改革之前收取的租金偏低的，可暂缓征收房产税。对房管部门经租的其他非营业用房，是否给予照顾，由各省、自治区、直辖市根据当地具体情况按税收管理体制的规定办理。

⑥ 对高校后勤实体免征房产税。

⑦ 对非营利性医疗机构、疾病控制机构和妇幼保健机构等卫生机构自用的房产，免征房产税。

⑧ 老年服务机构自用的房产，免征房产税。

⑨ 从2001年1月1日起，对按政府规定价格出租的公有住房和廉租住房，包括企业和自收自支事业单位向职工出租的单位自有住房，房管部门向居民出租的公有住房，落实私房政策中带户发还产权并以政府规定租金标准向居民出租的私有住房等，暂免征收房产税。

⑩ 向居民供热并向居民收取采暖费的供热企业暂免征收房产税。

五、房产税的税率

我国现行房产税采用的是比例税率。由于房产税的计税依据分为从价计征和从租计征两种形式，所以房产税的税率也有两种：

财税〔2008〕24号

（1）以房产原值一次减除10%至30%后的余值计征的，税率为1.2%。

（2）以房产租金收入计征的，税率为12%。从2001年1月1日起，对个人按市场价格出租的居民住房，用于居住的，可暂减按4%的税率计征房产税。

【职业判断与业务操作】

一、计算房产税应纳税额

房产税的计税依据是房产的计税价值或房产的租金收入。

（一）从价计征

从价计征是指以房产原值一次减除10%~30%后的余值为计税依据。

各地扣除比例由当地省、自治区、直辖市人民政府确定。房产原值是指纳税人会计账簿中记录的原始价值，若没有记载原始价值的，可参照同类房屋确定房产原值。对原有房产进行改扩建的，应相应增加房产原值。

$$应纳税额 = 应税房产原值 \times (1 - 扣除比例) \times 1.2\%$$

同时应注意以下两个问题：

（1）对投资联营的房产，在计征房产税时应予以区别对待。对于以房产投资联营，投资者参与投资利润分红，共担风险的，按房产余值作为计税依据计征房产税；对以房产投资，收取固定收入，不承担联营风险的，实际是以联营名义取得房产租金，应由出租方按租金收入计缴房产税。

（2）对融资租赁的房产，其实际是一种变相的分期付款购买房产的形式，所以应按房产余值计算征收房产税，至于租赁期内的纳税人，由当地税务机关根据实际情况确定。

（二）从租计征

财税〔2016〕43号

从租计征是指以房屋出租取得的不含增值税的租金收入为计税依据。如果以劳务或者其他形式为报酬抵付房产租金收入的，应根据当地同类房产的租金水平，确定一个标准租金额从租计征。

$$应纳税额 = 租金收入 \times 12\%$$

【做中学】

根据情境引例计算：

长江实业有限责任公司自用的办公楼和生产车间以及上半年的临街商业门面采取从价计征房产税，下半年出租的临街门面采取从租计征房产税。

① 从价计征应纳房产税额 = (800 + 1 000) × (1 - 30%) × 1.2% +
   600 × (1 - 30%) × 1.2% ÷ 2
   = 17.64（万元）

② 从租计征应纳房产税额 = 63 ÷ (1 + 5%) × 12% ÷ 2 = 3.6（万元）

③ 2016年应纳房产税额 = 17.64 + 3.6 = 21.24（万元）

二、房产税的申报

（一）纳税义务发生时间

（1）纳税人将原有房产用于生产经营，自生产经营之月起纳税。

（2）纳税人自建新房用于生产经营，自建成之次月起纳税。

（3）纳税人委托施工企业建造房产，自办理验收手续之次月起纳税。

（4）纳税人购置新建商品房，自房屋交付使用之次月起纳税。

（5）纳税人购置存量房，自办理产权转移、变更登记手续，房地产权属登记机关签发房屋产权证书之次月起纳税。

(6)纳税人出租、出借房产,自交付出租、出借房产之次月起纳税。

(7)房地产开发企业自用、出租、出借本企业建造的商品房,自房屋使用或交付之次月起纳税。

▲ 提示

只有第一种情况从"之月"起缴纳房产税,其余都是从"之次月"起缴纳房产税。

(二)纳税期限和纳税地点

纳税期限:房产税实行按年计征、分期缴纳的征收方法,具体期限由省、自治区、直辖市人民政府确定。

纳税地点:房产税在房产所在地缴纳。房产不在同一地方的纳税人,应按房产的坐落地点分别向房产所在地的税务机关纳税。

(三)纳税申报和缴纳税款

房产税纳税人应按照条例的有关规定,及时办理纳税申报,并如实填写"房产税纳税申报表"(见表7-6),在规定期限内向指定代理金库的银行缴纳税款,取得税收缴款书。

【典型任务举例】

承接学习子情境四的情境引例,长江实业有限责任公司房产坐落地:江州市中山路26号,房产建筑总面积80 000平方米,纳税人识别号:430182387267367,开户银行:工商银行江州市分行营业部,账号:1902783726173727362;会计主管:张力,办税员:陈新。要求填报长江实业有限责任公司2016年上半年房产税纳税申报表。

【操作步骤】

第一步,计算并确定房产税应纳税额。

当地政府规定,房产税采取按年计算,分半年缴纳方式,因此,2016年上半年应纳房产税额=(800+1 000+600)×(1-30%)×1.2%÷2=10.08(万元)

第二步,填报房产税纳税申报表。

长江实业有限责任公司应按照条例的有关规定,及时办理纳税申报,并如实填写"房产税纳税申报表"(见表7-6)。

第三步,缴纳房产税款。

长江实业有限责任公司将房产税纳税申报表、财务报表及其他相关材料送主管税务机关审核,根据主管税务机关审定的意见,在规定期限内向指定为代理金库的银行缴纳税款,取得税收缴款书。

表7-6 房产税纳税申报表

税款所属期：自2016年1月1日至2016年6月30日　　　金额单位：人民币元（列至角分）；面积单位：平方米
填表日期：2016年7月10日

纳税人识别号 |4|3|0|1|1|8|2|3|8|7|2|6|6|7|3|6|7|

纳税人信息	名称	长江实业有限责任公司	纳税人分类	单位 ☑ 个人 □
	登记注册类型	有限责任公司	所属行业	综合
	身份证件类型	身份证□ 护照□ 其他□	身份证件号码	××××××××××××
	联系人	××××	联系方式	××××××××××××

一、从价计征房产税

房产编号	房产原值	其中：出租房产原值	计税比例	税率	所属期起	所属期止	本期应纳税额	本期减免税额	本期已缴税额	本期应补（退）税额
1	*	8 000 000		70%	1.2%	2016.1.1	2016.06.30	33 600			33 600
2	*	10 000 000		70%	1.2%	2016.1.1	2016.06.30	42 000			42 000
3	*	6 000 000		70%	1.2%	2016.1.1	2016.06.30	25 200			25 200
4	*										
5	**										
6	**										
合计	*	*	*	*	*	*	*	100 800			100 800

二、从租计征房产税

	本期申报租金收入	税率	本期应纳税额	本期减免税额	本期已缴税额	本期应补（退）税额
1						
2						
合计		*				

以下由纳税人填写：

纳税人声明：此纳税申报表是根据《中华人民共和国房产税暂行条例》和国家有关税收规定填报的，是真实的、可靠的、完整的。

纳税人签章　　　　　　　代理人签章　　　　　代理人身份证号

以下由税务机关填写：

受理人　　　　受理日期　　年　月　日　　受理税务机关签章

本表一式两份，一份纳税人留存，一份税务机关留存。

学习子情境五　契税的计算与申报

【情境引例】

长江实业有限责任公司2016年5月向江州东方房地产开发有限公司购入办公房一幢，支付房屋款1 260万元（含增值税），当地政府规定契税税率为3%。

要求：计算该公司2016年5月份应纳契税额，填报契税纳税申报表并缴纳5月份契税款。

【工作过程与岗位对照图】

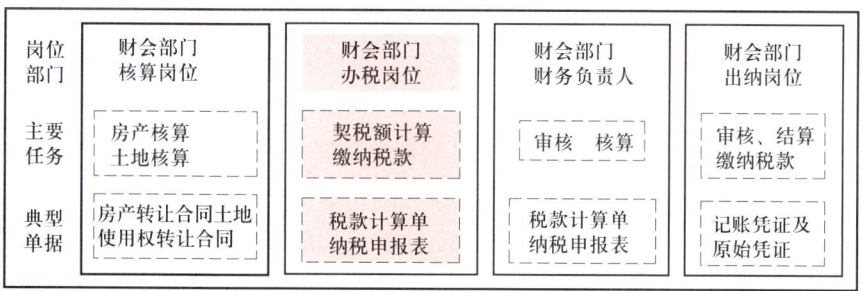

【知识准备】

一、基本概念

契税是以所有权发生转移变动的不动产为征税对象，向产权承受人征收的一种财产税。现行契税的基本规范是国务院1997年7月7日重新修订颁布，于同年10月1日起实施的《中华人民共和国契税暂行条例》以及1997年10月28日财政部制定的《中华人民共和国契税暂行条例实施细则》。

我国目前房地产类税收主要有契税、房产税、城镇土地使用税、土地增值税、耕地占用税等，契税是对土地、房屋权属转移行为征收的一种税，是唯一从需求方进行调节的税种。具有课税范围广泛性，取得收入及时性和税基相对稳定性等特点，筹集财政收入的功能特别强，同时具有调控房地产市场，促进社会经济健康发展的作用。

二、契税的纳税人

契税的纳税人是指在我国境内承受土地、房屋权属转移的单位和个人。契税由权属的承受方缴纳，所说的"承受"是指以受让、购买、受赠、交换等方式取得土地、房屋权属的行为；"土地、房屋权属"是指土地使用权和房屋所有权；"单位"是指企业单位、事业单位、国家机关、军事机关和社会团体以及其他组织;"个人"是指个体经营者和其他个人。

三、契税的征税对象

契税以在我国境内转移土地、房屋权属的行为作为征税对象,土地、房屋权属未发生转移的,不征收契税。如国有土地使用权出让、土地使用权转让、房屋买卖、房屋赠与和房屋交换等行为要征契税;土地及房屋的典当、继承、分拆、出租或抵押等行为不征契税。

下列方式实现土地、房屋权属转移的,视同土地使用权转让、房屋买卖或赠与征收契税:① 以土地、房屋权属作价投资入股;② 以土地、房屋权属抵债;③ 以获奖方式承受土地、房屋权属;④ 以预购方式或者预付集资建房款方式承受土地、房屋权属等。

四、契税的优惠政策

(1)国家机关、事业单位、社会团体、军事单位承受土地、房屋用于办公、教学、医疗、科研和军事设施的,免征契税。

(2)城镇职工按规定第一次购买公有住房的,免征契税。

(3)因不可抗力灭失住房而重新购买住房的酌情减征或者免征契税。

(4)土地、房屋被县级以上人民政府征用、占用后,重新承受土地、房屋权属的,由省级人民政府确定是否减免。

(5)承受荒山、荒沟、荒丘、荒滩土地使用权,并用于农、林、牧、渔业生产的,免征契税。

(6)依照我国有关法律规定以及我国缔结或参加的双边和多边条约或协定,应予免税的外国驻华使馆、领事馆、联合国驻华机构及其外交代表、领事官员和其他外交人员承受土地、房屋权属的,经外交部确认,免征契税。

(7)法定继承人继承土地、房屋权属的不征契税;非法定继承人根据遗嘱承受死者生前土地、房屋权属的,属于赠与行为,应征契税。

(8)对拆迁居民因拆迁重新购置住房的,对购房成交价格中相当于拆迁补偿款的部分免征契税;超过拆迁补偿款部分的,征收契税。

经批准减征、免征契税的纳税人,改变有关土地、房屋的用途的,就不再属于减征、免征契税范围,并且应当补缴已经减征、免征的税款。

五、契税的税率

契税采用比例税率,并实行3%~5%的幅度税率。具体税率由省、自治区、直辖市人民政府在规定的幅度内按本地区的实际情况确定,以适应不同地区纳税人的负担水平和调控房地产交易市场价格。

自2016年2月22日起对个人购买家庭唯一住房，面积为90平方米及以下的，减按1%的税率征收契税，面积为90平方米以上的，减按1.5%的税率征收契税；对个人购买家庭第二套改善性住房，面积为90平方米及以下的，减按1%的税率征收契税；面积为90平方米以上的，减按2%的税率征收契税。

【职业判断与业务操作】

一、计算契税应纳税额

（一）计税依据的确定

契税的计税依据是在土地、房屋权属转移时双方当事人签订的签约价格，按照土地、房屋权属转移的形式、定价不同，具体规定如下：

（1）国有土地使用权出让、土地使用权出售、房屋买卖，以成交价格为计税依据。

（2）土地使用权和房屋赠与，由征收机关参照土地使用权出售、房屋买卖的市场价格核定。

（3）土地使用权和房屋交换，以交换的土地使用权、房屋的价格差额为计税依据。交换价格相等的，免征契税；交换价格不相等的，由支付差价款的一方缴纳契税。

（4）以划拨方式取得土地使用权的，经批准转让房地产时，以补交的土地使用权出让费用或土地收益作为计税依据。

（5）房屋附属设施计税依据按下列规定确定：采取分期付款方式购买房屋、附属设施土地使用权、房屋所有权的，按合同规定的总价款计征契税；承受的房屋附属设施权属如为单独计价的，按当地确定的适用税率征收契税，如与房屋统一计价的，适用与房屋相同的税率征税。

▲ 提示

"营改增"后，契税的计税依据为不含增值税的成交价格。免征增值税的，计税依据不扣减增值税额。

（二）应纳税额的计算

契税应纳税额依照省、自治区、直辖市人民政府确定的适用税率和税法规定的计税依据计算征收，其计算公式如下：

$$应纳税额 = 计税依据 \times 税率$$

根据情境引例计算：

财税〔2016〕43号

【做中学】

长江实业有限责任公司购进办公用房应纳契税税额计算如下：
应纳税额 = 1 260 ÷ (1 + 5%) × 3% = 36 (万元)

二、契税的申报

（一）纳税义务发生时间

契税的纳税义务发生时间是纳税人签订土地、房屋权属转移合同的当天，或者纳税人取得其他具有土地、房屋权属转移合同性质凭证的当天。

（二）纳税期限

纳税人应当自纳税义务发生之日起 10 日内，向土地、房屋所在地的税收征收机关办理纳税申报，并在税收征收机关核定的期限内缴纳税款。

（三）纳税地点

契税实行属地征收管理，纳税人发生契税纳税义务时，应向土地、房屋所在地的税务征收机关申报纳税。

（四）纳税申报与缴纳

纳税人应当在规定的期限内，填制"契税纳税申报表"（见表7-7），向契税的征收机关办理纳税申报，并在核定的期限内缴纳税款。契税征收机关一般为土地、房屋所在地的地方税务机关，具体由省、自治区、直辖市人民政府确定。

【典型任务举例】

承接学习子情境五的情境引例，长江实业有限责任公司地址：江州市中山路 26 号，纳税人识别号：430182387267367，开户银行：工商银行江州市分行营业部，账号：1902783726173727362；新购办公用房为江州市中山路 29 号，建筑面积 1 300 平方米，办税员：陈新；要求填报长江实业有限责任公司 2016 年 5 月份新购房产的契税纳税申报表。

【操作步骤】

第一步，计算并确定契税应纳税额。

当地政府规定，契税自购买房产之日起 10 日内向房产所在地的主管税务机关申报纳税。新购房产应纳契税额 = 360 000（元）

第二步，填报契税纳税申报表。

长江实业有限责任公司应按有关规定，及时办理纳税申报，并如实填写"契税纳税申报表"（见表7-7）。

第三步，缴纳契税款。

长江实业有限责任公司将契税纳税申报表及其他相关材料送主管税务机关审核，根据主管税务机关审定的意见，缴纳税款，取得契税缴款书。

表7-7 契税纳税申报表

填表日期：2016年5月15日
金额单位：元（列至角分）；面积单位：平方米
纳税人识别号 4 3 0 1 8 2 3 8 7 2 6 7 3 6 7

承受方信息	名称	长江实业有限责任公司	所属行业		☑单位 □个人	
	登记注册类型	有限责任公司				
	身份证件类型	身份证□ 护照□ 其他□	身份证件号码	××××		
	联系人	×××	联系方式	××××××××		
转让方信息	名称	江州东方房地产开发有限公司			☑单位 □个人	
	纳税人识别号	××××××	登记注册类型		所属行业	××××
	身份证件类型		身份证件号码		联系方式	××××
土地房屋权属转移信息	合同签订日期	2016年5月8日	土地房屋坐落地址	江州市中山路29号	权属转移对象	非住房
	权属转移方式	房屋买卖	用途	办公	家庭唯一普通住房	□90平方米以上 □90平方米及以下
	权属转移面积	1 300	成交价格	12 600 000	成交单价	
税款征收信息	评估价格		计税价格	12 000 000	税率	3%
	计征税额	360 000	减免性质代码		应纳税额	360 000
			减免税额			

以下由纳税人填写：

纳税人声明	此纳税申报表是根据《中华人民共和国契税暂行条例》和国家有关税收规定填报的，是真实的、可靠的、完整的。
纳税人签章	代理人签章	代理人身份证号

以下由税务机关填写：

| 受理人 | 受理日期 | 年 月 日 | 受理税务机关签章 |

本表一式两份，一份纳税人留存，一份税务机关留存。

学习子情境六　城镇土地使用税的计算与申报

【情境引例】

长江实业有限责任公司是一家中型生产型企业，地处江州市中山路26号，主要生产销售甲、乙产品，公司2015年12月账面实际拥有土地面积20 000平方米，经税务机关核定，其中公司自办医院用地500平方米，幼儿园占地500平方米，公司无偿提供给当地公安派出所一间平房使用，占地面积200平方米，且这些用地能与公司其他用地明确区分，当地政府规定的城镇土地使用税率为2元/米^2，并采取按年计征，分半年缴纳方式征收。

要求：计算该公司2016年应纳城镇土地使用税额，填报城镇土地使用税纳税申报表并缴纳2016年上半年应纳城镇土地使用税款。

【工作过程与岗位对照图】

【知识准备】

国务院令第483号

一、基本概念

城镇土地使用税是对城市、县城、建制镇和工矿区范围内使用土地的单位和个人，按其实际占用的土地面积分等定额征收的一种税。我国现行城镇土地使用税法规是国务院2006年年底修订颁布、2007年1月1日起施行的《中华人民共和国城镇土地使用税暂行条例》（以下简称条例）。

二、城镇土地使用税的纳税人

在城市、县城、建制镇和工矿区范围内使用土地的单位和个人，为城镇土地使用税的纳税人。

以上所称单位，包括国有企业、集体企业、私营企业、股份制企业、外商投资企业、外国企业以及其他企业和事业单位、社会团体、国家机关、军队以及其他单位；所称个人，包括个体工商户以及其他个人。具体来说，通常包括以下几类：

（1）拥有土地使用权的单位和个人。

（2）拥有土地使用权的单位和个人不在土地所在地的，其土地的实际使用人和代管人为纳税人。

（3）土地使用权未确定或权属纠纷未解决的，其实际使用人为纳税人。

（4）土地使用权共有的，共有各方都是纳税人，由共有各方分别纳税。

三、城镇土地使用税的征税范围

城镇土地使用税的征税对象是土地。征税范围包括在城市、县城、建制镇和工矿区内的国家所有的土地和集体所有的土地，不包括农村土地。建立在城市、县城、建制镇和工矿区以外的工矿企业则不需缴纳城镇土地使用税。

财税〔2009〕128号；财税〔2008〕152号

自 2009 年 1 月 1 日起，公园、名胜古迹内的索道公司经营用地，按规定缴纳城镇土地使用税。自 2009 年 12 月 1 日起，单独建造的地下建筑用地，按规定征收城镇土地使用税。

四、城镇土地使用税的优惠政策

（一）法定免缴城镇土地使用税的优惠

（1）国家机关、人民团体、军队自用的土地。

（2）由国家财政部门拨付事业经费的单位自用的土地。

（3）宗教寺庙、公园、名胜古迹自用的土地。

（4）市政街道、广场、绿化地带等公共用地。

（5）直接用于农、林、牧、渔业的生产用地。

（6）经批准开山填海整治的土地和改造的废弃土地，从使用的月份免缴土地使用税 5 年至 10 年。

（7）非营利性医疗机构、疾病控制机构和妇幼保健机构等卫生机构自用的土地。

（8）企业办的学校、医院、托儿所、幼儿园，其用地能与企业其他用地明确区分的。

（9）免税单位无偿使用纳税单位的土地（如公安、海关等单位使用铁路、民航等单位的土地），免税。纳税单位无偿使用免税单位的土地，纳税单位应照章纳税。纳税单位与免税单位共同使用、共有使用权土地的多层建筑，对纳税单位可按其占用的建筑面积占建筑总面积的比例计税。

（10）为了体现国家的产业政策，支持重点产业的发展，石油、电力、煤炭等能源用地，民用港口、铁路等交通用地和水利设施用地，盐业、采石场、邮电等一些特殊用地划分了征免税界限并给予政策性减免税照顾。

（11）地下建筑用地暂按应征税款的50%征收城镇土地使用税。

（12）从2015年7月1日起，下列用地暂免征城镇土地使用税：① 石油天然气（含页岩气、煤层气）生产建设用地（包括地质勘探、钻井、井下作业、油气田地面工程等施工临时用地；企业厂区以外的铁路专用线、公路及输油、输气、输水管道用地；油气长输管线用地）。② 在城市、县城、建制镇以外工矿区内的消防、防洪排涝、防风、防沙设施用地。

（13）2019年12月31日前，物流企业自有的大宗商品仓储设施用地减半计征城镇土地使用税。

（二）省、自治区、直辖市地方税务局确定减免土地使用税的优惠

（1）下列土地由省级地方税务局确定减免土地使用税：个人所有的居住房屋及院落用地；免税单位职工家属的宿舍用地；集体和个人办的各类学校、医院、托儿所及幼儿园用地；民政部门举办的安置残疾人占一定比例的福利工厂用地；基建项目在建期间使用的土地以及城镇集贸市场用地；各类危险品仓库、厂房所需的防火、防爆、防毒等安全防范用地等。

（2）纳税人缴纳土地使用税确有困难需要定期减免的，由省、自治区、直辖市税务机关审核后，报国家税务局批准。

✏️ 城镇土地使用税税收优惠案例

五、城镇土地使用税的税率

城镇土地使用税采用定额税率，即采用有幅度的差别税额，按大、中、小城市和县城、建制镇、工矿区分别规定每平方米土地使用税年应纳税额。具体标准见表7-8。

表7-8 城镇土地使用税税率表

级 别	人口（人）	每平方米税额（元）
大城市	50万以上	1.5~30
中等城市	20万~50万	1.2~24
小城市	20万以下	0.9~18
县城、建制镇、工矿区		0.6~12

各省、自治区、直辖市人民政府可根据市政建设情况和经济繁荣程度在规定税额幅度内，确定所辖地区的适用税额幅度。经济落后地区，土

地使用税的适用标准可适当降低，但降低额不得超过上述规定最低税额的 30%。经济发达地区的适用税额标准可适当提高，但须报财政部批准。

【职业判断与业务操作】

一、计算城镇土地使用税

（一）计税依据的确定

城镇土地使用税以纳税人实际占用的土地面积为计税依据，计税单位为平方米。纳税人实际占用的土地面积按下列办法确定：

（1）由省、自治区、直辖市人民政府确定的单位组织测定土地面积的，以测定的面积为准；

（2）尚未组织测量，但纳税人持有政府部门核发的土地使用证书的，以证书确认的土地面积为准；

（3）尚未核发土地使用证书的，应由纳税人申报土地面积，据以纳税，待核发土地使用证后再作调整。

（二）应纳税额的计算

城镇土地使用税按纳税人实际占用的土地面积和规定的税额按年计算，分期纳税。

年度应纳税额 = 应税土地实际占用面积 × 适用单位税额

月（或季、半年）度应纳税额 = 年度应纳税额 ÷ 12（或 4、2）

根据情境引例计算：

【做中学】

① 长江实业有限责任公司 2016 年应纳城镇土地使用税的计税依据，即：
实际占用土地面积 = 20 000 − 500 − 500 − 200 = 18 800（平方米）

② 2016 年全年应纳城镇土地使用税额 = 18 800 × 2 = 37 600（元）

二、城镇土地使用税的申报

（一）纳税义务发生时间

（1）纳税人购置新建商品房，自房屋交付使用之次月起纳税。

（2）纳税人购置存量房，自办理房屋权属转移、变更登记手续，房地产权属登记机关签发房屋权属证书之次月起纳税。

（3）纳税人出租、出借房产，自交付出租、出借房产之次月起纳税。

（4）以出让或转让方式有偿取得土地使用权的，应由受让方从合同约定交付土地时间的次月起纳税；合同未约定交付时间的，由受让方从合同签订的次月起纳税。

（5）纳税人新征用的耕地，自批准征用之日起满一年时开始纳税。

(6)纳税人新征用的非耕地,自批准征用次月起纳税。

> ▲ 提示　注意与房产税纳税义务发生时间的区别,只有第五种情况从"征用之日起满一年"时缴纳城镇土地使用税,其余都是从"次月"起缴纳城镇土地使用税。

(二)纳税期限

城镇土地使用税实行按年计算,分期缴纳的征收办法,一般按月、季或半年征收一次,具体纳税期限由省、自治区、直辖市人民政府确定。

(三)纳税地点和征收机构

城镇土地使用税在土地所在地缴纳。

纳税人使用的土地不属于同一省、自治区、直辖市管辖的,由纳税人分别向所在地的税务机关纳税;在同一省、自治区、直辖市管辖范围内,纳税人跨地区使用的土地,其纳税地点由各省、自治区、直辖市地方税务局确定。土地使用税由土地所在地的地方税务机关征收,其收入纳入地方财政预算管理。

(四)纳税申报与缴纳

城镇土地使用税的纳税人应按照条例的有关规定及时办理纳税申报,并如实填写"城镇土地使用税纳税申报表"(见表7-9),并在规定期限内缴纳税款,取得完税凭证。

【典型任务举例】

承接学习子情境六的情境引例,长江实业有限责任公司房产坐落地:江州市中山路26号,实际占用土地总面积20 000平方米,纳税人识别号:430182387267367,开户银行:工商银行江州市分行营业部,账号:1902783726173727362;会计主管:张力,办税员:陈新。要求填报长江实业有限责任公司2016年度城镇土地使用税纳税申报表。

【操作步骤】

第一步,计算并确定城镇土地使用税应纳税额。

当地政府规定,城镇土地使用税采取按年计算、分半年缴纳方式征收,因此,2016年上半年公司应纳城镇土地使用税额 = 37 600 ÷ 2 = 18 800(元)

第二步,填报城镇土地使用税纳税申报表。

长江实业有限责任公司应按照条例的有关规定,及时办理纳税申报,并如实填写"城镇土地使用税纳税申报表"(见表7-9)。

表7-9 城镇土地使用税纳税申报表

税款所属期：自2016年1月1日至2016年6月30日　　填表日期：2016年7月10日

纳税人识别号 `4 3 0 1 8 2 3 8 7 2 6 7 3 6 7`

金额单位：元（列至角分）；面积单位：平方米

纳税人信息	名称	长江实业有限责任公司		纳税人分类			
	登记注册类型	有限责任公司		所属行业			
	身份证件类型	身份证□ 护照□ 其他□		身份证件号码			
	联系人	×××		联系方式			××××××

申报纳税信息	土地编号	宗地的地号	土地等级	税额标准	土地总面积	所属期起	所属期止	本期应纳税额	本期减免税额	单位☑ 个人□	本期已缴税额	本期应补（退）税额
	*	××	××	2.00	20 000	2016.1.1	2016.6.30	20 000.00	1 200.00	*		18 800
	*											
	*											
	*											
	*											
	合计			*		*	*	20 000.00	1 200.00	*		18 800

以下由纳税人填写：

纳税人声明　此纳税申报表是根据《中华人民共和国城镇土地使用税暂行条例》和国家有关税收规定填报的，是真实的、可靠的、完整的。

纳税人签章		代理人签章		代理人身份证号	

以下由税务机关填写：

受理人		受理日期	年　月　日	受理税务机关签章	

本表一式两份，一份纳税人留存，一份税务机关留存。

第三步，缴纳城镇土地使用税款。

长江实业有限责任公司将城镇土地使用税纳税申报表、财务报表及其他相关材料送主管税务机关审核，根据主管税务机关审定的意见，在规定期限内向指定代理金库的银行缴纳税款，取得税收缴款书。

学习子情境七　土地增值税的计算与申报

【情境引例】

江州东方房地产开发有限责任公司2016年开发写字楼一幢，5月份取得销售收入52 500万元（含增值税），公司采用简易计税办法缴纳了增值税2 500万元，城市维护建设税、教育费附加等250万元。该公司为取得土地使用权而支付的金额为5 000万元；投入房地产开发成本15 000万元；开发费用4 000万元，其中计算分摊给这幢写字楼的利息支出1 200万元（有金融机构证明），比按商业银行同类同期贷款利率计算的利息多100万元。公司所在地政府规定的其他开发费用的计算扣除比例为5%。

要求：计算该公司2016年开发写字楼应纳土地增值税额，填报土地增值税纳税申报表并缴纳开发写字楼应纳土地增值税款。

【工作过程与岗位对照图】

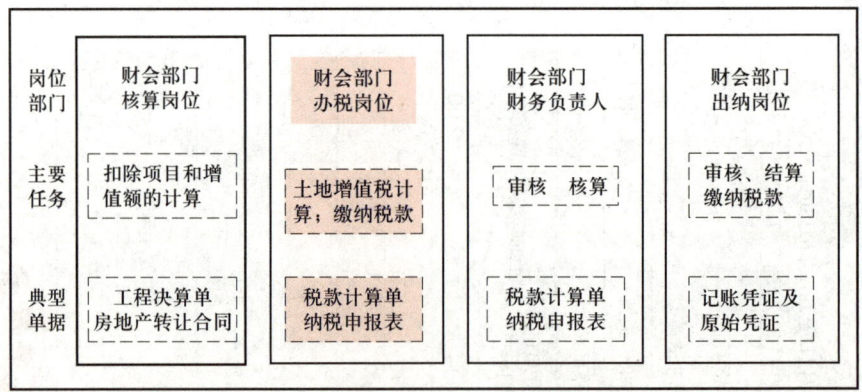

【知识准备】

一、基本概念

土地增值税是对转让国有土地使用权、地上建筑物及其附着物（以下简称转让房地产）并取得收入的单位和个人，就其转让房地产所取得的增值额征收的一种税。现行土地增值税的基本规范，是1993年12月13日国务院颁布并于1994年1月1日起实施的《中华人民共和国土地增值税暂行条例》和1995年1月27日财政部制定的《中华人民共和国土地增值税暂行条例实施细则》。

土地增值税是国家为了规范土地、房地产市场交易秩序，合理调节土地增值收益，维护国家权益而开征的税种。开征土地增值税是加强对房地产市场的调控能力的客观需要，对抑制房地产的炒作等投机行为，规范房地产市场健康、有序地发展有着重要的作用。

二、土地增值税的纳税人

转让国有土地使用权、其地上建筑物和附着物并取得收入的单位和个人为土地增值税的纳税人。所称的单位包括各类企业单位、事业单位、国家机关、社会团体及其他组织；所称的个人包括个体经营者，此外，还包括外商投资企业、外国企业、外国驻华机构及海外华侨、港澳台同胞和外国公民。

三、土地增值税的征税范围

（一）土地增值税征税范围的一般规定

土地增值税征税范围具有以下三个标准：

（1）"国有"标准。是指转让的土地使用权必须是国家所有，即转让的土地使用权只能是国有土地使用权，不包括集体土地及耕地。

（2）"产权转让"标准。是指土地使用权、地上建筑物及其附着物必须发生产权转让。地上建筑物是指建于土地上的一切建筑物，包括地上地下的各种附属设施。附着物是指附着于土地上的不能移动，一经移动即遭损坏的物品。

▲ 提示

土地使用权转让行为不同于土地使用权出让行为。转让是指土地使用者将土地使用权再转移的行为，包括出售、交换和赠与行为。出让是国家以土地所有者的身份将国有土地使用权在一定年限内出让给土地使用者，由土地使用者向国家支付土地使用权出让金的行为；国有土地使用权转让的行为征土地增值税；而国有土地使用权出让行为不征土地增值税。

（3）"取得收入"标准。是指征收土地增值税的行为必须取得转让收入。房地产的权属虽转让但未取得收入的行为，如以继承、赠与方式无偿转让房地产的行为不征税。

（二）土地增值税征税范围的特殊规定

（1）以房地产进行投资、联营的，投资、联营的一方以房地产作价入股进行投资或作为联营条件，将房地产转让到所投资、联营的企业时，暂免征收土地增值税；投资、联营企业将上述房地产再转让时，应征收土地增值税。

（2）对于一方出地，一方出资金，双方合作建房，建成后按比例分房自用的，暂免征收土地增值税；建成后转让的，应征收土地增值税。

（3）在企业兼并中，对被兼并企业将房地产转让到兼并企业中的，暂免征收土地增值税。

（4）房地产交换，应征土地增值税，但个人之间互换自有居住用房的，经当地税务机关核实，可以免征土地增值税。

（5）房地产抵押的，抵押期间不征土地增值税；抵押期满以房产抵债而发生房地产权属转让的，应征土地增值税。

（6）代建行为，房地产开发公司代客户进行房地产的开发，开发完成后向客户收取代建收入，由于没有发生房地产权属的转移，其收入属于劳务收入性质，不属于土地增值税的征税范围。

（7）房地产的重新评估，国有企业在清产核资时对房地产进行重新评估而产生的评估增值，既没有发生房地产权属的转移，也未取得收入，不属于土地增值税的征税范围。

四、土地增值税的优惠政策

（1）纳税人建造普通标准住宅出售，增值额未超过扣除项目金额20%的，免征土地增值税；增值额超过扣除项目金额20%的，应就其全部增值额按规定计税。

（2）因国家建设需要依法征用、收回的房地产，免征土地增值税。

（3）个人拥有的普通住宅，在其转让时暂免征收土地增值税；个人因工作调动或改善居住条件而转让非普通住宅，经向税务机关申报核准，凡居住满5年或5年以上的，免征土地增值税；居住满3年未满5年的，减半征收土地增值税；居住未满3年的，按规定征收土地增值税。

五、土地增值税的税率

土地增值税实行四级超率累进税率，是我国唯一采用超率累进税率的税种，具体见表7—10。

表7-10 土地增值税税率表

级次	增值额占扣除项目金额的比例	税率（%）	速算扣除系数（%）
1	50%（含）以下	30	0
2	50%~100%（含）	40	5
3	100%~200%（含）	50	15
4	200%以上	60	35

【职业判断与业务操作】

一、计算土地增值税

（一）计税依据的确定

土地增值税的计税依据是纳税人转让房地产所取得的增值额，即纳税人转让房地产所取得的收入额减除规定的扣除项目金额后的余额，因此，要准确地界定增值额必须确定应税的收入额和扣除项目金额。

1. 应税收入的确定

应税收入主要包括转让房地产的全部价款及有关的经济收益，体现为货币收入、实物收入和其他收入。"营改增"后，转让房地产取得的应税收入为不含增值税收入。免征增值税的，转让房地产取得的收入不扣减增值税额。

（1）货币收入。是指纳税人转让房地产而取得的现金、银行存款和国库券、金融债券、企业债券、股票等有价证券。

（2）实物收入。是指纳税人转让房地产而取得的各种实物形态的收入，如钢材、水泥等建材，房屋、土地等不动产。对于这些实物收入一般要按公允价值确认应税收入。

（3）其他收入。是指纳税人转让房地产而取得的无形资产收入或具有财产价值的权利，如专利权、商标权、著作权、专有技术使用权、土地使用权、商誉权等。

2. 扣除项目及其金额的确定

根据税法规定，准予从转让收入中扣除的项目包括以下六个方面：

（1）取得土地使用权所支付的金额。包括纳税人为取得土地使用权所支付的地价款和在取得土地使用权时按国家统一规定缴纳的有关费用。其中：以出让方式取得的，以支付的土地出让金为地价款；以行政划拨方式取得的，以补交的土地出让金为地价款；以转让方式取得的，以向原土地使用人实际支付金额为地价款。

（2）房地产开发成本。是指房地产开发项目实际发生的成本，包括土地征用及拆迁补偿费、前期工程费、建筑安装工程费、基础设施费、公共配套设施费、开发间接费用等。

（3）房地产开发费用。是指与房地产开发项目有关的销售费用、管理费用和财务费用。从转让收入中扣除的房地产开发费用，不按实际发生额扣除，而是按税法规定标准计算扣除。具体计算方法视财务费用中的利息支出的不同分别处理：

① 财务费用中的利息支出，凡能够按转让房地产项目计算分摊并提供金融机构证明的，允许据实扣除，但最高不能超过按商业银行同类、同期贷款利率计算的金额；其他房地产开发费用，按取得土地使用权所支付的金额和房地产开发成本金额之和的5%以内计算扣除。计算公式如下：

房地产开发费用 = 利息 +（取得土地使用权所支付的金额 + 房地产开发成本）× 5%

② 财务费用中的利息支出，凡不能按转让房地产项目计算分摊利息或不能提供金融机构证明的，房地产开发费用按取得土地使用权支付金额和房地产开发成本之和的10%以内计算扣除。计算公式如下：

房地产开发费用 =（取得土地使用权所支付的金额 + 房地产开发成本）× 10%

（4）与转让房地产有关的税金。包括在转让房地产时缴纳的城建税、印花税、教育费附加。房地产开发企业发生转让行为时缴纳的印花税已列入管理费用，不再在此单独扣除，其他纳税人缴纳的印花税允许在此扣除。

▲ 提示　扣除项目涉及的增值税进项税额，允许在销项税中计算抵扣的，不计入扣除项目，不允许在销项税额中计算抵扣的，可以计入扣除项目。

（5）其他扣除项目。特指从事房地产开发的纳税人，可按取得土地使用权所支付的金额和房地产开发成本金额之和的20%加计扣除，除此之外的其他纳税人不适用。计算公式如下：

加计扣除费用 =（取得土地使用权所支付的金额 + 房地产开发成本金额）× 20%

财税〔2016〕43号

（6）旧房及建筑物的评估价格。即在转让已使用房屋及建筑物时，由政府批准设立的房地产评估机构评定的重置成本乘以成新度折扣率后的价格。不能取得评估价格的，参见国家税务总局公告 2016 年第 70 号。

> 国家税务总局公告2016年第70号

(二) 应纳税额的计算

土地增值税应纳税额计算步骤如下：

第一步，计算增值额。

$$增值额 = 转让收入 - 扣除项目金额$$

第二步，计算增值率。

$$增值率 = 增值额 \div 扣除项目金额 \times 100\%$$

第三步，确定适用税率和速算扣除系数。

第四步，计算应纳税额。

$$应纳税额 = \sum (每级距增值额 \times 适用税率)$$

或

$$= 增值额 \times 适用税率 - 扣除项目金额 \times 速算扣除系数$$

新建房地产和存量房地产，在计算土地增值税时，两者的扣除项目内容不同，具体见表 7-11。

表7-11 新建房地产与存量房地产扣除项目的比较

扣除项目	新建房地产		存量房地产	
	非房地产企业	房地产企业	旧房及建筑物	土地使用权
取得土地使用权所支付的金额	√	√	√	√
房地产开发成本	√	√	—	—
房地产开发费用	√	√	—	—
与转让房地产有关的税金	√	√	√	√
其他扣除项目（即加计扣除）	—	√	—	√
旧房及建筑物的评估价格	—	—	√	—

根据情境引例，江州东方房地产开发有限责任公司在开发并转让此写字楼时，应缴纳的土地增值税计算如下：

【做中学】

① 取得土地使用权所支付的金额 = 5 000（万元）

② 房地产开发成本 = 15 000（万元）

③ 房地产开发费用 =（1 200 - 100）+（5 000 + 15 000）× 5% = 2 100（万元）

④ 与转让房地产有关的可扣除的税费 = 250（万元）

⑤ 20% 加计扣除 =（5 000 + 15 000）× 20% = 4 000（万元）

扣除项目 = 5 000 + 15 000 + 2 100 + 250 + 4 000 = 26 350（万元）

增值额 = 52 500 ÷（1 + 5%）- 26 350 = 23 650（万元）

增值率 = 23 650 ÷ 26 350 × 100% = 89.75%

应纳土地增值税税额 = 23 650 × 40% − 26 350 × 5% = 8 142.5（万元）

【做中学】

2016年6月，某单位转让一幢旧房，取得收入945万元（含增值税），采用简易计税办法缴纳了增值税45万元，城市维护建设税、教育费附加等4.5万元。该房建于20世纪70年代，当时造价为70万元，现经房地产评估机构评定的重置成本价为380万元，有六成新。旧房占地原来是行政划拨的，转让时，补交了土地出让金80万元。

计算该单位转让旧房应纳的土地增值税税额（印花税忽略不计）。

取得土地使用权所支付的金额 = 80（万元）

与转让房地产有关的税费 = 4.5（万元）

旧房及建筑物的评估价格 = 380 × 60% = 228（万元）

扣除项目 = 80 + 4.5 + 228 = 312.5（万元）

增值额 = 945 ÷（1 + 5%）− 312.5 = 587.5（万元）

增值率 = 587.5 ÷ 312.5 × 100% = 188%

应纳土地增值税税额 = 587.5 × 50% − 312.5 × 15% = 246.875（万元）

二、土地增值税的申报

（一）纳税期限

土地增值税的纳税人应在转让房地产合同签订后的7日内，到房地产所在地主管税务机关办理纳税申报，并向税务机关提交房屋及建筑物产权证、土地使用权证书、土地转让与房产买卖合同、房地产评估报告及其他与转让房地产有关的资料。纳税人因经常发生房地产转让而难以在每次转让后申报的，经税务机关审核同意，可以定期进行纳税申报，具体期限由税务机关确定。纳税人预售房地产取得的收入，凡当地税务机关规定预征土地增值税的，纳税人应当到主管税务机关办理纳税申报，并按规定比例预交，待办理决算后，多退少补；凡当地税务机关规定不预征土地增值税的，也应在取得收入时先到税务机关登记或备案。

（二）纳税地点

土地增值税的纳税地点确定，根据纳税人性质不同有两种情况：

（1）法人纳税人。转让的房地产坐落地与其机构所在地一致的，以办理税务登记的原管辖税务机关为纳税地点；转让的房地产坐落地与其机构所在地或经营所在地不一致的，以房地产坐落地所管辖的税务机关为纳税地点。

（2）自然人纳税人。转让的房地产坐落地与其居住所在地一致的，以住所所在地税务机关为纳税地点；转让的房地产坐落地与其居住所在地或经营所在地不一致的，以办理过户手续所在地税务机关为纳税地点。

(三)纳税申报与缴纳

土地增值税的纳税申报表分为从事房地产开发纳税人和其他纳税人两种类型。纳税人应按照有关规定及时办理纳税申报,并如实填写"土地增值税纳税申报表",并在规定期限内缴纳税款,取得完税凭证。

【典型任务举例】

承接学习子情境七的情境引例,江州东方房地产开发有限责任公司地址:江州市中山路130号,纳税人识别号:430182387658245,开户银行:工商银行江州市分行营业部,账号:1902783726176587521;办税员:王力。要求填报江州东方房地产开发有限责任公司2016年开发写字楼土地增值税纳税申报表并缴纳税款。

【操作步骤】

第一步,计算并确定土地增值税应纳税额。

根据前面计算,2016年开发的写字楼应纳土地增值税额 = 81 425 000(元)

第二步,填报土地增值税纳税申报表。

江州东方房地产开发有限责任公司按照有关规定,及时办理纳税申报,并如实填写"土地增值税纳税申报表"(见表7-12)。

表7-12 土地增值税纳税申报表(二)
(从事房地产开发的纳税人清算适用)

税款所属时间:××××年×月×日至2016年5月31日　　　　填表日期:2016年6月5日

金额单位:元(列至角分);面积单位:平方米

纳税人识别号 4 3 0 1 8 2 3 8 7 6 5 8 2 4 5

纳税人名称	江州东方房地产开发有限责任公司	项目名称	××写字楼	项目编号	××××	项目地址	江中市××××
所属行业	××××	登记注册类型	有限责任公司	纳税人地址	江中市中山路130号	邮政编码	××××××
开户银行	工行江州市分行营业部	银行账号	1902783726176587521	主管部门	×××	电话	××××××××
总可售面积			××××××	自用和出租面积			
已售面积	×××	其中:普通住宅已售面积		其中:非普通住宅已售面积		其中:其他类型房地产已售面积	×××

项目	行次	金额			
		普通住宅	非普通住宅	其他类型房地产	合计
一、转让房地产收入总额 1=2+3+4	1			500 000 000	
其中 货币收入	2			500 000 000	
实物收入	3				
其他收入	4				

续表

项 目			行次	金 额			
				普通住宅	非普通住宅	其他类型房地产	合计
二、扣除项目金额合计　5=6+7+14+17+21			5			263 500 000	
1. 取得土地使用权所支付的金额			6			50 000 000	
2. 房地产开发成本　7=8+9+10+11+12+13			7			150 000 000	
其中	土地征用及拆迁补偿费		8				
	前期工程费		9				
	建筑安装工程费		10				
	基础设施费		11				
	公共配套设施费		12				
	开发间接费用		13				
3. 房地产开发费用　14=15+16			14			21 000 000	
其中	利息支出		15			11 000 000	
	其他房地产开发费用		16			10 000 000	
4. 与转让房地产有关的税金等　17=18+19+20			17			2 500 000	
其中	城市维护建设税		18			1 750 000	
	教育费附加		19			750 000	
			20				
5. 财政部规定的其他扣除项目			21			40 000 000	
三、增值额 22=1-5			22			236 500 000	
四、增值额与扣除项目金额之比（%） 23=22÷5			23			89.75	
五、适用税率（%）			24			40	
六、速算扣除系数（%）			25			5	
七、应缴土地增值税税额 26=22×24-5×25			26			81 425 000	
八、减免税额 27=29+31+33			27				
其中	减免税（1）	减免性质代码	28				
		减免税额	29				
	减免税（2）	减免性质代码	30				
		减免税额	31				
	减免税（3）	减免性质代码	32				
		减免税额	33				
九、已缴土地增值税税额			34				
十、应补（退）土地增值税税额 35=26-27-34			35			81 425 000	

授权代理人	（如果你已委托代理申报人，请填写下列资料） 　　为代理一切税务事宜，现授权_____（地址）_____为本纳税人的代理申报人，任何与本报表有关的来往文件都可寄与此人。 　　授权人签字：_____	纳税人声明	此纳税申报表是根据《中华人民共和国土地增值税暂行条例》及其实施细则的规定填报的，是真实的、可靠的、完整的。 　　声明人签字：_____
纳税人公章	法人代表签单	经办人员（代理申报人）签章	备注

（以下部分由主管税务机关负责填写）

主管税务机关收到日期		接收人		审核日期		税务审核人员签单	
审核记录						主管税务机关盖章	

第三步，缴纳土地增值税款。

江州东方房地产开发有限责任公司将城镇土地使用税纳税申报表及其他相关材料送主管税务机关审核，根据主管税务机关审定的意见，在规定期限内向指定代理金库的银行缴纳税款，取得税收缴款书。

学习子情境八　资源税的计算与申报

【情境引例】

东方冶金有限责任公司附属的矿山，2016年7月开采铅锌精矿6 000吨，销售5 000吨，每吨销售价格8 000元（不含增值税），铅锌精矿适用资源税税率为5%。

要求：计算该公司2016年7月份应纳资源税额，填报资源税纳税申报表并缴纳税款。

【工作过程与岗位对照图】

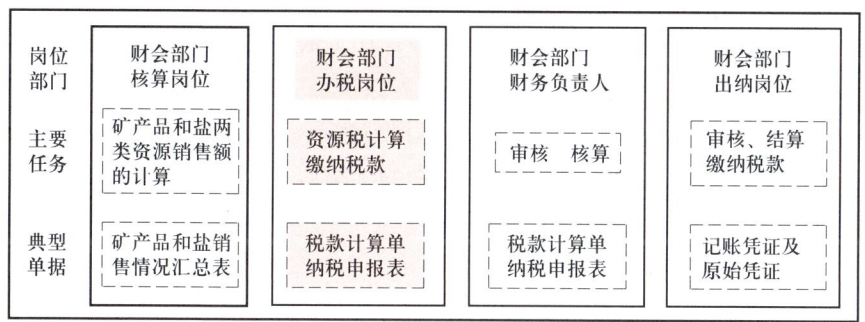

【知识准备】

一、基本概念

资源税是对在我国领域及管辖海域从事应税矿产品开采或生产盐的单位和个人征收的一种税。其基本法律依据是国务院于1993年12月颁布的《中华人民共和国资源税暂行条例》（以下简称《资源税暂行条例》）和财政部同年发布的资源税实施细则，自1994年1月1日起执行。2011年9月30日国务院对《资源税暂行条例》进行了修订，从2011年11月1日起施行。从2016年7月1日起按照"消费立税、合理负担、适度分权、循序渐进"的原则，全面推进资源税的改革。

对资源占用行为征税不仅为当今许多国家广泛采用，而且具有十分悠久的历史，我国对资源占用征税的历史至少可以追溯到周朝，当时的"山泽之赋"就是对伐木、采矿、狩猎、捕鱼、煮盐等开发、利用自然资源的生产活动课征的赋税。此后，我国历代政府一直延续了对矿冶资源、盐业资源等自然资源开发利用课税的制度。

二、资源税的纳税人

在我国领域及管辖海域开采应税矿产品或生产盐的单位和个人为资源税的纳税人，包括各类企业、行政单位、事业单位、军事单位、社会团体及个人。收购未税矿产品的单位为资源税的扣缴义务人，包括独立矿山、联合企业和其他收购未税矿产品的单位。

三、资源税的征税范围

资源税的课税对象是各种自然资源，我国目前只选择对矿产品和盐两类资源征收资源税。具体征税范围如下：

（1）原油。是指开采的天然原油，不包括人造石油。

（2）天然气。是指专门开采或者与原油同时开采的天然气。

（3）煤炭。包括原煤和以未税原煤加工的洗选煤。

（4）其他非金属矿原矿、精矿。指原油、天然气、煤炭和井矿盐、湖盐以外的非金属矿原矿、精矿。包括石墨、硅藻土、高岭土、萤石、石灰石、硫铁矿、磷矿、氯化钾、硫酸钾、煤层气、粘土、砂石等原矿、精矿。

（5）金属矿原矿、精矿。指纳税人开采后自用、销售金属矿原矿、精矿。包括铁矿、金矿、铜矿、铅锌矿、铝土矿、钨矿、锡矿、镍矿、稀土矿、钼矿等原矿、精矿。

（6）盐。包括湖盐、井矿盐、提取地下卤水晒制的盐和海水晒制的盐。

未列举名称且未确定具体适用税率的其他非金属矿原矿、精矿和金属矿原矿、精矿，由省、自治区、直辖市人民政府根据实际情况确定，报财政部和国家税务总局备案。

此外，将开展水资源税改革试点工作，自2016年7月1日起先在河北省试点；逐步将森林、草场、滩涂等其他自然资源纳入征收范围。

四、资源税的优惠政策

（1）原油、天然气资源税优惠政策：① 对油田范围内运输稠油过程中用于加热的原油、天然气免征资源税；② 对稠油、高凝油和高含硫天然气资源税减征 40%；③ 对三次采油资源税减征 30%；④ 对低丰度油气田资源税暂减征 20%；⑤ 对深水油气田资源税减征 30%。

（2）对符合条件的采用充填开采方式采出的矿产资源，资源税减征 50%；对符合条件的衰竭期矿山开采的矿产资源，资源税减征 30%。

（3）对鼓励利用的低品位矿、废石、尾矿、废渣、废水、废气等提取的矿产品，由省级人民政府根据实际情况确定是否减税或免税，并制定具体办法。

（4）纳税人开采或生产应税产品过程中，因意外事故或自然灾害等原因遭受重大损失的，由省、自治区、直辖市人民政府酌情决定减税或免税。

（5）国务院规定的其他减税、免税项目。

财税〔2014〕72号

五、资源税的税目与税率

从 2016 年 7 月 1 日起，资源税实行幅度的比例税率为主和定额税率为辅的计征方式，具体适用税率由财政部会同国务院有关部门，根据纳税人所开采或者生产应税产品的资源品位、开采条件等情况确定，具体见表 7-13。

财税〔2015〕52号

财税〔2016〕53号

表7-13 资源税税目税率表

税 目		征税对象	税 率
一、原油			5%~10%
二、天然气			5%~10%
三、煤炭			2%~10%
四、其他非金属矿	石墨	精矿	3%~10%
	高岭土、石灰石	原矿	1%~6%
	硅藻土、萤石、硫铁矿	精矿	1%~6%
	磷矿	原矿	3%~8%
	氯化钾	精矿	3%~8%
	硫酸钾	精矿	6%~12%
	井矿盐、湖盐	氯化钠初级产品	1%~6%
	提取地下卤水晒制的盐	氯化钠初级产品	3%~15%
	煤层（成）气	原矿	1%~2%
	粘土、砂石	原矿	每吨或每立方米0.1~5元
	未列举名称的其他非金属矿产品	原矿或精矿	从量税率每吨或每立方米不超过30元；从价税率不超过20%

续表

税　　目		征税对象	税　　率
五、金属矿	稀土矿	原矿	轻稀土按地区执行不同的适用税率，其中，内蒙古为11.5%、四川为9.5%、山东为7.5%；中重稀土资源税适用税率为27%
	钨矿	原矿	6.5%
	钼矿	原矿	11%
	铝土矿	原矿	3%~9%（包括耐火级矾土、研磨级矾土等高铝粘土）
	铁矿	精矿	1%~6%
	金矿	金锭	1%~4%
	铜矿	精矿	2%~8%
	铅锌矿、镍矿、锡矿	精矿	2%~6%
	未列举名称的其他金属矿产品	原矿或精矿	税率不超过20%
六、海盐		氯化钠初级产品	1%~5%

注：氯化钠初级产品是指井矿盐、湖盐原盐、提取地下卤水晒制的盐和海盐原盐，包括固体和液体形态的初级产品。

纳税人开采或者生产不同税目应税产品的，应当分别核算，不能准确提供不同税目应税产品的销售额或者销售数量的，从高适用税率。

【职业判断与业务操作】

一、计算资源税税额

（一）计税依据的确定

资源税按照从价定率为主、从量定额为辅的办法征收，其计税依据规定如下：

1. 计税销售额的确定

销售额为纳税人销售应税产品向购买方收取的全部价款和价外费用，但不包括收取的增值税销项税额。价外费用，包括价外向购买方收取的手续费、补贴、基金、集资费、返还利润、奖励费、违约金、滞纳金、延期付款利息、赔偿金、代收款项、代垫款项、包装费、包装物租金、储备费、优质费、运输装卸费以及其他各种性质的价外收费。但下列项目不包括在内：

（1）同时符合以下条件的代垫运输费用：① 承运部门的运输费用发票开具给购买方的；② 纳税人将该项发票转交给购买方的。

（2）同时符合以下条件代为收取的政府性基金或者行政事业性收费：① 由国务院或者财政部批准设立的政府性基金，由国务院或者省级人民政府及其财政、价格主管部门批准设立的行政事业性收费；②收取时开具省级以上财政部门印制的财政票据；③所收款项全额上缴财政。

（3）运杂费用。指应税产品从坑口或洗选（加工）地到车站、码头或购买方指定地点的运输费用、建设基金以及随运销产生的装卸、仓储、港杂费用。运杂费用应与销售额分别核算，凡未取得相应凭证或不能与销售额分别核算的，应当一并计征资源税。

纳税人以人民币以外的货币结算销售额的，应当折合成人民币计算。其销售额的人民币折合率可以选择销售额发生的当天或者当月1日的人民币汇率中间价。纳税人应在事先确定采用何种折合率计算方法，确定后1年内不得变更。

为公平原矿与精矿之间的税负，对同一种应税产品，征税对象为精矿的，纳税人销售原矿时，应将原矿销售额换算为精矿销售额缴纳资源税；征税对象为原矿的，纳税人销售自采原矿加工的精矿，应将精矿销售额折算为原矿销售额缴纳资源税。换算比或折算率原则上应通过原矿售价、精矿售价和选矿比计算，也可通过原矿销售额、加工环节平均成本和利润计算。金矿以标准金锭为征税对象，纳税人销售金原矿、金精矿的，应比照上述规定将其销售额换算为金锭销售额缴纳资源税。换算比或折算率应按简便可行、公平合理的原则，由省级财税部门确定，并报财政部、国家税务总局备案。

纳税人申报的应税产品销售额明显偏低并且无正当理由的、有视同销售应税产品行为而无销售额的，除财政部、国家税务总局另有规定外，按下列顺序确定销售额：

（1）按纳税人最近时期同类产品的平均销售价格确定；
（2）按其他纳税人最近时期同类产品的平均销售价格确定；
（3）按组成计税价格确定。组成计税价格为：

组成计税价格 = 成本 ×（1 + 成本利润率）÷（1 − 税率）

公式中的成本是指：应税产品的实际生产成本。公式中的成本利润率由省、自治区、直辖市税务机关确定。

2. 课税数量的确定

（1）各种应税产品，凡直接对外销售的，以实际销售数量为课税数量。
（2）各种应税产品，凡产品自用的，以移送自用数量为课税数量。
（3）纳税人不能准确提供应税产品销售数量的，以应税产品的产量或者主管税务机关确定的折算比换算成的数量为计征资源税的销售数量。

（二）应纳税额的计算

资源税按照从价定率为主、从量定额为辅的办法征收，分别以应税产品的销售额乘以纳税人具体适用的比例税率或者以应税产品的销售数量乘以纳税人具体适用的定额税率计算。

资源税在应税产品的销售或自用环节计算缴纳。以自采原矿加工精矿产品的，在原矿移送使用时不缴纳资源税，在精矿销售或自用时缴纳资源税。纳税人以自采原矿加工金锭的，在金锭销售或自用时缴纳资源税。纳税人销售自采原矿或者自采原矿加工的金精矿、粗金，在原矿或者金精矿、粗金销售时缴纳资源税，在移送使用时不缴纳资源税。以应税产品投资、分配、抵债、赠与、以物易物等，视同销售，计算缴纳资源税。

实行从价计征的，其应纳税额计算公式如下：

应纳税额 = 计税销售额 × 适用税率

实行从量计征的，其应纳税额计算公式如下：

应纳税额 = 课税数量 × 定额税率

【做中学】 根据情境引例计算：东方冶金有限责任公司附属矿山2016年7月份应纳资源税税额计算如下：

应纳税额 = 5 000 × 8 000 × 5% = 2 000 000（元）

二、资源税的纳税申报

（一）纳税义务发生时间

（1）纳税人销售应税产品，其纳税义务发生时间是：

① 纳税人采取分期收款结算方式的，其纳税义务发生时间，为销售合同规定的收款日期的当天；

② 纳税人采取预收货款结算方式的，其纳税义务发生时间，为发出应税产品的当天；

③ 纳税人采取其他结算方式的，其纳税义务发生时间，为收讫销售款或者取得索取销售款凭据的当天。

（2）纳税人自产自用应税产品的纳税义务发生时间，为移送使用应税产品的当天。

（3）扣缴义务人代扣代缴税款的纳税义务发生时间，为支付货款的当天。

（二）纳税期限

资源税的纳税期限为1日、3日、5日、10日、15日或1个月，具体由主管税务机关根据实际情况核定。不能按固定期限计算纳税的，可以按次计算纳税。

纳税人以1个月为一期纳税的，自期满之日起10日内申报纳税；以1日、3日、5日、10日或15日为一期纳税的，自期满之日起5日内预缴税款，于次月 1 日起 10 日内申报纳税并结清上月税款。

扣缴义务人解缴税款期限，比照上述规定执行。

（三）纳税地点

（1）纳税人应纳的资源税，应当向应税产品的开采或者生产所在地主管税务机关缴纳。

（2）纳税人在本省、自治区、直辖市范围内开采或者生产应税产品，其纳税地点需要调整的，由省、自治区、直辖市税务机关决定。

（3）纳税人跨省、自治区、直辖市开采或者生产应税产品，其下属生产单位与核算单位不在同一省、自治区、直辖市的，对其开采或者生产的应税产品，一律在开采地或者生产地纳税。实行从价计征的应税产品，其应纳税款一律由独立核算的单位按照每个开采地或者生产地的销售量、单位销售价格及适用税率计算划拨；实行从量计征的应税产品，其应纳税款一律由独立核算的单位按照每个开采地或者生产地的销售量及适用税率计算划拨。

扣缴义务人代扣代缴的资源税，应当向收购地主管税务机关缴纳。

（四）纳税申报与缴纳税款

纳税人填制资源税纳税申报表时，首先，应对其开采或生产的资源产品，按税法规定区分应税和非应税、免税项目，并确定应税产品的适用税率；其次，根据"库存商品"等账户及有关会计凭证，核实应税产品的销售金额、销售数量、自用数量，或按规定的办法折算原矿数量；最后，根据核实后的应税数量和确定的税率计算应缴纳的资源税税额，并与"应交税费——应交资源税"账户资料核对相符，填制"资源税纳税申报表"，并办理签章手续。

【典型任务举例】

承接学习子情境八的情境引例，东方冶金有限责任公司坐落于江州市八一路 126 号，纳税人识别号：430182387657434，开户银行：工商银行江州市分行营业部，账号：1902783726176849576；办税员：程欣。要求填报东方冶金有限责任公司 2016 年 7 月份资源税纳税申报表并缴纳税款。

【操作步骤】

第一步，计算并确定资源税应纳税额。

根据前面计算结果，2016 年 7 月份应纳资源税额 = 2 000 000（元）

第二步，填报资源税纳税申报表。

东方冶金有限责任公司应按照有关规定，及时办理纳税申报，并如实填写"资源税纳税申报表"（见表 7-14）。

表7-14 资源税纳税申报表

根据国家税收法律法规及资源税有关规定制定本表。纳税人不论有无销售额，均应按照税务机关核定的纳税期限填写本表，并向当地税务机关申报。

税款所属时间：自2016年7月1日至2016年7月31日　　　填表日期：2016年8月8日　　　金额单位：元（列至角分）

纳税人识别号 4 3 0 1 8 2 3 8 7 6 5 7 4 3 4

纳税人名称	东方冶金有限责任公司	法定代表人姓名	×××	注册地址	江州市八一路126号	生产经营地址	江州市八一路126号
开户银行及账号	工商银行江州市分行营业部 1902783726176849576	登记注册类型		有限责任公司		电话号码	××××××××

税目	子目	折算率或换算比	计量单位	计税销售量	计税销售额	适用税率	本期应纳税额	本期减免税额	本期已缴税额	本期应补（退）税额
1	2	3	4	5	6	7	8①=6×7；8②=5×7	9	10	11=8-9-10
金属矿	铅锌精矿		元		40 000 000	5%	2 000 000			2 000 000
合计		—	—		40 000 000	—	2 000 000			2 000 000

授权声明	如果你已委托代理人申报，请填写下列资料： 为代理一切税务事宜，现授权 （地址）　　　　为本纳税人的代理申报人，任何与本申报表有关的往来文件，都可寄予此人。 授权人签字：	申报人声明	本纳税申报表是根据国家税收法律法规及相关规定填写的，我确定它是真实的、可靠的、完整的。 声明人签字：

主管税务机关：　　　　　　接收人：　　　　　　接收日期：　　年　月　日

本表一式两份，一份纳税人留存，一份税务机关留存。

第三步，缴纳资源税款。

东方冶金有限责任公司将资源税纳税申报表及其他相关材料送主管税务机关审核，根据主管税务机关审定的意见，在规定期限内向指定代理金库的银行缴纳税款，取得税收缴款书。

学习子情境九　财政规费的计算与申报

【情境引例】

长江实业有限责任公司是一家中型生产型企业，地处江州市中山路26号，主要生产销售甲、乙产品，2016年6月公司应纳增值税额100 000元（其中进口商品应纳增值税15 000元），消费税额20 000元，教育费附加率为3%。公司在职职工人数为400人，其中残疾人员2人，当地上年度职工平均工资为28 000元，2016年6月取得营业收入400万元，残疾人所在地政府规定的安排比例为1.5%，水利建设专项基金征收比率为0.6‰，同时，在职职工每人按20元的标准缴纳水利建设基金。

要求：计算该公司当月应纳教育费附加、水利建设基金和残疾人就业保障基金，填报教育费附加申报表（水利建设基金和残疾人就业保障基金略），缴纳当月财政规费。

【工作过程与岗位对照图】

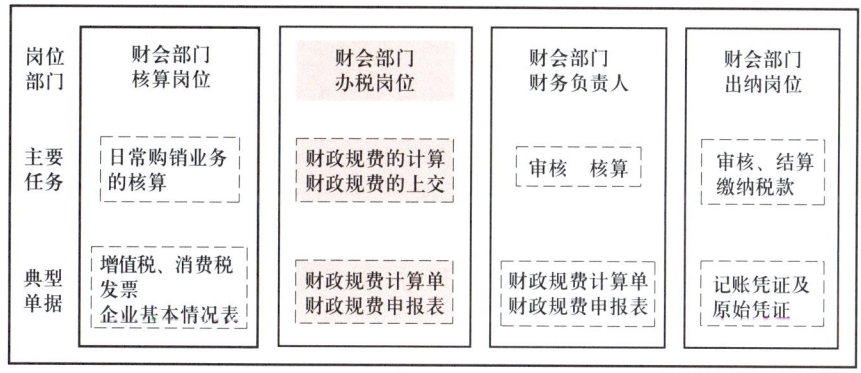

【知识准备】

一、基本概念

财政规费是由税务机关依法代征的纳入财政预算管理的具有专门用途的资金。国家征收这种专用资金主要是为了进行某些专项投资筹集财政资金，因此，财政规费一般是专款专用。

财政规费按照征收机关和用途划分有多种，这里主要介绍教育费附加、水利建设基金和残疾人就业保障基金三种。

国发
〔1986〕50号

财综
〔2011〕2号

（一）教育费附加

教育费附加是对缴纳增值税、消费税的纳税人，就其实际缴纳的税额为计算依据征收的一种附加费。教育费附加是为加快地方教育事业，扩大地方教育经费的资金而征收的一项专用基金。

（二）水利建设基金

水利建设基金是按规定向国家机关、社会团体、企事业单位和在职职工征收的，用于防洪保安、重点水利工程建设的资金。由中央水利建设基金和地方水利建设基金组成。中央水利建设基金主要用于关系国民经济和社会发展全局的大江大河重点工程的维护和建设。地方水利建设基金主要用于城市防洪及中小河流、湖泊的治理、维护和建设。

（三）残疾人就业保障基金

《中华人民共和国残疾人保障法》第三十二条规定："国家推动各单位吸收残疾人就业，机关、团体、企事业组织、城乡集体经济组织，应当按一定比例安排残疾人就业，并为其选择适当的工种和岗位。"而征缴残疾人就业保障基金，则是实施按比例安排残疾人就业工作的一种重要手段。通过实行征缴残疾人就业保障金制度，既有利于推动和促进用人单位积极吸收残疾人就业，从根本上解决残疾人就业难问题；又有利于积累资金，加大对残疾人培训教育、自谋职业、扶贫救助、社会保障等工作的扶持力度，促进残疾人生活状况进一步改善，推进残疾人事业与经济社会协调发展。

二、财政规费的征收范围、计征依据及征收率

财政规费的种类不同，其征收范围、计征依据和征收率也不同。

（一）教育费附加

国务院令第448号

教育费附加主要是对缴纳增值税、消费税的单位和个人征收，以其实际缴纳的增值税、消费税为计征依据，分别与增值税、消费税同时交纳。现行教育费附加征收比例为3%，另外，地方税务局还征收地方教育费附费，各地的费率不同，一般为1%～2%。

（二）水利建设基金

中央水利建设基金主要从以下3个方面提取：① 从车辆购置税收入中定额提取；② 从铁路建设基金、港口建设费收入中提取3%；③ 经国务院批准的其他可用于水利建设基金的资金。

地方水利建设基金主要从以下4个方面提取：① 从地方收取的政府性基金和行政事业性收费收入中提取3%；② 经财政部批准，各省、自治区、直辖市向企事业单位和个体经营者征收的水利建设基金；③ 地方

人民政府按规定从中央对地方成品油价格和税费改革转移支付奖金中足额安排资金,划入水利建设基金;④ 有重点防洪任务和水资源严重短缺的城市要从征收的城市维护建设税中划出不少于15%的资金,用于城市防洪和水源工程建设,具体比例由省、自治区、直辖市人民政府确定。

(三)残疾人就业保障基金

残疾人就业保障基金是指在实施分散按比例安排残疾人就业的地区,凡安排残疾人达不到省、自治区、直辖市人民政府规定比例的机关、团体、企业事业单位和城乡集体经济组织,根据地方有关法规的规定,按照年度差额人数和上年度本地区职工年平均工资计算交纳用于残疾人就业的专项资金。其按属地原则交纳,中央部门所属单位按照所在地方法规的有关规定办理。机关、团体、企业事业单位和城乡集体经济组织,应当按照《中华人民共和国残疾人保障法》的有关规定,积极创造条件,逐步达到规定的安排比例。各地规定的安排比例不同,一般为从业人员总数的1.5%。

主席令第3号

三、财政规费的优惠政策

(一)教育费附加的优惠政策

(1)对海关进口的商品征收的增值税、消费税,不征收教育费附加。

(2)对由于减免增值税、消费税而发生退税的,可同时退还已征收的教育费附加。但对出口产品退还增值税、消费税的,不退还已征的教育费附加。

(二)水利建设基金的优惠政策

水利建设基金的减免政策各地规定不同,一般而言,面向企事业单位和个体经营者征收水利建设基金时,下列收入、基金免缴水利建设基金:

(1)关、停企业(须经同级财政部门审查批准)。

(2)劳改、劳教部门取得的事业收入。

(3)中小学的学杂费、勤工俭学收入;高等院校、中等专业学校和技工学校基金。在勤工俭学的校办企业中,凡国有和集体单位划归学校管理的企业、学校向外单位投资兴办的企业、学校与个人联营以及学校转租给外单位经营或承包给个人经营的企业不予减免。

(4)林业部门的育林基金。

(5)县、乡两级直接为农业服务的农、林、水、气技术推广或服务部门(包括农业科研、农技推广、植保、土肥、种子、经管、林业、水管、水产、畜牧兽医、农机站和农民专业技术协会)的事业收入。

(6)农田灌溉水费收入。

（7）民政部门管理的社会福利企事业单位和残疾人企事业单位的收入。

（8）职工待业保险基金和退休养老基金。

（9）事业单位经财政部门批准抵补经费不足的部分的收入。

（10）其他经省政府批准减免的项目。

（三）残疾人就业保障基金的优惠政策

按照《残疾人就业条例》规定，国家对集中使用残疾人的用人单位依法给予税收优惠，并在生产、经营、技术、资金、物资、场地使用等方面给予扶持。凡是用人单位安排残疾人就业达到其所在地省、自治区、直辖市人民政府规定比例的，可以免缴当年度的残疾人就业保障金。

【职业判断与业务操作】

一、计算财政规费

（一）教育费附加的计算

教育费附加计算公式为：

$$应缴纳的教育费附加 =（实纳增值税 + 消费税）\times 征收比例$$

（二）水利建设基金的计算

面向企事业单位和个体经营者征收的地方水利建设基金计算公式为：

$$应缴纳的水利建设基金 = 销售收入或营业收入 \times 征收比例 + 在职职工人数 \times 单位定额$$

（三）残疾人就业保障基金的计算

残疾人就业保障基金计算公式为：

$$应缴纳的残疾人就业保障基金 =（用人单位上年度从业人员总数 \times 所在地政府规定安排比例 - 从业残疾职工数）\times 上年度当地从业人员年平均劳动报酬标准$$

企业、城乡集体经济组织缴纳的残疾人就业保障基金从管理费用中列支，机关、团体和事业单位缴纳的残疾人就业保障基金从单位预算经费包干结余或收支结余中列支。

【做中学】 根据情境引例计算：

（1）长江实业有限责任公司2016年6月应纳教育费附加为：

征收依据 = 100 000 − 15 000 + 20 000 = 105 000（元）

应纳教育费附加 = 105 000 × 3% = 3 150（元）

（2）长江实业有限责任公司2016年6月应缴纳的水利建设专项基金为：

应纳水利建设专项基金 = 4 000 000 × 0.6‰ + 400 × 20 = 10 400（元）

(3)长江实业有限责任公司 2016 年 6 月应缴纳的残疾人就业保障基金为:

应纳残疾人就业保障基金 =(400×1.5% − 2)× 28 000 = 112 000(元)

二、财政规费的申报

(一)教育费附加的申报

教育费附加与增值税、消费税同时进行申报。

(二)水利建设基金的申报

水利建设基金一般按月申报,与增值税、消费税、城市维护建设税和教育费附加一起进行申报,即每月 15 日前申报上月应缴纳的水利建设基金;在岗职工缴纳的水利建设基金在每年 6 月由所在单位代扣代缴。

(三)残疾人就业保障基金的申报

依法征缴残疾人就业保障基金,首先要做好用人单位按比例安排残疾人就业情况的申报。根据用人单位安排残疾人就业情况,核定应缴残疾人就业保障金额。各类用人单位要如实填报"单位基本情况表",已安排残疾人的用人单位,还须填报"单位残疾职工名册",并提交残疾职工的"残疾人证"复印件、与残疾职工签订的劳动合同、社会基本保险缴纳情况等相关资料。用人单位填写的申报表连同相关资料,应报送当地残疾人就业服务所。

【典型任务举例】

承接学习子情境九的情境引例,长江实业有限责任公司的纳税人识别号:430182387267367,开户银行:工商银行江州市分行营业部,账号:1902783726173727362;会计主管:张力,办税员:陈新。要求填报长江实业有限责任公司 2016 年 6 月教育费附加申报表。

【操作步骤】

第一步,计算并确定教育费附加应交金额。

长江实业有限责任公司在缴纳增值税、消费税的同时缴纳教育费附加,2016 年 6 月份该公司应交教育费附加 3 150 元。

第二步,填报教育费附加申报表。

长江实业有限责任公司应按照教育费附加条例的有关规定,及时办理纳税申报,并如实填写"教育费附加申报表"(见表 7-15)。

第三步,缴纳教育费附加。

长江实业有限责任公司将教育费附加申报表及其他相关材料送主管税务机关审核,根据主管税务机关审定的意见,在规定期限内向指定为代理金库的银行缴纳款项,取得缴款书。

地方税费的网上申报流程

表7-15 教育费附加申报表

填表日期：2016年7月10日

纳税人识别号	4	3	0	1	8	2	3	8	7	2	6	7	3	6	7	金额单位：元（列至角分）	
纳税人名称	长江实业有限责任公司															税款所属时期	2016.6.1—6.30
纳税人开户行	工商银行江州市分行营业部															账号	1902783726173727362
计税依据	计税金额								税率					应纳税额		已纳税额	应补（退）税额
1	2								3					4=2×3		5	6=4-5
增值税	85 000								3%					2 550			2 550
消费税	20 000								3%					600			600
合计															3 150			3 150
如纳税人填报，由纳税人填写以下各栏										如委托代理人填报，由代理人填写以下各栏							备注	
会计主管（签章）				纳税人（公章）						代理人名称							代理人（签章）	
^				^						代理人地址							^	
^				^						经办人姓名					电话		^	
以下由税务机关填写																
收到申报表日期										接收人						

【情境小结】

一、计算其他税费过程

1. 城市维护建设税计算过程

（1）确定企业当期实际缴纳的增值税和消费税。

（2）根据纳税人所在地选择适用税率。

（3）计算应纳城市维护建设税。

应纳税额＝（纳税人实际缴纳的增值税＋消费税）×适用税率

2. 印花税计算过程

（1）确定书立、使用、领受应税凭证类型、金额和件数。

（2）根据应税凭证类型选择适用税率。

（3）计算应纳印花税额。

应纳税额＝应税凭证金额（或件数）×适用税率

3. 车船税计算过程

（1）确定载人汽车车辆数、载货汽车自重吨位数、船舶净吨位数。

（2）根据载人数量标准确定单位税额，载货汽车按有关标准确定单位税额，根据船舶净吨位标准确定单位税额。

（3）计算应纳车船税额。

年应纳税额 = 载客汽车数量 × 单位税额 +（载货汽车数量 × 每辆载货汽车自重吨位）× 单位税额 +（船舶数量 × 每艘船舶净吨位数）× 单位税额

4. 房产税计算过程

（1）确定房产税方式。

① 从价计征的计税依据：

房产余值 = 房产原值 ×（1−扣除比例）

② 从租计征的计税依据：年房租收入（不含增值税）

（2）选择房产税税率。

① 从价计税的税率：1.2%

② 从租计税的税率：12%，但对个人按市场价格出租的居民住房，用于居住的，可暂减按 4% 的税率计征房产税。

（3）计算应纳房产税额。

① 从价计税应纳房产税额 = 房产余值 × 1.2%

② 从租计税应纳房产税额 = 年房租收入 × 12%（或 4%）

5. 契税计算过程

（1）确定纳税人承受土地、房屋权属转移的计税依据（不含增值税）。

（2）根据纳税人所在地选择适用比例税率。

（3）计算应纳契税税额。

应纳税额 = 计税依据 × 税率

6. 城镇土地使用税计算过程

（1）确定纳税人实际占用土地面积。

（2）根据纳税人所在地选择适用税率。

（3）计算应纳城镇土地使用税额。

应纳税额 = 纳税人实际占用的土地面积 × 单位税额

7. 土地增值税计算过程

（1）计算增值额。

增值额 = 转让收入（不含增值税）− 扣除项目金额

（2）计算增值率。

增值率 = 增值额 ÷ 扣除项目金额 × 100%

（3）确定适用税率和速算扣除系数。

（4）计算应纳税额。

应纳税额＝增值额 × 适用税率 − 扣除项目金额 × 速算扣除系数

8. 资源税计算过程

（1）根据课税对象确定是从价定率征收还是从量定额征收。

（2）根据纳税人所在地选择比例税率或者单位税额。

（3）计算应纳资源税税额。

　　实行从价计征的：应纳税额＝计税销售额 × 适用税率

　　实行从量计征的：应纳税额＝课税数量 × 定额税率

9. 财政规费计算过程

（1）确定企业应缴纳的财政规费种类及依据。

（2）根据相关标准选择适用费率。

（3）计算应缴财政规费金额。

　　应缴财政规费数额＝计算依据 × 相应费率

二、其他税费申报缴纳流程

填写纳税申报表 → 报送主管税务机关审核 → 确定应纳税费款 → 缴纳税款

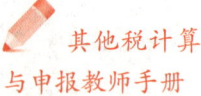
其他税计算与申报教师手册

【情境思考】

1. 城市维护建设税、教育费附加的计税依据有哪些？
2. 城市维护建设税的税率怎样确定？
3. 印花税的应税凭证有哪些？
4. 应怎样解决印花税税额较大、贴印花税票不方便的问题？
5. 车船税的计税依据如何规定的？新购置的汽车怎样缴纳车船税？
6. 房产税的征税范围和计税依据是什么？哪些房产免征房产税？
7. 当纳税人的房产分属两地时，如何确定其纳税地点？
8. 哪些交易行为需要缴纳契税？契税的优惠政策有哪些？
9. 城镇土地使用税的计税依据是如何确定的？
10. 在计算城镇土地使用税时，纳税人实际占用的土地面积是如何确定的？
11. 土地增值税的扣除项目金额有哪些？房地产企业与其他企业有何区别？
12. 在计算资源税时，计算依据如何确定？
13. 进口货物缴纳增值税和消费税是否也需要缴纳城市维护建设税和教育费附加？
14. 水利建设专项基金和残疾人就业保障基金属于税收吗？

其他税相关法规

其他税费纳税申报用表

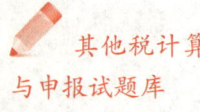
其他税计算与申报试题库

参考文献

1. 梁伟样. 税务会计 [M]. 3版. 北京：高等教育出版社，2015
2. 梁伟样. 税法 [M]. 3版. 北京：高等教育出版社，2015
3. 梁伟样. 税务会计实务 [M]. 2版. 北京：科学出版社，2014
4. 梁伟样. 企业纳税实务 [M]. 2版. 北京：清华大学出版社，2015
5. 中国注册会计师协会. 税法 [M]. 北京：经济科学出版社，2015
6. 中国注册会计师协会. 会计 [M]. 北京：中国财政经济出版社，2015
7. 财政部会计资格评价中心. 经济法基础 [M]. 北京：经济科学出版社，2016
8. 财政部会计资格评价中心. 经济法 [M]. 北京：中国财政经济出版社，2015
9. 财政部会计资格评价中心. 初级会计实务 [M]. 北京：中国财政经济出版社，2016
10. 财政部会计资格评价中心. 中级会计实务 [M]. 北京：经济科学出版社，2015

主编简介

梁伟样 会计学教授,丽水职业技术学院院长。兼任中国商业会计学会副会长兼高职高专部主任、全国财政行指委高职财经类教指委副主任委员,浙江省高职高专经济类专业教指委副主任。是浙江省高校教学名师、浙江省高校中青年专业带头人、浙江省高校会计专业教学团队带头人。具有注册会计师(非执业)、企业财务总监资格。一直致力于税务会计、税法的教学与研究,主持教育部全国高职会计专业教学资源库"税费计算与申报"课程建设项目,先后在《财政与税收》等学术刊物上发表学术论文30余篇,出版专著及教材10余部,主持省哲社规划课题等科研课题10余项。

郑重声明

高等教育出版社依法对本书享有专有出版权。任何未经许可的复制、销售行为均违反《中华人民共和国著作权法》，其行为人将承担相应的民事责任和行政责任；构成犯罪的，将被依法追究刑事责任。为了维护市场秩序，保护读者的合法权益，避免读者误用盗版书造成不良后果，我社将配合行政执法部门和司法机关对违法犯罪的单位和个人进行严厉打击。社会各界人士如发现上述侵权行为，希望及时举报，本社将奖励举报有功人员。

反盗版举报电话　（010）58581999　58582371　58582488
反盗版举报传真　（010）82086060
反盗版举报邮箱　dd@hep.com.cn
通信地址　北京市西城区德外大街4号
　　　　　高等教育出版社法律事务与版权管理部
邮政编码　100120

防伪查询说明

用户购书后刮开封底防伪涂层，利用手机微信等软件扫描二维码，会跳转至防伪查询网页，获得所购图书详细信息。用户也可将防伪二维码下的20位密码按从左到右、从上到下的顺序发送短信至106695881280，免费查询所购图书真伪。

反盗版短信举报

编辑短信"JB，图书名称，出版社，购买地点"发送至10669588128

防伪客服电话

（010）58582300

资源服务提示

欢迎访问职业教育数字化学习中心——"智慧职教"（http://www.icve.com.cn），以前未在本网站注册的用户，请先注册。用户登录后，在首页或"课程"频道搜索本书对应课程"税费计算与申报"进行在线学习。用户可以在"智慧职教"首页或扫描本页提供的二维码下载"智慧职教"移动客户端，通过该客户端进行在线学习。

扫描下载官方APP

资源服务支持电话：010-58581854　　邮箱：songchen@hep.com.cn
本书编辑邮箱：wujh1@hep.com.cn　　liangmu@hep.com.cn

高教社高职会计教师交流及资源服务QQ群：229393181

财会人员提高深造配套学习资源

■ 初级会计职称

经典题解+模拟试卷 更完善的试题通关解决方案	PC+平板+手机 更全面的视频授课通关解决方案
《初级会计实务·经典题解》 《经济法基础·经典题解》 《初级会计实务·全真模拟试卷》 《经济法基础·全真模拟试卷》	
《经典题解》汇集百万经典习题之精华，凝聚网校辅导专家多年潜心研究的成果，考点分析准确、精炼，练习题目设计新颖、紧扣大纲，训练效果极佳，疑难问题解答详尽、深刻、透彻。它不仅是考生应试的必备习题手册，更是解答疑难问题的随身老师。	● **高清视频课件**　　　● **梦想成真电子书** 　身临其境的学习感受　　　阅读 练习 答疑 记笔记 一应俱全 ● **移动班**　　　　　　● **移动课堂** 随课赠送 　以知识点为单元，化繁为简　随时随地皆可学习
《全真模拟试卷》以教材和大纲为蓝本，以考试重点、难点为主线，精心编写而成。书中试题重点、考点突出，针对性强，题型标准，导向准确，能使考生的应试技巧在短时间内达到较高的水平。	● **无纸化考试模拟系统** 　模拟考试环境，提升通过率

■ 中级会计职称

经典题解 更好的试题辅导书	PC+平板+手机 更全面的视频授课通关解决方案
《中级会计实务·经典题解》 《中级财务管理·经典题解》 《中级经济法·经典题解》	
《经典题解》汇集百万经典习题之精华，凝聚网校辅导专家多年潜心研究的成果，考点分析准确、精炼，练习题目设计新颖、紧扣大纲，训练效果极佳，疑难问题解答详尽、深刻、透彻。它不仅是考生应试的必备习题手册，更是解答疑难问题的随身老师。	● **高清视频课件**　　　● **梦想成真电子书** 　身临其境的学习感受　　　阅读 练习 答疑 记笔记 一应俱全 ● **移动班**　　　　　　● **移动课堂** 随课赠送 　以知识点为单元，化繁为简　随时随地皆可学习 ● **无纸化考试模拟系统** 　模拟考试环境，提升通过率

（高教社官方微店）

（初级会计职称 详情扫一扫）

（中级会计职称 详情扫一扫）

（注册会计师 详情扫一扫）

（税务师 详情扫一扫）

■ 注册会计师

经典题解 更好的试题辅导书	PC+平板+手机 更全面的视频授课通关解决方案
《会计·经典题解》 《审计·经典题解》 《税法·经典题解》 《经济法·经典题解》 《财务成本管理·经典题解》 《公司战略与风险管理·经典题解》	
《经典题解》汇集百万经典习题之精华，凝聚网校辅导专家多年潜心研究的成果，考点分析准确、精炼，练习题目设计新颖、紧扣大纲，训练效果极佳，疑难问题解答详尽、深刻、透彻。它不仅是考生应试的必备习题手册，更是解答疑难问题的随身老师。	**高清视频课件** 身临其境的学习感受　　**梦想成真电子书** 阅读 练习 答疑 记笔记 一应俱全 **移动班** 以知识点为单元，化繁为简　　**移动课堂** 随时随地皆可学习（随课赠送） **无纸化考试模拟系统** 模拟考试环境，提升通过率

■ 税务师

经典题解+模拟试卷 更完善的试题通关解决方案	PC+平板+手机 更全面的视频授课通关解决方案
《税法（Ⅰ）·经典题解》 《税法（Ⅱ）·经典题解》 《财务与会计·经典题解》 《涉税服务实务·经典题解》 《涉税服务相关法律·经典题解》 《税法（Ⅰ）·全真模拟试卷》 《税法（Ⅱ）·全真模拟试卷》 《财务与会计·全真模拟试卷》 《涉税服务实务·全真模拟试卷》 《涉税服务相关法律·全真模拟试卷》	
《经典题解》汇集百万经典习题之精华，凝聚网校辅导专家多年潜心研究的成果，考点分析准确、精炼，练习题目设计新颖、紧扣大纲，训练效果极佳，疑难问题解答详尽、深刻、透彻。它不仅是考生应试的必备习题手册，更是解答疑难问题的随身老师。 《全真模拟试卷》以教材和大纲为蓝本，以考试重点、难点为主线，精心编写而成。书中试题重点、考点突出，针对性强，题型标准，导向准确，能使考生的应试技巧在短时间内达到较高的水平。	**高清视频课件** 身临其境的学习感受　　**梦想成真电子书** 阅读 练习 答疑 记笔记 一应俱全 **移动班** 以知识点为单元，化繁为简　　**移动课堂** 随时随地皆可学习（随课赠送） **无纸化考试模拟系统** 模拟考试环境，提升通过率